U0143007

教師專業發展新取徑

學習共同體與翻轉教學策略

吳俊憲　吳錦惠　姜宏尚
王婉怡　洪詩鈴　紀藶珊　合著
胡惠珊　陳珮旻　楊家惠

五南圖書出版公司 印行

推薦序

　　國立高雄應用科技大學、第一科技大學及海洋科技大學三校自2月1日起合併爲「國立高雄科技大學」，本人承蒙社會各界賢達及校友的支持擔任首任校長，深感肩負校務創新發展的重責，期許未來讓高雄科技大學發揮整併加乘效益，成爲在地企業發展的發動機，政府南向政策人才資源庫，厚實並強化海洋科技產學研發，與地方共存共榮的優質大學。

　　大學是專業的教育機構，需有以服務爲導向且具效能的行政支援教師的教學研究及學生的有效學習，並以尊師生爲重，了解師生需求，適時給予關懷、提供支援及協助解決問題。我在幾年前讀到Dintersmith和Wagner的《教育扭轉未來》一書，對於作者提出培育未來的孩子具備4C關鍵技能的觀點相當贊同，即：批判性思考（critical thinking）、溝通協調（communication）、通力合作（collaboration）、解決問題的創意（creative problem-solving）。因此，我的治校理念甚爲重視教師專業發展，近年在校內推動系列教師成長工作坊及教師專業學習社群，就是期許大學教師除了研究和服務之外，莫忘精進教學技術，引領學生悠遊學海之餘，也能發展出適應未來生存的能力。

　　吳俊憲博士是本校通識教育中心教授，專長爲教師專業發展、課程與教學，曾經擔任過中小學教師，具備公務人員高等考試資格，也曾在臺北市政府教育局及國立臺南大學擔任教育行政工作。除了擁有豐富的行政歷練之外，曾獲得大學的教學優良教師獎和優良導師獎，以及教育學術團體聯合年會服務獎（課程與教學學會、臺灣教育評論學會推薦），足見其深具服務熱誠和高度的教育愛。

　　吳博士出版新書《教師專業發展新取徑——學習共同體與翻轉教學策略》，書中體現「學習者中心」的教育精神，強調學生是自發主動的學習者，教師應善誘學生的學習動機與熱情。另外，教師可以從共組專業學習社群作為起點，精進新式的課程、教學和評量方式，以引導學生進行問題探究，提升學生對學習的渴望。書中提及日本佐藤學教授倡導「教師是教學的專家，也應該是學習的專家」，鼓勵教師間構築互相學習的關係，我對此觀點相當認同，也期許帶領國立高雄科技大學實踐「以人為本、價值共創」的教育願景，透過重視多元智能的角度，發掘每個人的優點與專長，重視因材施教、落實多元評量，讓人人都能有效學習。

　　新書付梓前，吳博士與我分享書稿，並希望我為之點綴數語，我閱覽後深覺此書的價值與意義，尤其值此十二年國民基本教育推動之際，此時問世相信定能成為許多教學者參考運用的寶典，造福教育同好。故本人樂意大力推薦，在未來也期許吳博士能發揮所長，協助合併後的國立高雄科技大學賡續推動教師專業發展，形塑本校成為優質創新的學習型大學。

國立高雄科技大學校長

楊慶煜

2018年5月

作者序

　　十二年國民基本教育改革想要成功的關鍵要素之一繫於教師身上，然而學校和教師面對教育改革的態度相當多元，有人積極關注，有人漠然無感，有人觀望等待，許多學校就像是一個組織鬆散的機構。此外，學校、教室、教師、學生及家長到底應該做哪些改變，才能真正撼動「以不變應萬變」的教學現場？因應網路資訊和社會變遷，究竟要如何營造自主學習的課室風景，才能讓學生對學習充滿熱情，而不是加速讓學生「從學習中逃走」？

　　有鑒於此，十二年國民基本教育課程綱要總綱裡特別述及「教學實施」及「教師專業發展」，期許引導教師透過自我覺察並尋求專業成長途徑，期許教師體現「自發」、「互動」、「共好」的精神，成為主動精進教學的學習專家，並能善誘學生具有學習動機與熱情。要言之，十二年國民基本教育重視教師專業發展，試圖引領教師「為了學生成長而改變，為了學生成長而學習」，進而促成全面的學校革新和改進，而這正符應「學習者中心」教學（learner-centered teaching）的教育思潮。

　　本人專長為教師專業發展、課程與教學。茲為求尋繹教師專業發展新取徑，特別聚焦於近年來在教育界相當受到重視的「學習共同體」與「翻轉教學策略」兩項教育議題，一來自己對此已累積多年的學術理論探究和實際參與推動經驗，二來也曾在學術研討會及學術期刊上發表相關論述，並提出經歷實踐檢證的有效教學策略。因為我深知唯有進入學校田野進行課堂實踐，方能呈現來自教育場域的實際經驗與視角，所提出的教學策略方能具有高度可行性。現在為讓上述歷程留下完整紀錄，乃投入改寫

論文並出版學術專書，以期呈現相關理論分析與實際案例實施，以饗教育同好。

　　本書乃集眾人之力而成，我要感謝各篇共同作者的投入與獻力。感謝淡江大學教育政策與領導研究所潘慧玲教授引領我參與「學習領導下的學習共同體」研究計畫，啓迪我能洞見學習共同體的精奧之處。感謝新竹縣寶山國中陳雯玲校長及南和國小王映之校長，在案例研究過程中提供莫大協助。感謝國立高雄科技大學提供優質的研究和教學環境，以及楊慶煜校長慨允贈序並大力推薦。感謝內人在忙碌的教學和行政中還要辛勤操持家務，讓我在投入研究和寫作的過程中可以無後顧之憂，小芫、小芸兩個寶貝女兒是「既沉重又甜蜜的負荷」，也是我持續精進向前的動力來源。最後對於五南圖書出版公司的慨允出版，以及在排版及校對的超高專業水準，特申謝忱。本人才疏學淺，全書之完成雖歷經多番修訂，仍難免有諸多疏漏之處，尚祈方家不吝指正。

國立高雄科技大學通識教育中心教授

吳俊憲

2018年5月

目次

表目錄

圖目錄

第一篇

導　論

第一章　緒論

本書探討焦點與內容架構

一、十二年國民基本教育重視教師專業發展

　　十二年國民基本教育課程綱要總綱已於 2014 年 11 月公布，相較於以往的教育改革，本次總綱裡特別述及「教學實施」及「教師專業發展」，顯見這次的教育改革相當重視「教與學」的革新。教學實施方面提到：「為實踐自發、互動和共好的理念，教學實施要能轉變傳統以來偏重教師講述、學生被動聽講的單向教學模式，轉而根據核心素養、學習內容、學習表現與學生差異性需求，選用多元且適合的教學模式與策略，以激發學生學習動機，學習與同儕合作並成為主動的學習者。」以及「教師應依據核心素養、教學目標或學生學習表現，選用適合的教學模式，並就不同領域／群科／學程／科目的特性，採用經實踐檢驗有效的教學方法或教學策略，或針對不同性質的學習內容，如事實、概念、原則、技能和態度等，設計有效的教學活動，並適時融入數位學習資源與方法。」教師專業發展方面提及：「教師是專業工作者，需持續專業發展以支持學生學習。教師專業發展內涵包括學科專業知識、教學實務能力與教育專業態度等。教師應自發組成專業學習社群，共同探究與分享交流教學實務；積極參加校內外進修與研習，不斷與時俱進；充分利用社會資源，精進課程設計、教學策略與學習評量，進而提升學生學習成效。」（教育部，2014a）

　　然而，學校、教室、教師、學生及家長到底應該做哪些改變，才能真正撼動「以不變應萬變」的教學現場？因應網路資訊和社會變遷，究竟要如何營造自主學習的課室風景，才能讓學生對學習充滿熱情，而不是加速讓學生「從學習中逃走」？盱衡近年來導入臺灣的學習共同體，一時之間成為教育顯學，究其成功的原因，在於佐藤學教授在日本推動學習共同體的學校革新，乃是從「教與學」的改造切入，他帶領教師同儕定期進行

課例研究〔lesson study〕，打開教室大門，並透過不斷的觀課和議課，讓教師成為「少說多聽」的學習專家。此外，鼓勵學生同儕進行協同學習，讓學生從原本只是教室的「客人」，成為課堂中活躍的「參與者」，促使這場學習革命能重新找回失落的學力，更成功挽救許多面臨崩壞的公立學校。

　　教育改革想要成功的關鍵要素之一繫於教師，教師專業發展意指教師要發展專業，但究竟要發展哪些專業內涵呢？教育部自 95 學年度起推動中小學教師專業發展評鑑，當時界定四個層面的教師專業內涵：課程設計與教學、班級經營與輔導、研究發展與進修、敬業精神與態度。至 105 學年度之後簡化為三個層面：課程設計與教學、班級經營與輔導、專業責任與精進。然而，這些專業內涵的主體到底為何？是指現職教師缺少這些教育專業，所以需要在職進修？或是指師資職前階段沒有針對師資生培育這些專業？要發展專業的主體是教師，還是學生？是個別教師，還是群體教師？

　　事實上，教師專業發展的主體當然是所有教師，是指教師需要透過自我覺察，明白自己哪裡不足而後尋求專業成長途徑。不過，教師自我覺察與省思成長是一件不容易做到的事。美國課程學者 Eisner 在〈Curriculum Ideologies〉一文中曾言：「學校本來就是緩慢改變，牢不可破的機構，是說比做容易的地方。如果將學校運作視為海上的暴風雨，海面可能已經激起 30 尺高的巨浪，波瀾壯觀，但是海底仍是風平浪靜。同理可證，當今雖然仍有許多激進、新的教育理念，但是教師仍然一如往常地獨自在教室中工作。教師就是老船長，深諳如何與暴風雨搏鬥的技術。因此，如果我們想要了解一所學校，應當接近這所學校去蒐集實際現象，光靠書面資料是不足的。」（Eisner, 1992）學校和教師面對教育改革的態度相當多元，有人積極關注，有人漠然無感，有人觀望等待，許多學校就像是一個組織鬆散的機構，這種現象必須省思與改進。

　　教育部推動十二年國民基本教育，以「自發」、「互動」、「共好」

作爲基本理念，強調學生是自發主動的學習者。從另一角度來看，何嘗不也是期許學校教師同樣要做到「自發」、「互動」、「共好」，教師要成爲主動精進教學的學習專家，並能善誘學生具有學習動機與熱情。爲此，教師也要先點燃自身的學習動機和熱情，能和校內或校外志同道合的教師共同揪團進行專業成長。綜言之，十二年國民基本教育重視教師專業發展，乃是要引導教師「爲了學生成長而改變，爲了學生成長而學習」，進而促成全面的學校革新和改進。

二、「學習者中心」是教師專業發展的核心

「學習者中心」的教學（learner-centered teaching）已成爲當前教育改革的主流思潮，究其原因：（一）受到網際網路與科技載具（例如手機、ipad）普及使用的影響，任何知識與訊息皆可隨手取得，因此，教師角色已不必侷限於「傳道、授業、疑惑」，教師被期許去從事更高階的教學任務；（二）由於教室裡學生的身心特性與學習背景愈來愈多元化，包括學生的成長背景、學習動機、學習能力、學習風格、性別差異、族群差異、社會階層差異等，這些已證實是影響教學結果與學習成效的重要因素。

學習者中心的教學，簡言之，是指相對於「教師中心」的教學，乃強調由學生自主學習來進行課堂教學，提供每個學生都能成功學習的機會。因此，教師進行學習者中心的教學，必須考量以下三個方面的改變：

（一）教師角色的改變

把學習的舞臺歸還給學生，教師成爲「輔助者」，運用自己的學科專業和教育專業來創造出更多元的學習機會，然後促動學生去思考「爲何而學、學些什麼、如何學習」，透過反思學習來幫助學生將知識內化，並願意爲自己的學習負起責任。

（二）學生學習方式的改變

　　教師要提供多元學習路徑的活動設計，例如學習共同體、翻轉教室、分組合作學習、學思達教學策略、MAPS 教學策略、個別化教學設計、問題解決導向的學習策略、專題研究等，藉以引發學生的求知欲，並培養學生自主學習的能力。例如教師運用問題解決導向學習，要安排學生涉入真實問題情境，刺激學生思考，激發學生主動利用經驗，並以知識作為工具進行學習，如此將可培養學生具有定義問題及解決問題的能力。

（三）學生學習評量方式的改變

　　鼓勵教師不可過度依賴紙筆測驗或總結性的評量，而是要能運用多元評量方式評估學生學習成效，尤其要能在課堂中提供即時的學習結果回饋，並據以調整課程內容和教學方式。

　　那麼，學習者中心的教育思潮要如何導入課堂實踐？吳俊憲（2014）指出，中小學教師專業發展評鑑和學習共同體，都是促進教師專業發展的教育改革方案，能導引教師教學省思及改進教學，也都能強調提升學生學習成效，相當符應當前「學習者中心」的教育改革趨勢。此外，本書亦引介三種「學習者中心」教學策略，其一是源自美國的翻轉教室，其二是在地教師王政忠創發的 MAPS 教學，其三是分組合作學習。由於這三種教學策略有別於傳統單向講述教學，亦能符應學習者中心的教學，故本書統稱為「翻轉教學策略」。

　　在本書中的「翻轉教室」（flipped classroom）教學策略，是指重視課前的預習，學生在家自由運用時間，使用紙本、觀賞教學影片、聆聽課文朗讀 DVD 或線上查詢資訊等不同形式的學習資源所進行之個別化學習。在課堂上，教師針對學習者的迷思概念或易錯誤的地方加以設計課程與學習任務，讓學生以小組合作的方式進行學習，教師則在各組之間巡視學習狀況，協助小組學生解決學習困境並回答學生提問，然後針對學習任務讓

小組學生進行共同發表，其他小組同學則對於該組發表的成果給予回饋或評價（鼓勵）。課堂學習的焦點由教師轉為「學生」，同時教師從待在講臺上講課變成走到學生旁邊給予直接指導，成為學習的促進者，更能提供適性化的教學。在課堂結束前，教師針對整堂課的學習進行綜整，總結出學習重點或提出建議，或指定下次上課的課前預習內容。

在本書中的「MAPS 教學」，強調在課堂內利用課內文本學會如何學習，乃不同於翻轉教室希望學生先自學，再於課堂進行討論對話的學習方式。王政忠認為，對於低能力、低動機的學生而言，只有先學會如何學習，包括學會能力與態度，課堂外與課堂前的自學才會發生。另外，MAPS 教學也不像翻轉教室一樣重視結合科技進行教學，這是因為科技運用會受限於偏鄉環境資源缺乏以及學生家庭支持系統的不足。因此，MAPS 教學更加重視教師在教學過程中的引導陪伴與關注支持，以及同儕學習的實體鷹架搭建與現場競爭合作。MAPS 教學並不否定科技介入的必要與重要，如果環境與設備許可，心智繪圖和口說發表即可搭配科技載具及媒體平臺。

在本書中的「分組合作學習」（cooperative learning），是指以學生的學習為中心，教師依學生的能力、性別及族群背景等分配學生到異質性小組中，共同學習某一主題的相關知識，或共同完成教師指定的學習作業，彼此互助合作，完成個人與團體的學習目標。事實上，合作學習包含許多不同的教學方法，本書第 8 章和第 10 章的案例研究採用的是「共同學習法」，它是由 Johnson 和 Johnson 兄弟於 1987 年所倡導的教學方法，強調積極互賴、面對面助長性互動、個別責任、人際與小組技巧、團體歷程五項基本要素。其教學歷程可分為四個階段：教學前的決定、合作學習前的說明、學生進行合作學習與教師適時介入、合作學習後的評量與反省。本書第 9 章的案例研究採用的是「學生小組成就區分法」，它是由 Slavin 所提出的，其實施流程主要包含：全班授課、分組學習、學習評量、計算個人進步分數及小組表揚等五個階段。

三、本書內容架構與特點

（一）內容架構

　　本書共有三篇十章。第一篇為導論，第 1 章為緒論，闡述本書探討焦點、內容架構及特點，並設立「教育沙龍」以提供讀者進行討論與對話的相關問題。第二篇為學習共同體的在地化實踐案例，共有五章：第 2 章學習共同體促進教師專業發展的有效途徑，第 3 章學習共同體導入教師專業學習社群的運作方式，第 4 章學校發展學習共同體的歷程探析，第 5 章學校參與學習共同體的實施策略，第 6 章學習共同體與教師專業發展評鑑的評述。第三篇翻轉教學策略的課堂實踐案例，共有四章：第 7 章翻轉教室應用於國中英語教學案例，第 8 章 MAPS 教學策略應用於國中國文教學案例，第 9 章分組合作學習應用於國中英語教學案例，第 10 章分組合作學習應用於國小閱讀教學案例。本書各篇章內容架構如圖 1-1 所示。

（二）本書特點

　　本書作者專長為教師專業發展、課程與教學，在大學開設「教師專業發展專題研究」、「教師專業自我覺察與成長」課程，曾擔任教育部精進教學計畫推動小組暨輔導諮詢委員、教育部推動教師專業發展評鑑諮詢輔導委員、教育部推動分組合作學習諮詢輔導委員、雲林縣學習共同體學校試辦計畫輔導諮詢小組推動委員、「學習領導下的學習共同體計畫」工作團隊成員、臺南市學習共同體學校試辦計畫輔導諮詢委員、國家教育研究院十二年國教課程研究發展會總綱研修小組委員、十二年國教課程綱要總綱種子講師、十二年國教國中小前導學校協作夥伴教授。作者累積多年的學術理論探究和實務參與經驗，亦陸續發表相關論述於學術研討會及學術期刊，本書各篇文章原以論文形式撰寫並均經外部審查後發表，茲為集結成書而作重新改寫，並統一寫作風格及相關用詞。足見本書內涵具有理論

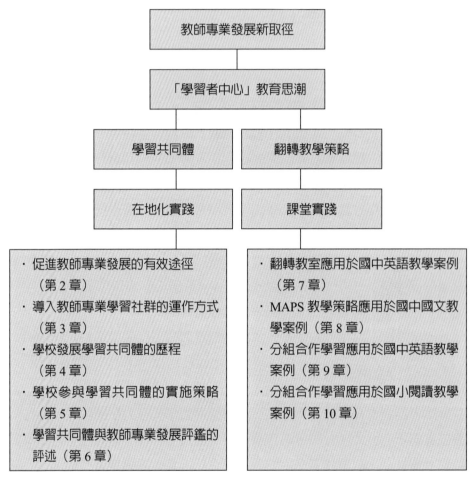

圖 1-1　本書內容架構圖

分析與實際案例的實施，亦兼具宏觀思維與微觀實作之體現，並能提出經歷實踐檢證的有效教學策略，此為本書特點之一。

　　另外，本書第 1 章設計的「教育沙龍」（educational salon），乃是蒐集與本書旨趣相關的中小學校長／主任甄選筆試試題、教師資格檢定考試題目及教育研究所招生試題等，希望能激發更多人關注本書探究焦點及相關問題，亦增進與教育同好專業對話和交流的機會，此為本書特點之二。

貳 教育沙龍——問題討論與對話

　　建議讀者及教育同好先行瀏覽以下問題（試題），然後再詳細閱讀第 2 至 10 章的內容，這些問題（試題）的參考解答或許可以在本書中覓得，或是透過本書的論理及實例分析可以得到若干啓發。

　　一、面對十二年國教的實施，當前教師所應承擔的課程角色已有別於過去。請提出四項教師應有的新角色，並加以說明之。（103 年教師資格檢定考試試題）

　　二、配合十二年國民基本教育之實施，教育部積極推動「精進教學」，請就您所知，說明教育部積極推動精進教學的重點，並進一步闡論國民小學應採何種具體措施以精進教師教學。（基隆市 103 年國小候用校長甄選筆試試題）

　　三、十二年國民基本教育今年夏天即將正式上路，您想要在學校推動一些符合十二年國教精神的課程與教學革新。然而有位同仁卻對您說：校長！十二年國教的推動，主要不就是國中升高中職的方式改變嗎？跟我們國小有什麼關係？請問：（一）對於同仁這樣的說法，您會怎樣回應？請向她說明您的看法，並解釋您這樣想的理由。（二）您想要在學校推動「符合十二年國教精神的課程與教學革新」作法會有哪些？請至少舉出兩項來說明，並請解釋爲什麼您認爲這些作法符合十二年國教的精神。（宜蘭縣 102 年國小候用校長甄選筆試試題）

　　四、試闡述十二年國民基本教育的基本理念和國小可行的因應策略。（彰化縣 102 年國小候用校長甄選筆試試題）

　　五、就十二年國民基本教育的實施而言，您認爲可能會遭遇哪些問題？並請提出因應的建議。（南投縣 102 年國中候用校長甄選筆試試題）

　　六、試分析我國實施十二年國民基本教育面臨最爲核心之問題，並論述如何予以妥適處理。（桃園縣 101 年國小候用校長甄選筆試試題）

七、部分教師面對教育行政機關或學校所倡導的各項課程與教學相關政策（例如：課程綱要、品格教育、國際教育、性別平等教育、特色課程、閱讀教育、數位學習、學習共同體、差異化教學、補救教學、新移民火炬計畫等），倍感壓力而產生心理抗拒。請分析教師抗拒課程與教學革新的二項原因，並提出三項解決之道。（105年教師資格檢定考試試題）

八、學校課程發展是學校興革的重要議題，請您簡要回答下列問題：（一）何謂課程領導的智慧？國小校長課程領導面臨的最大困境或挑戰為何？（二）國小校長如何透過課程領導的智慧，有效發展校本特色課程，以協助學生進行多元適性的學習？（桃園縣101年國小候用校長甄選筆試試題）

九、二十一世紀是一個強調培養學生核心能力的時代，請說明學生的核心能力包含哪些？並提出學校培育學生核心能力的具體作法。（雲林縣102年國小候用校長甄選筆試試題）

十、公平、適切與卓越是經常被考慮的辦學價值，此三者的主要意義與區別為何？以當前的教育環境，說明您如何運用此三種價值經營一所學校並呈現最佳的發展。（102年國立高級中等學校校長甄選筆試試題）

十一、學生的學習成就是學校教育發展的重要關鍵，請說明世界各國主要的教育改革在學生學習成就方面，有哪些重要的論述議題？這些議題在學校經營上具有哪些意義（或啟示）？身為校長如何將這些議題融入學校領導中，有哪些具體的作法？（屏東縣102年國中小候用校長甄選筆試試題）

十二、教師是整個教育的關鍵人物，教育人力素養的提升有助於促進組織績效，若您是國小校長，如何藉由教師專業發展評鑑提升教師人力素養？其經營策略或具體作法為何？（南投縣103年國小候用校長甄選筆試試題）

十三、教師專業發展評鑑雖已實施多年，但成效仍未彰顯。請分析其所遭遇的困難為何？並說明您有何因應的建議。（南投縣103年國小候用

主任甄選筆試試題）

十四、「入班觀課」是提升教師教學能力之可行方式，請問觀課之主要目的為何？而比較正確之觀課流程應包括哪些過程？請敘述之。（南投縣 103 年國小候用主任甄選筆試試題）

十五、身為學校行政的領導者，面對家長對學校有高度的期待，但是教職員工都習慣安於現狀，以至於對改革的方案常常能拖就拖，甚至寸步難行，例如教師專業發展評鑑之推動，都在觀察等候校長之決心與魄力。請說明您對上述方案之看法，並指出其癥結所在，同時說明解決的具體作法。（102 年國立高級中等學校校長甄選筆試試題）

十六、近年來，學校代理代課教師人數日益增加，但部分家長對代理代課教師的教學沒有信心，代理代課教師也缺少專業成長的支持系統，請問身為校長的您，要如何推動校園內各類教師的專業成長方案，並確保這些專業成長方案的運作結果能回饋到學生的學習？（高雄市 102 年國小候用校長甄選筆試試題）

十七、教師專業發展及教學創新為學校教學品質確保之基石，請評析當前學校在推動教師專業發展最大之困境或挑戰為何？您有何具體作法，以落實教師專業發展？（嘉義市 96 年國中小候用主任甄選筆試試題）

十八、改變帶來契機、改變帶來成長。若您是教務（導）主任，如何藉由創新教學的推動，促進教師教學的成效？試說明創新教學的經營策略或具體作法。（南投縣 103 年國小候用主任甄選筆試試題）

十九、近來校園中有推動「校園走察」、「校長進入班級」的作法，請就己見，說明您對該項作法之評析。（臺中市 101 年國小候用主任甄選筆試試題）

二十、目前各級學校開始推動專業學習社群作為教師專業成長以及教學革新的途徑。請舉一項學校革新事項為例，就專業學習社群的要素，說明如何推動教師實踐之。（臺中市 103 年國小候用主任甄選筆試試題）

二十一、當前政府正積極推動專業學習社群的理念，請問專業學習

社群的意義及目的爲何？並討論專業學習社群運作的困難？身爲國小教務主任，如何展現教學或課程的領導力，來強化專業學習社群運作的成效？（臺中縣第6期國小候用主任甄選筆試試題）

二十二、日本佐藤學教授提倡「學習共同體」教學改革模式，最近成爲臺灣教育改革之一項流行議題，請問「學習共同體」之主要意涵爲何？您覺得在小學有無推動之可行性？（南投縣103年國小候用校長甄選筆試試題）

二十三、臺灣教育界紛紛學習東京大學佐藤學教授的「學習共同體」，希冀興革學生失去學習動機與「從學習逃走」的現象。（一）佐藤學式的課堂之中，教師實施「協同學習」時應扮演的角色爲何？（二）佐氏學習共同體開放教室觀課的哲理基礎又爲何？（三）現行臺中市政府教育局實施學校校務評鑑也將觀課納入設計之中，請分析此創舉的利弊得失？（臺中市103年國小候用主任甄選筆試試題）

二十四、當前國內教育相關單位持續在推動日本佐藤學所提出的「學習共同體」，而教育部也正努力推動「分組合作學習」，這兩者在理念及作法上有何異同？並闡述您在學校經營上如何應用？（花蓮縣102年國小候用校長甄選筆試試題）

二十五、試簡述東京大學佐藤學教授學習共同體與臺灣大學葉丙成教授翻轉教室教學法的涵義分別爲何？並析辯兩者之間的關鍵差異點爲何？（國立彰化師範大學104年博士班招生筆試試題）

二十六、營造一個安心且熱衷學習的教室文化，有助於提升學生的學習品質。請提出教師可用以形塑這種文化的三種方法，並加以說明之。（103年教師資格檢定考試試題）

二十七、在強調以學習爲中心的教育改革趨勢中，學校領導必須將學生學習置於核心位置。試問：何謂「學習領導」（Leadership for Learning）？其內涵爲何？國民小學校長要如何進行學習領導？（臺中市104年國小候用校長甄選筆試試題）

二十八、近年來翻轉教室（flipped classroom）的風潮盛行，試說明應用翻轉教室於教學現場的優缺點（至少各兩項）。（105 年教師資格檢定考試試題）

二十九、面對複雜多元的社會與資訊科技化的環境，「翻轉」教育已是時代潮流。翻轉教育提升學生學習意願，強化教師教學效能，帶動家長社區的加入，藉由翻轉教育，許孩子一個更寬廣的未來。然而翻轉學習要能成功，校長必須改以翻轉領導的模式來進行學校領導，延伸了課堂的教學，讓學習變得更有彈性，將學校教育焦點置於學生的學習上。請以環境建置、學習文化、教師專業、課程建構與科技運用等面向，說明校長翻轉領導的實踐方式。（新竹市 104 年國小候用校長甄選筆試試題）

三十、山茶國中正推廣翻轉教學，數學課堂上，老師簡要說明今日上課的主題要點與問題後，學生就分組聚在一起，開始運算並相互討論。最後，在老師從旁輔導與協助下，推演出公式。有別於過去填鴨式教學，課堂上學生說得比老師還要多，數學不再是「背多分」，學生並對老師預告的下次相關主題躍躍欲試。杜威（J. Dewey）認為理想思維是「反省性思維」，在教學上重視的原則有目標性、主動性、完整性以及繼續性。試指出山茶國中的數學翻轉教學，如何彰顯杜威這四項教學原則。（104 年教師資格檢定考試試題）

三十一、新加坡教育部課程規劃與發展司副司長林泰萊（Tay Lai Ling）曾說過：「我們走了很長一段路才讓我們的教育和學習方法有所改變，但是還有更長的路等著我們的教師和學生。我們教育部有一句新標語，希望能鼓勵更多的改變出現。這句標語是：『少教多學！』」有人認為臺灣的小學教學現場，通常教師「教得多」，而學生卻「學得少」。請至少列出二項可能造成此現象的原因，並提出其對應的解決策略。（104 年教師資格檢定考試試題）

三十二、「教完並不等於學會」即在提醒教師必須關注其「教導的課程」（taught curriculum）和學生「習得的課程」（learned curriculum）之

聯結情形。請就班級、學生、教師等三方面說明「教師所教與學生所學」彼此之間產生落差的影響因素。（103 年教師資格檢定考試試題）

　　三十三、請說明合作學習教學法的意義，並比較合作學習小組與傳統學習小組之間的差異（至少五項）。（101 年教師資格檢定考試試題）

　　三十四、國小學生學科表現在班級中有雙峰化現象。針對學習能力佳及學習有困難的學生，教師要如何運用「差異化教學」的策略，提升其學習成效？（請針對上述兩類學生各寫出三項教學策略）（106 年教師資格檢定考試試題）

　　三十五、「差異化教學」與「補救教學」這兩個概念有何異同？十二年國教希望透過教師教學方法的改進，提升學生學習成效，如果您是校長，您會如何推動這兩個教學策略？（花蓮縣 102 年國小候用校長甄選筆試試題）

　　三十六、校長作為首席教師（head teacher）的概念逐漸風行；未來的校長不應只處理行政業務，在課程與教學的革新工作上更應身先士卒，並與教師共同合作，假設學校正要推展「差異化教學」的理念與措施，基於首席教師的身分，校長應如何推動教學領導？（彰化縣 102 年國小候用校長甄選筆試試題）

　　三十七、教師宜採取哪些教學策略以照顧到學生的個別差異？請列舉五項。（104 年教師資格檢定考試試題）

第二篇

學習共同體的
在地化實踐案例

第二章 學習共同體促進教師專業發展的有效途徑

 本章摘要

　　本章探討學習共同體與教學觀察如何促進教師專業發展的理念與作法。首先，闡述學習共同體的理論基礎與推動策略，其理論依據源自 Vygotsky 認知發展理論和 Dewey 民主主義教育理論，再經日本佐藤學教授整合後提出獨到見解。其次，探究教學觀察（觀課）如何促進教師專業發展，同時闡明教學觀察與課例研究（lesson study，或稱授業研究）的關聯性及其影響。最後，探討學習共同體促進教師社群與學習成效的影響。

壹　前　言

　　經濟合作暨發展組織（Organization for Economic Co-operation and Development，簡稱 OECD）自 2000 年起舉辦國際學生能力評量計畫（Program for International Student Assessment，簡稱 PISA），乃針對各國將近完成基礎教育的 15 歲學生，對其面臨未來生活情境所具備的知識、技能及態度進行各項能力的調查評估。臺灣學生在 2006 年第 1 次參加 PISA 就在數學素養獲得第 1 名、科學素養獲得第 4 名，但閱讀素養則排序在第 16 名。2009 年參加 PISA 中，臺灣在數學素養、科學素養和閱讀素養方面分別位居第 5 名、第 12 名和第 23 名，各項能力評比雖然仍高於國際平均值，但名次卻全部下滑（臺灣 PISA 國家研究中心，2010）。

　　教育部於 2009 年公布此份報告後，引發教育界一片譁然，因為能力評量結果顯示推動基礎教育改革已經出現問題。根據 2009 年 PISA 報告指出，臺灣學生在閱讀素養上，較缺乏高層次的閱讀理解能力，低閱讀水準學生人數比例偏高。在科學與數學素養上，學生成績表現雖優異，但與前幾名的參照國家相比之下，在低分群的比例卻偏高。報告結果讓許多教育界人士開始反思教育問題，並亟思教育改革方向（曾元鴻，2013）。

　　二十一世紀經濟快速發展，各種資訊更是迅速成長累積，為因應知識社會的需求，過去「填鴨式」的單向教育模式已難以適用，聯合國教科文組織（UNESCO）於 1996 年提出二十一世紀教育的四大支柱：學習做事（learning to do）、學習方法（learning to learn）、學習做人（learning to be）、學習與人相處（learning to live together），強調「學習力」的培養，是公民面對未來社會所迫切需求的。

　　教育對社會負有引導的責任，政府為回應未來社會的快速變遷和公民需求，多年來構思規劃十二年國民基本教育（以下簡稱十二年國教）的推動工作，期許促使教師教學和學生學習回歸正常化，立法院在 2013

年三讀通過修訂《高級中等教育法》與《專科學校法》，十二年國教也於 2014 年正式推動。十二年國教共規劃了三項願景、五項理念和六項目標。三項願景是：「提升中小學教育品質、成就每一個孩子、厚植國家競爭力」。五項理念是：「有教無類、適性揚才、因材施教、優質銜接、多元進路」。六項目標是：「培養現代公民素養、確保學生學力品質、引領多元適性發展、舒緩過度升學壓力、均衡城鄉教育發展，以及追求社會公平正義」。

　　「萬般皆下品，唯有讀書高。」一般父母的傳統觀念中，總希望子女把書讀好、擁有高學歷，最後擁有穩定工作。因此，在過去高中聯考的時代，學生在國小畢業之後，便進入了「水深火熱」的兩極化學習階段，學業成就高的學生，終日要面對永無止盡的大考、小考，甚至連工藝、美勞和家政等藝能科目都要被挪去加強國文、數學和英文等升學考科，被升學和課業壓力逼迫到喘不過氣，但為了擠進好學校的窄門，學生們只好認分地埋頭苦讀、追求高分。相較之下，學業成就低的學生，在標籤化的情形下，容易失去學習動機，導致學業成就每況愈下。這種以考試為主的填鴨式教育，忽視了學生的多元智能和個別差異，經常導致青少年出現偏差行為或人格扭曲的問題，如何培養學生帶得走的基本能力，以能力和素養的取向來取代考試分數，必須成為當前教育改革的重要課題。

　　在亞洲各國中，日本的教育環境與我國相近，長期以來，日本在考試和升學制度壓力下，學生失去學習的興趣，且紛紛從學習中逃離。有鑒於此，東京大學佐藤學教授主張在公共性、民主主義和卓越性三大哲學理念的引領下倡導「學習共同體」，於是在日本掀起了一場寧靜的革命，目前日本中小學已有超過 3,000 所學校（約現有校數的十分之一）正在進行「學習共同體」，而其教育改革模式同時也蔓延至大陸、韓國、印尼、新加坡及歐美等國，而今這股教育改革風潮更吹進臺灣。

　　學習共同體在近年來受到國內教育各界的重視，許多學者紛紛投身研究，甚而進行實地參訪，而佐藤學也曾多次到國內宣揚其教育理念，一時

之間，學習共同體已成爲一門顯學，究其原因主要有二：（一）學習共同體同時追求品質（quality）與平等（equality）作爲教育根本原理之改革理念，符應了二十一世紀社會及公民之需求；（二）學習共同體之三大哲學及保障每一個孩子學習權之教育精神，正好符合十二年國教當中所倡導的有教無類、因材施教、適性揚才及「成就每一個孩子」之教育理念。

佐藤學主張學習共同體應具有三個層面：（一）實施學生「協同學習」的學習共同體；（二）建構教師「同僚性」的學習共同體；（三）進行家長、地區居民「參與學習」的學習共同體。其中，在教師「同僚性」的建構上，佐藤學認爲教師是教學的專家，也應該是學習的專家。爲了達成此一目的，教師應透過專業對話、分享交流的方式，建構互相學習的關係（黃郁倫、鍾啓泉譯，2012）。這一波「寧靜的革命」已確實改變了日本中小學的課堂風景。「他山之石，可以攻錯」，當前臺灣教育正面臨重大變革，許多學者專家亦期盼學習共同體能成爲改善現況的良方。

貳 學習共同體的意義、理論與推動策略

一、學習共同體的意義

「學習共同體」（learning community）一詞源自於西方國家，例如美國學者 Huffman 和 Hipp（2003）倡導教師專業學習社群，其後則衍生出許多不同的類型和推動形式。在日本，佐藤學教授覺察到傳統填鴨式教育已無法使學生眞正學習成長，甚至造成學生從學習中逃走，遂於 1980 年代開始推行學習共同體，強調地方、學校、教師、家長和學生都應成立一個又一個的學習社群，在與他人的對話和討論中相互學習與成長。在教學方法上，透過「ㄇ」字形的座位安排，引導學生進行小組學習和互相討論，以建立班級學生的學習共同體。在課堂進行中，教師可以透過提問來引導

學生思考，再藉由學生協同學習進行討論探究，一方面訓練學生清楚表達自己的意見，另一方面帶領學生進行更深入且廣泛的思考。換言之，讓學生深入了解知識、討論知識、探索知識和運用知識，進而體會學習的快樂（黃郁倫，2011）。

　　佐藤學在《學習的革命——從教室出發的改革》一書中提到：「學校的辦學目標為何？是要成為一所有特色的學校，抑或要促使學生的成績很高？」學校應該再進一步省思下列問題：「我們為何要推動學校改革，為何要做課堂改革？」因此，佐藤學指出必須釐析學校和老師的中心責任或使命有三：首先是不放棄任何學生，學生是整個教學事件的主體，學校應當要保障每位學生的學習，並且使所有人的能力都向上提升，即使遭遇困難也不能放棄。其次是不放棄每一個老師，學校不只要培養所有老師成為「教育的專門家」，還要成為「學習的專門家」，營造出一個師生共同成長的學校情境。最後要引導家長和社區人士能主動參與教學和學習，促使家長與老師共同負起教育的責任（吳俊憲，2013a，2013b；黃郁倫、鍾啟泉譯，2012；歐用生，2012）。

二、學習共同體的理論基礎

　　佐藤學倡導的學習共同體，其理論依據源自 Vygotsky 認知發展理論和 Dewey 民主主義教育理論，之後他再整合並提出自己的見解。

（一）Vygotsky 認知發展理論

1. 社會文化是影響認知發展的重要因素

　　Vygotsky 認為教育是個人潛能的發展，就文化傳遞的觀點來看，人類自出生後就受到宗教信仰、風俗習慣、社會制度、行為規範等社會文化的影響，亦即兒童在成長過程中，即不斷接受成人給予之社會文化薰陶，累時逐漸內化後，進而影響兒童的認知發展，使個體從「自然人」逐漸

成為「社會人」。Vygotsky 的認知發展理論主張兒童認知發展是與社會文化互動的結果，兒童在成長過程中受到社會文化影響，使其能發展出較高的認知能力，故社會文化是影響個人認知發展的重要因素（方德隆譯，2004）。

2. 語言與認知發展的關聯性

相較於 Piaget 倡導心理發展先於語言發展，Vygotsky 則主張嬰幼兒之語言發展先於心理發展。在嬰幼兒初學語言之際，因兒童認知思維帶有自我中心傾向，是故，此時期的兒童會發展出自我中心語言，藉以調和兒童的思維與行動，並能紓解情緒、促進心智發展。此外，Vygotsky 亦認為兒童的語言學習是依循「先部分而後整體」的順序發展，而思維發展則依循「先整體而後部分」的順序發展，此種現象要等到兒童能支配語言後，其語言與思想便合而為一，成為促進兒童認知發展的內在動力（張春興，1994）。簡言之，兒童語言發展與認知思維有相當密切的關係，兒童自我中心語言的順利發展，有助於認知思維的建構。

3. 近側發展區與鷹架作用

Vygotsky 認為兒童的認知發展水平有兩個：一個是兒童自己實力所能達到的水平（實際發展水平），另一個則是經他人予以協助後所達到的水平（潛在發展水平），在此兩個水平之間的差距稱為「近側發展區」。此外，經由他人協助的過程稱為「鷹架作用」。「近側發展區」理論為兒童的學習發展提供了成長的可能性，教學實施與學生學習須經由不斷的交互作用，方能增進兒童的認知發展（王榮仙，2011）。傳統的教學通常都是先由教師講解概念後，讓學生獨力完成作業，但就算學生能如期完成並得到高分，其學習仍侷限在實際發展水平之內，無法擴展其認知發展。「近側發展區」概念的提倡，啟發教育工作者應有更積極性的教學作為，教師除傳授知識外，更應扮演啟發的角色，並適時給予協助，讓兒童的認知發展水平更上一層樓（徐美娜，2010）。綜上所言，兒童的兩個發展水平的

差距是動態的，如果教學方法與課程內容都能考量到兒童的發展水平，並依照「近側發展區」概念提供給兒童更高的發展要求，將有利於兒童的認知發展。

（二）Dewey 民主主義教育理論

1. 教育即生活、教育即溝通

Dewey 認為溝通是社會生活得以繼續的條件，個人在社會團體裡生活，一切食、衣、住、行、育、樂等行為均須依賴溝通，因此，生活與溝通密不可分。另外，Dewey 亦提到「教育即生活」和「教育即成長」的概念，他認為教育不能脫離兒童生活，教育必須與兒童生活緊密結合。此外，Dewey 認為人們處於社會生活之中，溝通不僅有利於經驗傳遞，亦有利於經驗改造，在學校裡，透過與同儕的溝通與交流，學生就能將自身與他人的經驗加以整合，並內化成為自己的想法（盧瑜，2011）。

2. 教育與民主的雙向關係

民主與教育有著極密切的關係，Dewey 主張民主離不開教育，民主需要教育傳遞民主思想，並使其內化為個人的思想與性格的一部分，因此，民主與教育即是一種互相交織、互相依存的關係（姜曉平、陳滔娜，2008）。由此可知，民主與教育是一種雙向關係，透過教育，民主主義才能深化於每位公民心中，社會才得以維持、發展；而有了民主，教育才能獲得公平合理之實現。

（三）佐藤學的「學習共同體」理論

佐藤學自 1980 年起開始倡導學習共同體的教育理論，迄今已逾 30 年，學習共同體的理念乃以學習者為核心，強調每個學生都要有優質的學習。學習共同體的哲學觀有三：公共性哲學、民主主義哲學和追求卓越的哲學（黃政傑，2013；黃郁倫、鍾啟泉譯，2012）。學習共同體的推動策

略在於提出協同學習的作法，鼓勵學生間透過互相討論和協助，在平等互惠的地位上形成「共學關係」，然後「伸展跳躍」至獨自學習無法達成的程度（歐用生，2012）。

1. 公共性的哲學——開放教室

所謂公共性的哲學，即是強調學校為一個公共空間，應開放給所有人，讓學校學生、家長和老師都能共同學習。因此，每位教師每年至少應公開授課一次，除了讓教師彼此觀摩學習外，亦可讓家長和社區有參與學生學習的機會，藉以提升教學品質。

2. 民主主義的哲學——聆聽溝通

Dewey 強調民主主義須透過教育加以支持和實現，比起其他場域，學校是相當需要強調民主主義的場域，而為了實現校園中的民主主義，學生同儕之間、學生與教師之間和教師同僚之間，都必須創造出互相聆聽的關係，才能進而產生對話式溝通。

3. 卓越性的哲學——同時追求品質與平等

成功的教育乃奠基於「同時追求品質於平等」的教育理念。佐藤學認為學生不論處於何種條件（例如能力高低、家庭背景差異等），學校都要堅持提供學生最好的教育內容或資源。因此，教育改革亦應以同時追求卓越的教學品質及受教機會的平等作為目標。

三、學習共同體的推動策略

佐藤學主張學生同儕間應組成學習共同體。此外，教師同僚間以及學校與家長、教育當局間，亦皆需要建構成為學習共同體（黃郁倫譯，2013a）。以下闡述學習共同體的推動策略。

（一）學生之間的「協同學習」

協同學習是採小組學習的模式進行，在低年級可採兩人一組學習，小學三年級以上可採男女混合且四人一組。傳統的教學方式通常會將教學內容設定爲中等程度學生適合的內容，佐藤學認爲這並沒有保障到每個學生的學習權，因此，他倡導實施協同學習。協同學習的教學設計乃基於兩項課題：其一是每人都需理解的「共有課題」（教科書以內的內容）；其二是具有挑戰性的「伸展跳躍課題」（教科書以外的內容）。值得注意的是，協同學習與「合作學習」不同，協同學習的精神是互惠的、共學的，小組中並不指定誰來擔任小老師，不強調競爭關係，討論時亦不要求有共同結論，每位成員的意見都是重要的，都要被聆聽且被尊重。

（二）教師間的「同僚性」建構

佐藤學主張教師是教學的專家，也應該是學習的專家，透過共同備課、公開授課、觀課及議課，可以構築教師間互相學習的關係。在共同備課階段，教師依據年度的課例研究（lesson study）目標和重點，擬定一個單元教學活動計畫。公開授課和觀課階段乃實際入班觀察教師教學與學生學習狀況。議課階段不針對教師教學提出優劣的評價，而是根據課堂上學生學習的狀況加以討論，並互相學習（歐用生，2012）。

（三）與家長、地方教育局的合作

佐藤學提出「家長參與學習」的理念，希望家長參與學校教育改革，進一步構築教師與家長間的信任和合作關係。事實上，許多家長及社區人士在參與學習後會打消對學校及教師的抱怨，而原本較爲低調沉默的家長也會變得比較積極。此外，學校亦應主動與地方教育主管機關進行合作並爭取支持。

綜上所述，佐藤學倡導的學習共同體理念，存在於學生同儕間、教師

同僚間，以及學校與家長、教育當局間，當整個教育體系成為一個具整合性的學習共同體時，每個人都能從共學關係中獲得學習和成長。

教學觀察促進教師專業發展的途徑

一、教學觀察的意義

人們在日常生活中隨時隨地都在觀察，因為我們每天都在聽別人說什麼，看別人做什麼，但大部分的觀察都是無目的、無系統及無方向性的。然而，正式觀察需要有一定的工具和程序，工具方面需要配合觀察用的規準及紀錄表，程序方面則大致包含觀看、描述、記錄、解釋、預測及判斷，其中以記錄最為重要，因為「沒有紀錄的觀察是空的」，觀察後必須有紀錄來作為分析和解釋的依據（吳俊憲，2007）。

當前世界各國都相當重視提升教師教學品質的課題，為了精進教師教學素質和技巧，教學觀察（classroom observation）成了一項重要的改革措施。陳美玉（1999）指出，教學觀察是教師獲得實踐知識的重要來源，也是教師用來蒐集學生資料、分析教學方法的有效性，以及了解教與學行為的基本途徑。席家玉（2006）認為教學觀察是以發生在教室裡的教學和學習歷程為主，專注於課堂裡發生的一切現象及事實，配合整個教室的生態環境，觀察者提出客觀看法和中肯建議，或由教學者自我省思，最終期能改善教學、提升教學效能及增進專業能力。

二、教學觀察與課例研究的關聯性

佐藤學鼓勵所有教師都應熱衷參加課例研究，互相觀課後不針對教師做任何評價，不要講這裡好或是那裡不好，這是因為好的教學方式至少

有百種以上，真正優秀的老師不會去評價其他老師的教學，也不是在討論如何在教法上更精進，重點是放在學生學習作爲焦點，仔細觀察學生學習、省察學生學習，並針對學生學習的情形互相討論（吳俊憲，2013a，2013b）。

課例研究是日本推動中小學教師學習和進修成長的一種方式，這種方式由來已久，也是支持日本教育改革與課程革新的關鍵要素。課例研究大致會經歷三個階段：首先，由教師同儕合作討論一個單元教學計畫，參加成員都會提出自己的看法與建議；其次，教室實際公開授課和參與教學觀察；最後是進行觀課後的討論會議。此外，授課教師可以根據檢討及省思結果再一次修改課程計畫，然後再次重複進行上述程序，之後再做第二次議課（Lewis & Tsuchida, 1997）。

不過，教學觀察經常與教學觀摩（teaching demonstration）混爲一談，兩者雖有相關，但從目的來看卻是大相逕庭。教學觀摩之主要目的在於教學演示，提供前往觀看教學的該領域教師或實習學生互相學習和專業對話（吳俊憲，2009a）。席家玉（2006）指出教學觀摩經常流於形式，增加教師教學負擔，容易產生「最佳示範」的想像，而且觀摩教學者大都是「非參與觀察者」，客觀性有待商榷。

綜合來說，課例研究強調教師應走向「共生」的協同學習，透過實施共同備課、公開授課、觀課及議課，促進教師同儕對話，進而產生批判性的教學省思，培養成爲專家教師應有的實踐智慧。由此足見課例研究應該是教師和教師、家長、學生和各領域專家共同進行的合作研究（歐用生，2012；楊宏琪，2013）。

三、教學觀察對教師專業發展的影響

教師專業發展可以視爲教師從事教學工作中，能掌握各種進修機會、不斷學習成長、增進專業知能、調整專業態度及提升專業精神的過

程。陳美玉（1999）認為教師專業發展要先促發教師自我發展動機，然後學校環境要提供支持系統，形塑校園具有合作的教師專業文化。林國凍（2008）指出課例研究在教師們的協同學習下，發揮積極主動的研究態度，探究教科書內容、學生學習需求與有效教學策略，進而擬定單元教學活動設計，然後經由實際教學、入班觀察與討論，深入探究課程材料、理解學生學習方式，並增進教師的教學能力與專業知識，最後便能逐漸引發教師專業發展。此外，歐用生（2012）指出課例研究對於促進教師專業發展具有重要意義，包括：（一）教師從觀察其他教師的教學中獲得學習，透過共同討論可以更加掌握教材教法並理解學生的學習方法；（二）其他教師到教室來觀察自己的教學並進行對話，有助於反省自己教學行動和學生的學習；（三）經由共同觀察教學，全校教師可以建構出學校共同的教學願景和理想的教學圖像。

　　日本的課例研究被視為教師專業發展的重要途徑，因為它能引導教師探究課程、教學與學習的問題，激起教師專業發展的「學校文化」。此外，它尚須依賴相關條件和資源的協助方能克竟其功，包括經費支持、學校校長和行政的協助、校外專家的指導等。教師參與課例研究可以幫助教師解決平日遭遇到的教學問題，增進對課程內涵與教學方法的了解，幫助教師更了解班級學生的思考方式和學習風格，強化教學專業知識並形成教師的專業生活（Ball & Cohen, 1999；Fernandez, Cannon & Chokshi, 2003）。

　　總之，教學觀察有助於提升教師專業發展，原因在於教師教學工作相當忙碌，除了教學外尚有許多瑣事，經常會造成教師忽略檢視教學目標的達成程度，也少有機會覺察自己的教學行為的適切情形（Borich, 1994）。透過有系統、有計畫的教學觀察，能提供教師反省、檢核及察覺自己教學行為的優缺點，然後使教師從中獲得教學回饋，將改進教學視為一項有意義的事，能夠敞開心胸嘗試新的教學策略或方法，也開啟了原本封閉的教室王國，激發教師同儕間能夠互相對話、反省、支持和建議，如此一來，自然對於教師專業能力的提升有極大的助益。

肆　學習共同體促進教師社群與學習成效的影響

一、學習共同體對促進教師社群的影響

　　潘慧玲等（2013）在《學習領導下的學習共同體推動手冊 1.0 版》中提到：「學習共同體以學校作為基地，以課堂學習共同體和教師學習共同體為核心，學生、教師、校長、主任，乃至其他行政人員與家長，均屬於學習共同體的成員，都應該擔負起促使學校各個成員致力於學習成長的責任。」其中，教師學習共同體乃是針對教與學進行「集體備課、公開授課與觀課、共同議課」，促發教師同僚協同學習的氛圍，為精進自身教學專業而學習。課堂學習共同體則是指教師和學生在透過交織互動下，為促進學習成效的提升而產生如爵士樂般的學習景象。在學習過程中，教師確保每一個學生都能主動參與學習，透過師生的聆聽、串聯、思考和對話交流，培養學生們的學習興趣，讓每位成員都能有所發揮，與同儕們建立共學的關係。

　　黃源河和符碧真（2011）指出，日本中小學教師把參與課例研究視為提升學生學習成效及增進教師自我成長的重要途徑，因此，教學研究、學生學習與專業發展三者緊密扣連。教師們自己研發適合班級的教學方式，實際實施教學並檢討改進教學結果，希冀讓班級學生學習成效可以更好，此乃真正實踐「教師即研究者」的理念，有助於建立「教學專業」的實務知識基礎。

二、學習共同體對學習成效的影響

　　學習共同體鼓勵教師改變單向講述的教學方式，改成透過鼓勵學生探究、合作和表達，營造一個正向且溫馨的學習環境（陳亦中，2013）。此

外，爲了增進學生在課堂上養成主動發問和勇於發表的良好習慣，教師須經由提問和促成學生協同學習，讓不同學習能力的學生都能找到自己在課堂中的定位，沒有人會成爲課堂上的「客人」。另外，學習共同體希冀培養學生知識學習的基本素養，促進思考層次中的知識轉化，幫助學生在協同學習的討論過程中，學會如何吸收和組織資訊，並將有意義的資訊轉化爲知識，再將知識與自身學習經驗結合成爲智慧（紀家雄，2013）。

值得重視的是，佐藤學推動「學習共同體」的目標並非只爲了提高學生的學業成績，而是透過探索的授課方式，讓學生了解學習的快樂並學會如何「學習」（方志華，2013；黃郁倫，2011）。多年實施下來，許多逃學或中輟的學生漸漸地不再抗拒學校、討厭學習，反而願意參與討論和主動表達自己的意見。此外，家長和社區人士也和學校的關係更加緊密。

伍 結 語

日本自十九世紀末開始推展課例研究，成爲教師專業發展與成長的重要途徑，其後，佐藤學結合課例研究與西方協同學習（collaborative learning）概念，以「學習共同體」作爲「學習革命」的途徑（黃郁倫、鍾啓泉譯，2012）。其推動理念爲保障每一個學生的學習，讓學生在解決問題的過程中培養學習能力，在探索中開啓學力潛能。佐藤學認爲學生在遇到學習瓶頸時，並不需要降低課程難度，而是藉由同學及老師的協助和示範，讓知識內化並進而達到向上伸展與跳躍的學習。其教學活動課程設計來自於「公共性哲學」、「民主主義的哲學」和「追求卓越的哲學」三項哲學理念。教學實施的具體策略是促進小組協同學習，讓學生在平等互惠的基石上獲得相同的學習權利，並激起更多的學習火花。而教師則藉由學習共同體形成緊密連結的同僚關係，家長可以透過課室的開放和參與教學，成爲教師的教學夥伴，最後促使全校形成一個學習共同體，裨益於導

引學生樂於學習、教師的教學精進、家長信任學校教育的三贏願景。

　　最後，實施學習共同體相當重視班級裡的教學觀察，它能提供教師主動學習和專業成長的機會，讓教師成為探究者（inquirers）和問題解決者（problems solvers）。目前國內有許多教師仍然存有「教室王國」的觀念，卻也讓自己的教學常陷入困境而不自知，或不知從何覓得解決之道。學習共同體不是解決所有教學問題的萬靈藥，但是教師可以加入學習共同體，營造教學專業夥伴合作關係，透過共同備課、公開授課、觀課和議課的過程，檢視及省思如何精進教學、如何提升學生學習成效、如何解決學生偏差行為問題，進而提升教師教學的專業知識和能力。至於未來我們要培養學生具有什麼樣的關鍵能力呢？實施學習共同體有助於提升學生的自信心及學習動機，一旦點燃了學生學習動機和興趣，再引導學生具備探究、合作和表達的基本能力，相信學生會從學習中獲得成就感，進而提升學習成效並成為持續進步的動力。

　　【本章內容改寫自以下之文：吳俊憲、吳錦惠、楊家惠、紀藶珊（2014）。學習共同體與班級課室觀察促進教師專業發展的理念與作法。論文載於靜宜大學教育研究所舉辦之「教師專業發展」全國學術研討會論文集（頁 3-19）。臺中市：靜宜大學教育研究所。經作者─吳俊憲修訂後收錄於本書。】

第三章　學習共同體導入教師專業學習社群的運作方式

本章摘要

　　推動精進教學計畫的行動方案之一，在於促進學校形塑教師專業學習社群。本章旨在探討如何建立一套精進教師社群發展之運作模式，並聚焦於「學習共同體」。故以 102 學年度教育局推動「臺南市教師社群精進輔導計畫」作為案例研究，探討臺南市推動精進教學教師社群發展之運作模式與實施歷程、實施成效與困境。

壹 前 言

　　亞洲各國的教育環境相近，在升學和考試制度壓力下，容易讓學生失去學習興趣和動機，甚至從學習中逃離，於是日本東京大學的佐藤學教授倡導「學習共同體」作爲教育改革的核心工作，在公共性、民主主義和卓越性的教學哲學理念引領之下，在日本教育界掀起一場學習的革命，目前中小學已有超過 3,000 多所學校加入推動學習共同體的行列，而這樣的教育改革模式，也蔓延至大陸、韓國、印尼、新加坡、臺灣及歐美。

　　學習共同體之教育理念，在於保障每一位學生的學習權益，此正符合臺灣推動十二年國民基本教育中所倡導的有教無類、因材施教、適性揚才及「成就每一個孩子」之教育理念。值得重視的是，佐藤學主張學習共同體的實踐方式，就如同製作一個三層蛋糕，第一層首要強調實施學生「協同學習」，第二層要建構教師「同僚性」，第三層是進行家長及社區居民的「參與學習」。此外，佐藤學提出藉由「與自我對話」、「與他人對話」、「與世界對話」的過程，讓上述三層面可以達到互助學習之效，更進一步能促使每個人都成爲學習的專家。其中，建構教師「同僚性」（collegiality）與臺灣正在推動的教師專業學習社群，在涵義和運作方式有許多相近之處。

　　教育部爲增進教師專業學習與成長，自 2009 年起推動中小學「教師專業學習社群」（以下簡稱教師社群），所謂教師社群是指由一群具有共同願景和教育信念的教育工作者，因爲關注於如何提升學生學習動機、學習成效及學習策略等，秉持互助合作的精神而自發組成的社群，進行一系列有目的之專業成長活動，其運作模式可透過專業對話、教學觀察、教學檔案、經驗交流、問題探究、增能研習及實地參訪等方式，教師專業成長之成果可以回饋並應用於教學現場，以達成有效教學及提升學生學習成效之目標（吳俊憲，2010；張新仁等，2011；教育部，2009）。

　　然而，教師社群並沒有固定的推動模式，於是容易造成教師社群在運作過程產生「失焦」的問題，或淪為僅以培養教師興趣為主的社群運作內涵（吳俊憲、蔡淑芬、吳錦惠，2015），有的則是因為忽視教師社群的功能，把教師社群和學年會議、領域教學研究會或課程發展委員會相互混淆。誠如丁一顧（2012）指出，唯有「以學生學習為本」的教師社群，才能幫助學生在學業成就或行為表現等方面有所改善。徐綺穗（2012）也指出，教師透過長期且固定的聚會，建立追求成長共識與同僚互助關係，有助於解決現場各種難題，營造正向而積極學習的組織氣氛，藉此提升教師專業素養，以因應教育環境的重大變革。

　　於是，如何精進教師社群發展，建立一套可以提供學校參考的運作模式，成為本章的探討重點。事實上，教師社群發展與學習共同體有許多相似處，因為兩者均相當重視教師同儕要定期聚在一起分享交流教學經驗，一起解決教學實務工作上所遇到的問題，一起增進或改善教學效能；其次，兩者均符合當前重視「學習者中心」的教改趨勢。誠如潘慧玲等（2013）、鍾啟泉（2011）皆認為，學習共同體的課例研究是建構教師同僚性的最佳方式，教師社群成員聚在一起共同備課，設計學生課堂學習的作業，進行交流、溝通、討論、對話和反思等活動，有助於教師成為學習的專家，並實現每個學生都成功學習的目標，保障高水準的教育品質。

　　基於上述，本章旨在探討如何以學習共同體作為主軸，建立一套精進教師社群發展之運作模式。根據教育部補助各縣市辦理十二年國民基本教育精進國民中小學教學品質計畫（簡稱精進教學計畫），臺南市推動精進教學計畫的重要子計畫之一在於促進學校形塑教師社群，適逢 102 學年度教育局推動「臺南市教師社群精進輔導計畫」，因此，本章針對參與該項計畫的學校教師社群作為研究對象，採取文件蒐集分析，研究目的如下：

一、探討臺南市推動精進教師社群發展之運作模式與實施歷程。

二、探討臺南市推動精進教師社群發展之實施成效與困境。

貳　協同學習的涵義與實施

　　學習共同體倡導「協同學習」，與心理學家指稱的「協動學習」或「協調學習」相同，但不等同於「合作學習」（cooperative learning）（黃郁倫譯，2013a）。協同學習是指建構和諧的學習氛圍，讓學習者隨機組織並建立相互學習的環境，小組成員是對等且彼此受到尊重的關係，透過聆聽對話進行概念釐清的學習歷程，因此，每個成員的發言都受到等值的肯定。潘慧玲（2013）指出協同學習是一種夥伴共學的關係，每個人都平等參與學習，沒有領導者，也不求意見統一。黃永和（2013）認為協同學習偏重哲學導向，重視知識社群成員的學習過程，而合作學習則是著重教師結構性與處方性的教學技術。

　　協同學習涵蓋三個層面，是每一個學生、每一個教師、每一個家長共同成長與學習的園地（鍾啓泉，2011）。教師必須打開教室，讓教師同儕、校長主任，甚至社區家長一起進到教室來協同學習，並以關注學生學習作為觀課的重心。以下針對三個層面如何進行協同學習加以闡述：

一、學生的協同學習

（一）互學聆聽，啓動激盪與串聯

　　協同學習要能發生學習，必須在差異中形成，發揮互補長短的關係，構築互惠學習的情景（潘慧玲等，2013）。聆聽行為在表面上雖然是被動的，實質上卻是促發學生之間建立主動學習的關鍵（鍾啓泉、陳靜靜譯，2012）。課堂上教師進行提問教學，不僅串聯知識概念與學生生活經驗及興趣特質，更串聯起「教師與學生」以及「學生與學生」之間的關係（簡菲莉，2013）。串聯是教師的重要教學任務，須包含：時間和空間串聯、教材和教材串聯、師生互動串聯、學生同儕串聯及學生經驗和社

會經驗的串聯，課堂裡的串聯愈緊密，學習成效愈佳（林文生、歐用生，2013）。此外，聆聽能確保每位成員之間的每一次對話和內在思想的傳遞與接收，進而有利於師生間產生彼此的信賴和歸屬感，更有利於激盪學生動腦運思。

（二）男女混合四人編組

佐藤學發現學生喜歡彼此互相幫忙，但傳統教室分離式一人一張桌椅的安排，違反學生學習天性，造成人際間的疏離感和競爭關係（林文生、歐用生，2013），因而倡導男女四人混合編組，促發學生比較容易產生互學關係（黃郁倫、鍾啓泉譯，2012）。在學生分組時，許多教師會刻意安排課業高成就和低成就的學生在同一組，讓前者可以指導後者，但協同學習主張透過抽籤隨意編組（鍾啓泉，2011），而且定期更換小組成員，如此一來，小組裡沒有領導者，也不做任務分配，而是讓學生都能專注於對話學習，無須記錄組員發言或受其他雜事干擾，也不會有成員在統整資料與上臺報告時變成「局外人」。

（三）培養同儕請益的習慣與態度

佐藤學認為刻意安排課業高成就學生指導低成就者，會讓後者習慣被動等待，缺乏主動解決問題的意願和能力。因此，要能有效發展協同學習，就要引發學生願意直接承認自己哪裡學不會，然後勇於向他人發問請益，獲得學習成長與進步（黃郁倫、鍾啓泉譯，2012；歐用生，2012）。剛開始實施協同學習之初期，學生仍舊會依賴教師提供答案或解題策略，但教師應避免直接告知答案或方法，僅需輕聲鼓勵學生向同儕請益，例如：「這是什麼意思？」、「我不知道耶！」、「你可以試看看……」等。當學生習慣於溫和對待和互相對話的學習之後，協同學習就能順利開展。

（四）保障所有學生挑戰學習

佐藤學強調要讓學生產生「伸展跳躍」的學習，不能只侷限於教科書的知識，教師必須完整掌握教材內容，並規劃與提供難度高一點且具挑戰性的學習課題，這是促動學生協同學習的途徑，過於簡單的課題反而會使學生感到無趣而流於閒談（黃郁倫、鍾啓泉譯，2012）。

二、教師的協同學習

教師是影響學生學習的關鍵人物，必須建構和諧互助的「同僚性」關係。歐用生（2012）探討日本實施學習共同體的相關研究顯示，因為公開觀課促使教師教學模式在經過四年的時間產生轉變，從第一年教師發言時間占 22%（不含板書和歸納統整），到第四年教師發言只剩 6%，其餘時間都留給學生進行討論、對話和統整。學習共同體教學研究會正是可以促動教師產生協同學習的園地，也是課程慎思的實踐場域，會議中的發言不是在檢討教師如何教學，而是討論觀察到學生的學習狀態，不是對執教者建言，而是表達和反省自己從觀課中學到什麼（林素卿，2008）。由於教師在協同學習中進行多角度、多面向的對話和分享，就能從中得到修正教材教法的方式，並進而建構自己的教學特色。

不過，教師協同學習能否順利推動的關鍵之一，在於校長能否確實規劃學校發展的願景，摒除實施學習共同體的障礙，減輕教師負擔並引導教師專心於教學研究，也要與家長進行改變教學理念的溝通（楊振昇、盧秋菊，2013；Dubin，2010）。誠如吳俊憲（2013b）指出學習共同體不是處方箋，也沒有所謂的教學指引，學校推動學習共同體一定要先有願景，建立共識，更重要的是校長必須以身作則，鼓勵教師共同參與。

學習共同體透過課例研究引導教師同儕進行共同備課、公開授課、互相觀課及議課，作為教師專業成長的重要途徑。備課要針對學習教材的

「重點」、伸展跳躍的「亮點」和學生學習的「難點」三項重點來討論；議課要針對細微觀察到學生的學習狀態進行討論，方能有效提升教師教學專業。相反地，若是將觀課和議課焦點放在教師表達能力、教學技巧與教學內容的批判，反而會造成教師抗拒參與學習共同體，進而讓教師產生退縮和逃避，無法形成眞正的教師「協同學習」。因此，教師的協同學習必須專注於「學生的學習」，包含：期望學生學會什麼？如何知道學生已經學會什麼？如果學生還沒學會要如何處理（張新仁等，2011）？

　　Parks（2009）與 Watanabe（2002）均強調課例研究是一種文化，不是只有專業發展行動，一個成功的課例研究團體必須透過集體實踐，發展成爲共享的專業文化。近年來臺灣推動教師專業學習社群之用意即在此，鼓勵教師透過協同學習，共同打開教室，共同備課、互相觀課及議課，以增進教師自省能力與教學專業。反觀有些教育政策一直要求教師參加一堆缺乏脈絡性的研習進修，因爲多數無法與教學現場緊密結合，也沒有扣緊學生學習，反而造成「無效研習」的狀況。

三、社區家長的協同學習

　　家長的「協同學習」不是指家長要進到教室觀課，來觀察教師教得好不好，或是看自己的子女有沒有學好，而是進入教室與教師成爲學習共同體，提供更多外在資源與社會支持，關切所有學生的學習，甚至成爲學校開發地方特色課程或校本課程的學習授課專家。透過學習共同體的推動，教師專業可以取得社區家長的認同和信任。

　　綜言之，實踐學習共同體需要學生建立互學同儕關係，教師和行政發展互惠同僚社群，及社區家長能夠支持認同，透過這三個層面協同建構出的學習型組織，才能有效運作和推展，因爲學生的學習需要教師充分的準備和引導，也要家長的支持與鼓勵，教師的教學同樣需要社區家長的加入與肯定，讓學習的層面更寬廣和深入，課程的運作更加順暢與被認同，當

上述三方面的認知能達成一定程度的共識，教師才能專心研發課程教材和教學模組，學生方可獲得充實快樂的學習環境，家長也能全力參與學校事務並予支持。

課例研究的運作模式

　　課例研究（或稱授業研究）一詞，在日本字爲「jugyokenkyu」音譯而來，是由兩個字所組成，「jugyo」是「學課」（instruction or lesson）的意思，而「kenkyu」是指「研究」（study or research）的意思。課例研究的基本內涵即教師協同學習的「四 D」，包括：集體備課（Design）、教學觀摩（Do）、課程愼思與對話（Dialogue）、記錄學校文化物（Document），在日本依照上述四個步驟進行脈絡式的循環教學研究就稱爲課例研究。

　　Hart（2008-2009）指出日本實施課例研究的必要程序爲：目標設定和規劃（goal setting & planning）、研究課例（research lesson）、課例討論（lesson discussion）、彙整及再實踐（refine & reteach）。換言之，教師必須透過設定共同目標、擬定完善的課程計畫，再藉由公開授課的觀察與討論，方能建構教師專業發展。Chassels（2009）提出課例研究應該經歷以下五個階段：（一）制定學生長遠的學習目標；（二）發展計畫進行觀察研究以達成目標；（三）觀察和記錄學生產生對話學習的回饋數據；（四）在課後提出學生回饋的數據和有效的紀錄內容；（五）教師討論和分析數據，以改進課堂的教與學，進而加深理解課程內容。Takahahi 和 Yoshida（2004）提出課例研究的程序應包括以下六項步驟：（一）協同合作設計教學方案（計畫）；（二）一位老師授課及其他老師觀課（教學與觀察）；（三）討論教案設計與分享觀課心得；（四）修改教學方案；（五）讓其他老師實施新教案教學，其他老師觀課（再次教學與觀察）；（六）針對新方案進行

討論修正（反省）。Dorese（2009）引述 Stigler 和 Hiebert 在 2000 年針對日本課例研究實施步驟的論述，提出進行課例研究應該包括以下八個步驟：（一）確認主題；（二）規劃課程；（三）教授課程；（四）觀察與回饋；（五）修訂課程；（六）教授修訂後的課程；（七）再次觀察與回饋；（八）分享成果。

根據上述學者論點，參酌臺灣教育現況，茲歸納出適合的課例研究實施步驟如下：

（一）設計簡案

因為教師會有太多行政和教學的雜務，而缺乏時間進行共同備課，所以可以請公開授課的教師先預擬教學設計的構想，提供給觀課的教師先行了解，以減省討論時間。

（二）商議教案

針對設計教案者提供回饋，包含：學生學習目標、課程理解事項、教師提問內容及跳躍伸展鷹架等，藉以增強授課者的信心，並幫助修正教案。

（三）觀課學習

每一位觀課教師都有一份觀課紀錄表，內容包含：學習設定目標、授課提問內容、學生座位表及學生學習反應等欄位，教師藉由多角度和多面向的觀察並記錄學生學習歷程，作為後續議課的依據。對於校外教師或校內沒有觀課經驗教師，在上課前應該先進行簡單的公開觀課說明會，並提醒觀課倫理。

（四）分享學習

授課結束後進行議課，授課教師先說明教學設計理念、教學心得與實

施困境，觀課教師亦提出觀察學生學習樣貌與重要發現，包含：學生學習的成功和失敗之處，以及觀察者觀課所學到心得交流等。

（五）檢討彙整

授課教師將觀課老師的紀錄與經驗分享整理，並觀看錄影帶進行反思與摘錄，建立完整的學習脈絡。另外，也可以搭配教學檔案或蒐集學生學習文件加以分析，以補充觀課不足的地方。

（六）資料上傳

教師教學檔案和學生學習歷程檔案可以上傳至學習共同體社群平臺，供學習夥伴參閱與應用，也可以透過線上討論，突破時空限制，發揮教師專業學習的最大效益。

綜言之，學習共同體強調協同學習，透過課例研究引導教師進行脈絡式的專業學習，而且必須緊扣住學生學習，才能保障每一位學生的學習權利和品質，進而建構出學習型組織。為達此一目標，必須透過校長和全體教職員充分了解學校願景和教育目標的規劃，校長具有學習領導（leadership for learning）與教學整合能力，教師對於課例研究的認同與支持，並強化和社區之間的聯繫與資源共享。最後，進行課例研究時，教師透過協同學習，在課前充分準備具有挑戰性的教材教法，在課間協助教師記錄學生學習樣態與支援教學，在課後幫助教師尋找學生構築協同學習的起點與終點行為，透過課程慎思與對話，讓教師由教學專家進化成為學習專家，並將整個實施流程和對話記錄下來成為學校的智慧資料庫，作為後續改進教學及發展教師專業的參考依據。

肆　案例研究設計

　　本研究採文件分析，資料蒐集的對象為參與「臺南市 102 年度推動教師社群精進輔導計畫」當中的 6 個教師社群。原本共有 9 個教師社群參與該計畫，國中 3 所，國小 6 所，教師社群主軸訂為閱讀和數學。計畫結束後審酌執行成果的豐富度，並參酌該計畫主持人和教育局承辦人的意見，從中選出 3 個閱讀社群和 3 個數學社群進行分析。茲就 6 個教師社群的主軸、名稱、教育階段別、學校規模及所在區域介紹如下表 3-1：

表 3-1　研究對象教師社群基本資料表

校名	社群主軸	社群名稱	教育階段別	班級數	所在區域
A 校	數學社群	「數之狂想曲」	國小	54 班	善化區
B 校		「數學亮起來」	國小	35 班	北區
C 校		「非常有意數」	國中	50 班	東區
D 校	閱讀社群	「愛閱共同體」	國小	52 班	新市區
E 校		「閱讀桃花源」	國小	48 班	新營區
F 校		「擁報夢想」	國小	94 班	東區

　　研究蒐集的文件相關資料包括：「臺南市 102 年度推動教師社群精進輔導計畫」、「學習領域及專業學習社群召集人」課程領導增能培訓計畫、計畫相關會議紀錄，尤其是大約每個月召開一次的總計畫會議紀錄，會議中除了進行各校進度報告外，亦會提出各校實施困境供作討論與分享，以了解各教師社群的實施成效與相關影響因素。另外，蒐集各校教師社群會議紀錄、成果報告、成果簡報、成果影片及相關心得省思等，藉以了解各教師社群實際的運作歷程。相關文件的編碼方式如下表 3-2，第一碼為日期，第二碼為資料類別，第三碼為學校別，第四碼則為文件編號。

表 3-2　文件編碼方式

	編碼意義		編碼方式	備註
第一碼	代表「日期」		以七碼表示年月日	
第二碼	代表「資料類別」	01	全市計畫、會議紀錄	
		02	各校成果報告	
		03	各校心得省思	
		04	各校歷程資料	
第三碼	代表「學校別」	00	總計畫	1020909-01-00-001 即代表102年9月9日，全市計畫、會議紀錄，總計畫之第一份文件
		01	A 校	
		02	B 校	
		03	C 校	
		04	D 校	
		05	E 校	
		06	F 校	
第四碼	代表「文件編號」		以三碼表示	

伍　案例實施與討論

一、臺南市推動精進教師社群發展之運作模式與實施歷程

　　臺南市於 2013 年 9 月至 12 月推動教師社群精進輔導計畫，由教育局邀請 9 個教師社群參與，共進行 5 次集中輔導，每次至少薦派社群召集人或教師代表 1 人，進行增能、交流、研討及觀摩。獲邀請參加的教師社群乃以閱讀、數學為兩大主軸，由大學教授和教育局課程督學帶領，進行以「學習共同體」為焦點的教師社群發展與運作，於 2013 年 12 月 23 日進行臺南市的期末社群成果發表會，提供全市國中小教師社群進行典範學

習。表 3-3 為臺南市為推動教師社群精進輔導計畫的規劃內容。

表 3-3　臺南市推動教師社群精進輔導計畫的規劃內容表

日期	主題／目標	研討內容	工作任務
9/9（一） 上午 10:00～12:00 （研討時間） 中午 12:00～13:00 （社群成員與教授進行交流、諮詢）	建立社群推動共識	1. 社群進階工作坊推動目的說明 2. 贈書：學習，動起來 3 ——日本：學習共同體（2 書 +1DVD） 3. E 校協助建立網路平臺，可上傳資料、公告訊息、意見交流等	各社群規劃如何結合「學習共同體」的方向
9/27（五） 上午 9:00～12:00 （觀摩時間） 中午 12:00～13:00 （社群成員與教授進行交流、諮詢）	社群實地觀摩「學習共同體」的作法	臺南市教育產業工會 102 學年度教師專業精進成長「學習共同體」入班觀課與集體議課研習	各社群調整社群運作內容
10/21（一） 上午 10:00～12:00 （研討時間） 中午 12:00～13:00 （社群成員與教授進行交流、諮詢）	社群教師共同研讀與增能	研讀心得分享與討論： 學習，動起來 3 ——日本：學習共同體（2 書 +1DVD）	各社群分享讀書心得，提問與討論
11/18（一） 上午 10:00～12:00 （研討時間） 中午 12:00～13:00 （社群成員與教授進行交流、諮詢）	社群結合「學習共同體」試作	1. 社群結合「學習共同體」試作細節研討 2. 學校自主管理，並定期繳交期中報告與期末報告，由指導教授確實掌控各教師社群運作，落實教師專業成長	各社群提出試作方案（含教案撰寫、共同備課／觀課／議課）

日期	主題／目標	研討內容	工作任務
12/16（一）上午 10:00～12:00（研討時間）中午 12:00～13:00（社群成員與教授進行交流、諮詢）	社群結合「學習共同體」試作經驗分享	1. 社群結合「學習共同體」試作經驗分享 2. 安排分享發表，以結合理論與實務，作為未來教師社群運作推廣，以及其他學校參考之用 3. 每校出 20 秒 VCR 剪輯，E 校選擇背景音樂，並蒐集製作本市精進教學社群成果短片，上傳專屬網頁分享	各社群分享試作經驗
12/23（一）上午 8:00～11:50（對全臺南市各國中小教師社群分享實施成果）	推動精進社群發展，協助學校社群領導人推展社群活動	1. 學習領導下的「學習共同體」課堂實踐的風景（教授宣講） 2. 學習的革命──課堂實踐發表分享（9 所社群績優學校成果分享）	各社群成果分享

研究發現，各教師社群運作模式大致相近，多是依循以下歷程：成立社群、凝聚共識、教師增能、共同備課、入班觀課、共同議課。

（一）成立社群的時間和成員

從教師社群成立時間來看，「延續辦理」的教師社群」有：E 校的「閱讀桃花源」教師社群，其前身為「閱讀坊」社群，於 98 學年度即已成立，並利用每月一次週三下午的時間進行研討。D 校「愛閱共同體」教師社群之前身為「閱讀理解」社群，利用每月一次週三下午時間進行研討。A 校「數之狂想曲」教師社群已運作多年，並同時向教育部申請「未來想像與

人才培育三年計畫」，社群固定於每週五下午聚會研討。C 校「非常有意數」教師社群，於 101 學年度即已成立，並不定期進行領域對話研討。另外，有兩個教師社群乃是「新成立」的，包含：F 校「擁報夢想」教師社群利用每週二下午第一、二節（原來的學年會議時間）進行研討。B 校「數學亮起來」教師社群採不定期進行相關議題的活動研討。

再從教師社群的組成成員來分析，E 校「閱讀桃花源」教師社群成員主要由教務主任擔任召集人，有 10 位低年級導師參加。D 校「愛閱共同體」教師社群由教務主任、教學組長、課發組長、4 位中年級導師及 2 位中年級實習教師參加。F 校「擁報夢想」教師社群成員由教務主任、教學組長、6 位六年級導師參加，由其中一位導師擔任召集人。A 校「數之狂想曲」教師社群由教務處兩名組長及 7 位一年級導師參加。C 校「非常有意數」教師社群由 11 位國中數學領域教師組成，並由數學領域召集人擔任社群召集人。B 校「數學亮起來」教師社群由教務主任擔任召集人，邀請校內任教數學或有興趣的教師參加。

由上可知，6 個教師社群當中的多數已有運作經驗（僅 F 校「擁報夢想」、B 校「數學亮起來」為新成立教師社群）。大多數的教師社群仍多由行政人員擔任召集人或主導運作方向，只有 F 校「擁報夢想」、C 校「非常有意數」是由教師擔任召集人。此外，社群成員大都由同學年或同領域組成。如何發展出「由下而上」的草根運作模式，如何引導出跨學年、跨領域組成方式，是未來可以再努力的方向。

（二）凝聚共識與教師增能

在凝聚共識方面，6 個教師社群大都是先進行「學習共同體」相關的專書研讀，或是影片觀賞及討論，其中，A 校至 E 校的五個教師社群皆是先各自在校內研讀《學習共同體——構想與實踐》一書，而 6 個教師社群亦都藉由觀看和討論這本專書所附贈的影片來凝聚共識。

在教師增能方面，總計畫規劃了一場 9 月 27 日在某國小進行的學習

共同體公開觀課，帶領 6 個教師社群成員實地觀摩學習共同體之觀課及議課過程，並於返校後，各自進行觀／議課後心得之分享交流，裨益於研擬各校教師社群的運作方式。此外，A 校「數之狂想曲」社群會邀請輔導團教師和專家學者蒞校幫社群教師增能，豐富教師了解學習型態及創新課程設計。B 校「數學亮起來」社群會邀請數學教具操作的知名教師，針對「入班觀課」的教學內容進行指導。E 校「閱讀桃花源」社群會利用週三教師進修時間，辦理「學習共同體與創新教學探究——關注真正的學習」專題講座。F 校「擁報夢想」社群亦利用週三教師進修時間辦理「好問題怎麼來」專題講座。另外，尚有部分教師社群會結合其他專案計畫，例如 A 校申請「教育部未來想像與人才培育三年計畫」，以數學課程為主軸，結合未來趨勢與想像課程，透過討論、研究、編寫教材、班級實務教學與教學省思，培育學生具備未來力與數學力。

（三）共同備課

在共同備課方面，A 校「數之狂想曲」社群因已深耕數學課程設計和數學遊戲多年，近幾年已逐步建置完成數學遊戲教具資源庫及題本，所以社群成員相當熟悉如何運用相關資源進行共同備課。B 校「數學亮起來」社群在備課前，先邀請數學教具操作的知名講師指導，共同針對乘法教學進行專業對話；接著再由成員決定如何解構教科書內容，運用幾個引導式題目，帶出該單元所需建構的觀念——「乘法直式的意義」，然後彙整教案內容、學習單及觀／議課工具並於總團會議時分享。C 校「非常有意數」社群在決定入班觀課的班級後，共同討論教學內容。D 校「愛閱共同體」社群成員決定進行課文深究作為「入班觀課」的重點，經由共同設計教案，強調鷹架引導及跳躍學習，並輔以心智圖教學法來引導學生學習。E 校「閱讀桃花源」社群決定採用閱讀教學結合繪本元素，選定文本後，再根據學生學習需求進行不同層次的提問設計，並產出教案。F 校「擁報夢想」社群成員多屬於同一個年級，故決定以現有課文作為媒材，在備課

時進行相關的提問設計。

（四）入班觀課

在入班觀課方面，由於各校社群教師多數對於學習共同體之觀課實施方式尚不熟悉，因此，各社群會先召集觀課教師針對觀課流程、記錄方式及注意事項加以說明。此外，因為學習共同體強調課堂中的學生協同學習，學生應經由彼此聆聽和對話才能培育出「探究」、「合作」及「表達」三項能力，因此，各教師社群在進行「入班觀課」時，皆安排了適合小組討論的學生座位，並主動提供學生座位表。另外，在觀課紀錄表的設計上，雖然各社群並無統一制式版本，但主要依循「全班學習氣氛」、「學生學習動機與歷程」、「學生學習結果」三個面向來引導觀課教師進行觀察記錄。值得注意的是，由於有若干社群成員身處同一學年，因此在備課後就可以在同一學年的不同班級進行多次的公開授課和觀課，例如 B 校「數學亮起來」社群共進行了 5 次的公開授課和觀課，其中的最後一次乃是由具有數學領域輔導員資格的校長親自公開授課。而每次觀課後，社群成員即會於議課中提出意見，並於下次觀課進行修正。F 校「擁報夢想」社群亦於五年級進行了兩個班級的公開授課和觀課，第二次的觀課就是第一次觀課後的修正。

（五）共同議課

在共同議課方面，各社群在觀課後會趁著記憶猶新時，在同一天內進行議課，議課會議多由社群召集人主持，少數則由校長出席並主持，例如 B 校「數學亮起來」社群及 E 校「閱讀桃花源」社群。各社群在議課前，會先說明議課的注意事項，除了建立議課重點的共識外，也讓授課教師能在受到尊重且安心的情境下進行議課。議課注意事項如下：

1. 第一次發言時，請說：「謝謝○○教師，提供我學習的機會」。
2. 發言內容請針對學生的學習狀況進行討論。

3. 多討論學生的優點，儘量不提學生的缺點。

4. 請勿用嚴厲的言語批評教師教學技巧（例如：時間掌控能力很差）。

5. 先由內圈觀課教師發言，再請外圈觀課教師一一提問討論。

6. 請尊重隱私權，若要照相或錄影放到網路上，務必徵求授課教師同意。

7. 手機請關機或設定震動，以免干擾議課，謝謝您的合作！

2012/12/05（四）第一場觀課後議課：
由校長主持，內觀成員們提供授課教師有關學生表現上的回饋。社群並藉機再次討論課程設計的缺失，提出修正的幾項疑問回去再省思。

2012/12/06（五）和教授討論授課內容修正：
藉由學校亮點研討的機會，成員們將教案流程提出來與教授進行專業對話，教授幾項精闢的見解，給成員們即時的解惑，並立刻回去修正教案。

2012/12/09（一）第二～四場觀課後議課：
針對三場觀課，校長提出了許多解構乘法直式的教學引導建議。成員們在校長的引導下，針對如何切合地引導學生思考，進行專業對話。

2012/12/11（三）校長做第五場觀課後議課：
校長和社群成員針對連續五場觀課做總結，並分享心得點滴。成員們除了更深層體會學共精神外，對於教學專業更是往前邁進一大步。

圖 3-1　B 校「數學亮起來」社群進行觀課和議課實施歷程

　　另一項值得注意的是，有若干教師社群爲了印證共同備課、入班觀課及議課之間，如何做到彼此環環相扣，並能影響學生之實質學習成效，於是便將同一個課程進行第二次、甚至多次的公開授課、觀課及議課，底下便是 B 校「數學亮起來」社群的例子。

　　由上述可知，透過第一次議課後得到教學省思與建議，進行再次共同備課之教學修正，然後做第二次的入班觀課，得以檢視學生學習成效是否有所提升，而第二次的議課結果，亦可再作爲第三次的備課修正參考，以此類推便能提升教師教學效能與學生學習成效。

二、臺南市推動精進教師社群發展之實施成效

　　以下就教師層面、學生層面及學校層面加以闡述：

（一）教師教學層面

1. 實施共同備課，對教師教學成效之影響

(1) 增加教師專業對話的機會，促進團隊合作

　　共同備課是開啓教師間交流對話的一把鑰匙，教師在共同備課之目標前提下，即會不斷對話交流、集思廣益，無形中，不但促進了教師的專業成長，亦能藉此凝聚教師在教學上的共識，以及建立團隊合作的氛圍。因此，透過共同備課不但可增加教師間彼此專業對話、分享交流，亦可促進教師的專業成長。例如 C 校「非常有意數」社群提到：「透過教師專業社群共同研討的時間，促使教師討論與分享教學心得，藉此增加教師間專業對話與成長的機會（1021213-02-03-001）。」F 校「擁報夢想」社群亦提到：「透過共同備課，我們可以從不同的老師那兒得到不同的想法與建議，這是自己在教室裡單打獨鬥所得不到的收穫（1021213-02-06-001）。」

(2) 提升教師課程設計之能力

　　藉由共同備課能讓社群教師學會如何對教科書內容進行解構和分

析，再透過進行教案設計及提問構思的過程，增進教師自編教材之能力，不再一味依賴教科書，而是學會如何根據學生需求、程度及先備經驗進行教學規劃。例如 F 校「擁報夢想」社群提到：「大家一起重新構思教學提問，使教學內容更多面，更契合課文應富有的內涵，而非單向依附書商的備課用書（1021213-02-06-001）。」A 校「數之狂想曲」社群亦提到：「透過教案討論、教學觀摩和研討自省，團隊教師在教學設計與教學能力均有所精進（1021213-02-01-001）。」B 校「數學亮起來」社群提到：「解構教科書真的不是一件容易的事！有團隊共同對話討論的協助真的很重要！老師課堂上適時的提問更是課室教學目標能否達成的主要關鍵（1021213-02-02-001）。」

(3) 觀課教師更能掌握觀課焦點

經由共同備課，觀察者同時也是備課的成員，因此，能與教學者共同參與課程設計與教學流程的安排，所以，觀課教師便能在「入班觀課」中更清楚所要觀察的重點在哪裡，並且能將觀課焦點回歸到學生學習上，而非關注於教師教學。例如 F 校「擁報夢想」社群提到：「因為有共同備課，所以上課起來就非常清楚掌握課堂上應有的進度，以及讓學生討論的深淺程度，可以說是非常有效率地進行，而老師也就有機會（也有餘力）在分組討論時對個別學生有更多的關注（1021213-02-06-001）。」E 校「閱讀桃花源」社群提到：「共同備課的重要性，在於集體找到更有效的教學方法，並給予教學者溫暖，觀察者可以事先了解與清楚教學的材料，走進教室觀課時才能把焦點放在學生身上，避免教學的學科本位主義（1021213-02-05-001）。」

2. 實施入班觀課，對教師教學成效之影響

(1) 入班觀課是壓力，也是教學助力

打開教室王國大門，對教師會產生壓力，然而壓力往往也是成長的動力與契機。例如 B 校「數學亮起來」社群提到：「入班觀課的壓力，雖

然讓社群成員們緊張了幾個晚上；但走過一程後再次回首，卻是非常感謝這一趟壓力。它讓我們邁出了打開教室大門的第一步！有個社群可以共同討論課程內容、共同經驗觀課議課、共同承擔分享壓力，我們的感情更加緊密了（1021213-02-02-001）！」這是因為「入班觀課」讓社群成員有機會共同進行討論、凝聚向心力，將壓力轉變為向上精進教學的動力。

(2) 增進教師願意嘗試多元教學方法的意願

社群教師在接觸到「學習共同體」的教育理念，並在研習增能、觀摩學習後，於「入班觀課」時會變得更有意願嘗試各種不同的教學方法，來提升學生的學習效能。例如 A 校「數之狂想曲」社群提到：「社群能勇於嘗試不同型態之教學模式，例如：學習共同體、未來想像動畫課程，經由課程實踐、教學相長，進而自我專業成長（1021213-02-01-001）。」C校「非常有意數」社群提到：「透過社群活動之入班觀課，讓領域成員教師得以互相觀摩，降低教師面對不同教學方法時的不安與惶恐，增強教師願意嘗試不同教學方法的機會（1021213-02-03-001）。」B校「數學亮起來」社群亦提到：「一趟學共的歷程，強迫社群成員們改變自己課堂的上課模式（1021213-02-02-001）。」這是因為藉由「入班觀課」的機會，讓社群教師有機會彼此觀摩學習，開放教室的同時也啟動了教師活化課程與教學的意願。

每位教師皆有獨特的教學風格和長處，透過「入班觀課」可以觀摩學習到不同教師的教學方式及班級經營技巧，也有助於自己的教學省思，教學因此能注入源源不絕的活水。不過，「入班觀課」所產生的壓力，如何轉化成為教師專業成長的助力也需重視，唯有藉由教師之間的專業對話、凝聚向心力，並形成「同僚性」，方能弭除壓力並進而激發教師產生主動學習與成長的動力。

3. 實施共同議課對教師教學成效之影響

(1) 從議課中獲得正向回饋和教學省思

透過議課能幫助授課教師和觀課教師，共同檢視「入班觀課」的教學成效，並回饋至原本備課時所做的教學設計，促使課程、教學及評量獲得改進。例如 B 校「數學亮起來」社群就建立起這樣的回饋機制，針對同一課程做了五次觀課，而每次觀課後皆進行議課，從議課回饋意見進行下一個教學循環的省思及修正。

(2) 能促進教師互相尊重和信賴

教師平日因忙於級務及公務，不僅缺乏對話交流，更缺乏互助合作的機會，而在學習共同體的運作過程中，因為強調建立教師「同僚性」，要讓每個人都感覺處在一個安全且獲得尊重的環境中心相互學習。因此，觀課教師在議課時便能抱持感謝且尊重的態度，將關注焦點放在學生學習上，而非只著重於討論或批判教師的教學或班級經營技巧。

綜上，學習共同體的課例研究三部曲，自共同備課開始就讓觀課教師成為教學設計之參與者，入班觀課時將觀察重點放在學生學習上，並於議課時營造一個安全且彼此互信互重的氛圍，如此一來，裨益於成功建構出教師間的「同僚性」。

（二）學生學習層面

1. 建構學生「協同學習」，對學生學習成效之影響

(1) 調整座位編排之方式，有助於協同學習

協同學習將學生進行 2 至 4 人一組的分組方式，因而促使教師社群實施時，引發許多教師對學生座位安排提出討論，例如：「改變班級學生的座位方式，由一排排面對教師的座位方式，改為『ㄇ』字形，可以方便學生互相討論，進行小組協同學習（1021213-02-04-001）。」此外，某位社群教師實施協同學習後的心得寫道：「前幾週班上開始採四人一組或三人一組教學，但感覺孩子有點吵；目前我又將座位排成學習共同體的ㄇ字

型，以二人為一組，或許是新鮮感，目前討論的效果還不錯，同學之間也會互相協助（1021213-03-01-001）。」而另一位社群教師在課堂改變座位後，也獲得學生正向回饋，他寫道：「我也按照書中所提，排三至四人的座位。從頭到尾我都未向學生說明老師的用意，沒想到當天班上有位小朋友寫日記說：『今天老師要我們排跟平常不一樣且很奇怪的座位，原來是排合作學習的座位，我喜歡』（1021213-03-01-001）。」由上可知，以「學習者中心」來適度調整座位是必要的，亦可促進學生協同學習。

(2) 培養聆聽尊重之態度，有助提升學習專注力

B 校「數學亮起來」社群提到：「學生從一開始不知如何對談，到後來適應如何對談。學共精神的導入，無形中將學習主權回歸給學生，也讓學生有了彼此對話的機會，更重要的，讓學生們學習對話的禮節及相互間聆聽的尊重（1021213-02-02-001）。」某位社群教師實施「協同學習」後，寫下心得：「我看到了有些小組在討論時，身體會往前傾，想聆聽同學的發言。看到這樣的畫面覺得真美！一個老師不可能時時刻刻關照到每個孩子，透由這樣的學習機制，如果有孩子真的完全沒有看法，要求他至少要專心聆聽同組孩子的發言（1021021-03-02-001）。」因此，教師引導小組每位成員都要重視自己與他人的發言，對低成就的學生而言，他們變得有機會參與課堂討論，不再只是被動的聆聽者，一位社群教師提到：「課程的核心是小組學習，我們希望大家都參與學習、不放棄任何個人；為追求更高學習品質，四人小組互相討論可以激起更多學習火花。小組討論時，他們有勇氣說自己不懂，去問同學，而且，非常努力聽每一個人的想法和感想，反而容易讓自己的學習歷程往上跳躍（jump）（1021021-03-02-001）。」另一位社群教師提到：「協同學習是尊重個人意見，個人才是學習的主體，不需要領導者，需要每個人多元碰撞，男女混合四人組成，老師們從旁指導耐心地聽完每個孩子想要表達的意見和想法，不懂的學生不要老是一個人思考，可以問問旁邊的同學，引導學生主動求援，老師不該直接回答學生問題，應讓小組協同展開互動，否則會妨礙協同學習，透過彼

此討論養成對知識的關心及主動閱讀力的提升，讓有目的的學習變成有意義的學習（1021021-03-02-001）。」要言之，協同學習促使學生勇於發表和互學，也因此建立起相互聆聽和尊重的學習態度，並提升了所有學生的專注力。

(3) 透過團隊合作，增進學生學習動機和人際互動

協同學習過程中，能提升學習的主動性與人際互動。例如 B 校「數學亮起來」社群提到：「感受到教室課堂的改變，學生們也樂意接受這樣的改變。事後的回饋單上，都是反映出正面的肯定（1021213-02-02-001）。」透過協同學習的分組合作，使得原本不善於人際互動的學生，也能勇敢踏出第一步。此外，分組時由學生抽籤產生，固定時間更換組別，透過教師適切引導就能讓學生學習如何互助合作。

(4) 培養探究、合作及表達之能力

協同學習有助於培養學生具有探究、合作及表達能力，這是因為讓學生成為自己學習的主人，對自己的學習負責，於是激發學生在課堂中主動參與，發覺自己學習的盲點並尋求解決學習困難之道。此外，當學生協同學習時，對教學內容的掌握更確實，回答問題時不會侷限於文本字面上的意義，也常有出人意表的回答，令平日有些不參與課堂學習的學生產生改變。

2. 提升教師提問層次，對學生學習成效之影響

(1) 多層次之提問設計，可提升學生思考層次

如同閱讀理解的層次，教師運用提問技巧可誘發學生不同的思考層次，因此教師在備課時便需思考如何進行提問設計。教師在跳脫教科書既有框架後，便應以反推式教學方式來進行提問設計。社群教師要做的是如何提問，提問做得好能讓學生有更多的思考，對於學生學習也有更多的了解。而教師若能在提問設計中，進行多層次的編排，可讓所有學生都進行思考，並成功引起學生學習動機。

(2) 藉由聆聽、串聯及返回，可引導學生進行統整

　　教學現場不再只是「老師說，學生聽」，教師的角色是引導者，發問好問題，讓學生經由討論激盪思考。好的問題，能成功引發學生的思考討論，而明確的指導語，則能讓學生針對問題進行有效探究。學生討論後，教師應讓學生進行發表，此時師生都應仔細聆聽各小組的發表，而教師則要了解學生發表的內涵和意義；接下來，教師就各小組的發表進行「串聯」，從學生的發表中去引導出學生的思考脈絡，教師要能引導學生統整討論的內容，教學才算是成功。而所謂的「返回」則是指教師在教學中發現學生有學習困難或討論離題時，應適時介入說明或給予提示，以促使學生順利進行討論。而在各組發表結束後，此時的「返回」則是對學生討論結果和課程重點，進行歸納統整。因此，在課程進行當中，教師即不斷進行「聆聽」、「串聯」及「返回」的小循環，激發學生再更深入思考，而課程最後的「返回」，則進行適時歸納，並將歸納結果回饋給學生，進行課後思考，或下一節課學習之先備經驗，此即稱為大循環。

3. 設計伸展跳躍課程，對學生學習成效之影響

(1) 藉由導入、開展及挑戰的教學設計，讓每個學生都產生學習

　　過去教學者在編寫教案設計時，為促使大多數學生都可以學會，往往會降低教材難度，而教學活動設計可分為「準備活動」、「發展活動」、「綜合活動」。然而，學習共同體則認為真正的學習應讓每個學生有機會進行學習挑戰，因此教材一定要有深度。於是，學習共同體的教學設計乃調整為「導入活動」、「開展活動」及「挑戰活動」，設計出能讓不同程度的學生均能伸展跳躍的課題，引導學生主動將學習觸角延伸到課堂外。

(2) 適度增進課程難度，可提升學生學習效果

　　過去曾有的教學迷思是認為學生學得不好，乃是因為課程太難，所以要簡化課程、降低難度，然而，事後卻發現學生程度並未因此而提升。更糟的是，課程簡化後，非但不能使學習成就低的學生學會，就連學習成就

高的學生也放棄學習。因此，適度增加課程難度，留給學生主動探究的機會，將能引發學生伸展跳躍。此外，教師在設計伸展跳躍課題時，最好能適當融入可引起學生學習動機之元素，如結合生活經驗、運用獎賞制度、善用學生有興趣之事物等。

（三）學校行政層面

1. 藉由理念溝通、相互觀摩，可凝聚教師共識

推動學習共同體的初期，學校行政規劃讓社群教師進行學習共同體相關的專書閱讀及影片觀賞討論，可促使教師對學習共同體有初步的認識，並凝聚教師共識。其次是邀請學者專家為教師增能，指引教師更明確的方向，或是協助解答疑惑。第三是由社群召集人帶領教師進行課例研究，讓教師更加了解學習共同體的實踐模式。要言之，學校行政要有周詳規劃，努力營造各種對話交流的機會，讓教師能在彼此分享的氛圍中，逐步專業成長，接著要讓社群教師對學習共同體有更具象的認識和觀摩學習的機會，就能促發教師萌生想要進一步探究和嘗試的意願。

2. 行政主管的支持參與，是社群推展成效的關鍵

雖然教師社群重視的是「由下而上」的草根運作模式，然而社群要能順利運作，仍有賴學校行政主管的支持參與，以 B 校「數學亮起來」社群為例，校長就全程參與社群運作，例如校長會給予社群成員入班觀課前的加油打氣，以專家的角度，細說學習共同體的精神，以安穩授課教師們緊張的心情；同時也鼓勵大家公開給其他教師觀課，讓其他教師有機會共同體驗什麼是學習共同體。由此可知，社群的運作若能獲得行政主管的全力支持，甚至親身參與，將可激勵社群成員形成向心力，使社群運作更加順利。

3. 行政的適時協助，成為社群最強力的後盾

教師社群運作過程中，行政必須於實施前協調排課事宜、提供各項所

需資源；於實施中，能適時提供各項協助和支持；於實施後，也必須給予正向回饋。行政協助之目的，乃是讓教師能更專注於專業成長，無後顧之憂。因此，社群推動除了要「由下而上」，同時也需要行政「由上而下」提供教師必要的支援。

三、臺南市推動精進教師社群發展之實施困境

（一）教師缺乏時間進行課例研究

實施課例研究三部曲需要的是社群教師空出共同時間，但是以目前的教育現況來看，教師除了忙碌的教學工作之外，尚身兼許多額外的行政工作，實在很難完全實踐學習共同體的理想。因此若要推行課例研究，恐怕只能偶一為之，無法成為常態。

（二）考試領導教學，教師無法擺脫進度壓力

當家長和社會大眾對於升學的觀念未改，教師也無法跳脫教科書框架，仍需背負沉重的教學進度壓力時，就會形成教師參與推動學習共同體的阻礙。即使教師深知讓學生「學會」比「教完」更重要，實際上若是進度沒趕上或是學生成績下滑了，隨之而來便是要面對來自家長的壓力。

（三）學生學習仍處於被動，須依賴教師積極引導

長期以來，學生學習多傾向於被動式的接收，較少思考、表達的機會，學生也害怕在課堂上回答錯誤，因此在實施學生協同學習時，教師必須不斷引導方法並給予鼓勵，也要忍住想直接告知學生答案的衝動，要留時間讓學生對話，以誘發學生主動建構知識。實施下來發現，學生尚未養成主動學習的習慣以及主動探索思考的能力，是目前需要克服的難題之一。

（四）大校團隊共識仍有賴加強，以提升教師專業成長意願

推動教師社群的第一步是要凝聚教師共識，然而這對小校來說較為容易達成，但是對於大型學校來說，不論是行政人員或是社群召集人都需要花費更多的時間來進行觀念溝通、凝聚共識。

（五）小校成員不足，備課和專業對話有其困難

對小校而言，雖然容易凝聚社群成員共識，然而因為若干學習領域或同學年的任課教師只有一位，要找到同學年、同領域的教師進行共同備課和領域專業對話，則有其困難

陸　研究省思

綜合以上結果，6校教師推動以「學習共同體」為焦點的教師社群，在凝聚團隊共識及教師增能方面，皆先進行學習共同體專書研讀及影片觀看討論，接著再實地觀摩他校進行入班觀課的作法，藉由分享交流的歷程，讓各校形成自己的運作模式。另外，多數教師社群也會邀請領域及推動學習共同體的專家學者，為社群成員進行增能，經由專家的指點建議，讓成員在實務的作法上能更加明確，並透過分享交流的網路平臺，讓校際間能有效觀摩交流、資源共享。

其次，各社群在進行入班觀課前，都是先藉由共同備課，一起討論課程、教材內容，並設計相關活動及有效之提問，必要時，還須邀請專家予以指導；此外，各社群在教案的設計上，也增加了與以往不同之「伸展跳躍」課題，以達成學習共同體之「追求卓越」的教育理念，由此可知，周詳完備的事先共同備課，是「入班觀課」成功的必要條件。接下來，入班觀課的進行，一定要讓觀課者，很清楚明白觀課重點、流程及注意事項，因此，觀課工具的設計一定要很明確，然而要真正了解備課和議課的實際

效益，則可透過同一課程進行第二次、甚至多次的觀課，才能得到最佳的印證。

　　總之，進行共同議課的前提，是必須建立在尊重、互惠的情境下，讓入班觀課的教師能安心並願意公開自己的課堂；而在整個備課、觀課、議課的過程中，行政的支持與支援，也是相當重要的，如果校長本身重視，甚至參與其中，整個社群運作上，便會更加順暢，也更有動力；最後，議課重點在於所提出的良性建議而非批判教學，如此方能真正提升教與學的效益。6 個社群推動歷程與方式茲整理成表 3-4，另外統整歸納出以「學習共同體」為焦點的精進社群發展運作模式如圖 3-2。

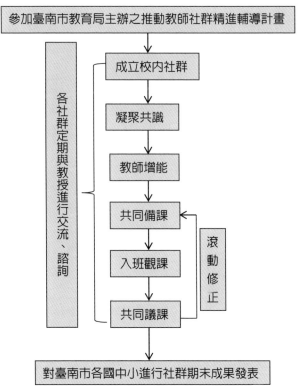

圖 3-2　「學習共同體」為焦點的精進社群發展運作流程

表 3-4　6 個教師社群推動歷程與方式

學校	A校	B校	C校	D校	E校	F校
社群類型	數學「數之狂想曲」	數學「數學亮起來」	數學「非常有意義」	閱讀「愛閱共同體」	閱讀「閱讀桃花源」	閱讀「擁報夢想」
成立校內社群	1. 週五定期社群會議 2. 社群成員分享交流	學共社群成軍，擬定社群工作期程	社群目標確認及需求評估	1. 社群教師原為推展閱讀教學策略而組成 2. 每月一次週三下午社群時間聚集	1. 邀請二年級「閱讀繪本教案產出研討及設計」社群加入 2. 每月排定第三個週三下午，為社群共同研討時間	固定於週二下午第 1、2 節及週三下午第 1、2 節進行社群研討
凝聚共識、教師增能	1. 共讀《學習共同體——構想與實踐》 2. 專家學者典範學習（專家、輔導團） 3. 申請教育部未	1. 研讀學共專書 2. 社群召集人至某國小進行「學共觀課」並做心得內故分享 3. 邀請數學教員	研讀並討論《學習共同體——構想與實踐》一書	1. 社群採讀書會方式進行，在聚集前皆必須完成專書研讀進度 2. 以專書導讀方式，帶領成員	1. 觀看《學習共同體——日本現場觀課現紀錄》影片 2. 《學習共同體——構想與實踐》專書研讀	1. 影片欣賞——學共基本觀念的建立 2. 某國小學習共同體研習心得分享（觀課、議課）

學校	A 校	B 校	C 校	D 校	E 校	F 校
	來想像與人才培育三年計畫 4. 雲端整合及知識管理（粉絲專頁大成MOT）	操作名師，針對「入班觀課」之教學內容做指點		認識「學習共同體」之理念，在研討會中每位成員輪流發言及分享，並提出問題共同探討	3. 觀看某國小「學共觀課」錄影檔 4. 教務主任分享參與臺南市102 年國民教育輔導團辦理精進教學「他山之石──外縣市教學觀摩研討活動」的親身經驗 5. 邀請教授蒞校指導，講題是「學習共同體與創新教學探究──關注真正的學習」	3. 專題講座──如何提好問題

學校	A校	B校	C校	D校	E校	F校
共同備課	1. 設計數學遊戲、研發教學活動（題本、數學教具） 2. 編寫教案、設計後測卷本	1. 社群成員解構教科書內容，擬定觀課教案初稿 2. 於總團分享教案初稿，請教授及其他先進給予意見，並進行修正 3. 校長（本身為數學輔導團）參與教案討論，並於觀課前予以打氣	決定入班觀課班級，並共同討論授課內容	1. 成員決定以既有課文之深究為課「入班觀課」教學內容 2. 共同設計教案，並加強調應架引導及跳躍學習（心智圖繪圖引導）	1. 決定閱讀教學結合繪本元案、並選定文本 2. 社群成員根據學生的學習需求、進行不同層次的提問設計，並產出教案	1. 以課文為媒材做提問練習 2. 第一次觀課：針對 504 觀課內容進行研討 3. 第二次觀課：修正第一次觀課內容後，針對 505 觀課內容進行研討
入班觀課	選定三年級分數單元，進行入班觀課	1. 向校內老師宣導觀課注意事項 2. 共進行五場觀課，最後一場由校長親自授課	社群全體教師參與入班觀課，並記錄觀課心得	1. 以ㄇ字型座位小組分組 2. 觀課教師依組別進行觀課	1. 教師的教學歷程：「導入」、「開展」及「挑戰」 2. 教師的教學：「聆聽」及「串聯」及「返回」	1. 第一次「入班觀課」：504 小琪老師授課 2. 第二次「入班觀課」：505 小芬老師授課

學校	A 校	B 校	C 校	D 校	E 校	F 校
共同議課	進行議課與檢討	1. 第一場觀課後，即由成員對缺失進行反思予以回饋 2. 將缺失與教授進行討論後，進行修正 3. 第二～四場觀課後，校長提出幾項建議，成員並針對如何切合引導學生思考，進行專業對話 4. 校長進行第五場「入班觀課」後，最後對連續五場「入班觀課」做總結	分享與討論入班觀課心得	1. 觀課教師就各組所觀察到的學生互動過程加以闡述，給予「入班觀課」教師回饋 2. 本次課堂之跳躍學習，設定於心智圖分析之撰寫製作，藉由心智圖之呈現，達成閱讀歷程、課文深究之目的	3. 學生的課堂學習：「探究」、「合作」及「表達」 由校長擔任議課主持人、教學者和 3 年 6 班導師坐在前面、內觀老師坐在中間、後面是外觀老師，依序分享教學觀察到學生學習的情形	1. 第一次議課：針對 504 學生分組討論進行議課 2. 第二次議課：針對 505 學生分組討論進行議課

　　底下針對研究結果和重要發現提出省思。首先，近年來教育局要求教師要有撰寫課程計畫和自編教材能力，但是，由於教科書商已經將課程進度、備課內容、電子光碟等課程材料都設計得相當完善，造成多數老師早已習慣依賴教科書授課。要引導社群教師在共同備課過程中進行教科書解構及再建構乃是耗時費力的工程，未來唯有引導出教師學習共同體，方能克竟其功。

　　其次，傳統辦理的教學觀摩或演示，觀課人員大都會將觀察重點放在教師的教學上，反而忽略了最重要的學生學習，藉由共同備課不但能讓教學者與觀察者更加清楚課程教材，亦能讓觀察者跳脫過去只關注教師教學技巧的迷思，而重新將觀察焦點放在學生身上。

　　第三，透過共同議課的回饋機制，可促使課程在不斷修正後，更切合學生的學習需求，並協助教學者及觀摩者檢視彼此之教學成效，透過自己與他人對話學習，達成教學省思與精進教學之目的。

　　第四，為建構學習協同學習而進行的座位調整，並非一定要拘泥在ㄇ字型或Ｖ字型，而分組人數也並非一定要限制在 2 或 4 人，畢竟教師是專業人員，要如何調整座位及分配小組人數，乃是由教師考量教學科目、學生程度、班級規模和人數之差異，再依據專業判斷進行適度調整和分配。

　　第五，教師課例研究和學生協同學習有賴實踐學習共同體的過程中，引導教師和學生不斷地觀察、體悟、摸索及嘗試，才能逐漸克服種種難題，唯有師生透過的經驗累積和修正，才能順利推動以學習共同體為焦點的精進教師社群發展運作模式。

柒　結論與建議

一、結論

（一）臺南市推動精進教師社群發展之運作模式與實施歷程

　　各校教師社群各自具有特色，大致依循以下運作歷程：成立社群、凝聚共識、教師增能、共同備課、入班觀課及共同議課。

（二）臺南市推動精進教師社群發展之實施成效

1. 教師教學成效方面

　　教師透過共同備課，可增加教師專業對話的機會，亦能促進教師團隊之合作；此外，藉由備課讓教師在討論和準備的過程中，亦可提升課程設計能力，也讓觀察者了解後續觀課之內容及焦點。其次，藉入班觀課之機會，可增加教師願意嘗試不同教學方法的意願，而透過觀課可以讓教師於觀摩中相互學習，藉以精進教學。第三，透過共同議課的機會，能讓教學者及觀課者從議課中反思先前的備課及觀課是否符合學生學習的需求，再從中獲得正向回饋，改進自身教學，而共同議課若能把握互重互信的精神，更可增進教師間的「同僚性」。

2. 學生學習成效方面

　　透過調整學生座位、培養學生聆聽尊重之態度、團隊合作之模式，以及「探究」、「合作」及「表達」能力之培養，可建構學生「協同學習」之模式。其次，教師可藉由多層次之提問設計，提升學生思考層次，並引發其學習動機，而教師若能在課堂中，扮演學習促進者的角色，藉由「聆聽」、「串聯」及「返回」的循環，即可引導學生進行學習統整。第三，藉由「導入」、「開展」及「挑戰」的教學設計，讓不同程度的孩子，都

能在課堂中產生學習；此外，適度設計較高難度的課程，亦可引發學生較高層次之思考，進而提升學生學習成效。

3. 學校行政成效方面

可經由理念溝通、相互觀摩、團隊分享、行政規劃支援來提升和凝聚教師共識。尤其行政主管若能親身支持參與，則可有效促使社群順利運作。

（三）臺南市推動精進教師社群發展之實施困境

實施困境方面，包括教師缺乏時間且有教學進度壓力，學生學習主動性尚待加強，師生對於課例研究和協同學習尚不熟悉操作，大型學校教師社群成員的共識仍待強化，小型學校因成員不足而有其實施困境。

二、建議

（一）排定「共同不排課」的社群對話時間，國小可以結合週三下午教師進修時間進行社群活動。

（二）依學校規模採取不同的備課作法：大校之同學年、同領域教師較多，在備課時，可採小組方式分組，藉由不同教師準備不同單元，再提出共同討論的方式，即可減輕教師需花費大量時間，進行共同備課的困境；而以小校而言，由於人力有限，共同備課可採主題統整、跨領域的方式進行。

（三）開學前要先做好觀念溝通、建立共識，然後社群可以主動尋求學校行政的支持，最後要與家長進行理念宣導。

（四）社群教師應促使課例研究和學生協同學習成為課堂學習共同體的常態，裨益於有效建立起「師─師」、「師─生」、「生─生」的互學與成長機制。

（五）校長要發揮學習領導及教學領導的功能並親身參與，以激發更

多教師參與意願，另外也要多鼓勵具有影響力和教學熱忱的教師擔任社群召集人。

【本章內容改寫自以下之文：吳俊憲、吳錦惠、紀藶珊、姜宏尚（2016）。推動「精進教學」教師專業學習社群發展之運作模式──以學習共同體為焦點。臺灣教育評論月刊，5(10)，164-196。經作者一吳俊憲修訂後收錄於本書。】

第四章 學校發展學習共同體的歷程探析

 本章摘要

　　本章旨在探討個案學校發展學習共同體的歷程。研究結果如下：一、個案學校促發教師參與動機，提供行政支持力量，引進外部經費資源，並透過教育產業工會成立學習共同體推動小組，形成「由下而上，再由上而下」的交互關係推動教師專業成長。二、個案學校推動課例研究，致力於建構出學習型組織，其策略包括：加強宣導化解抗拒，拓展專業學習和溝通管道，以及系統化運作模式。三、個案學校一方面強化教師認同、持續宣導鼓勵，另方面檢視歷程問題、尋求改進，藉以引發教師反思如何發展教師專業成長，並推動落實學生學習的課堂改革。

壹 前 言

　　日本佐藤學教授在《學習的革命》一書中提到，東亞各國都將步上日本的後路，因為「壓縮的現代化」、「競爭的教育」及「與工業革命的親近」等因素，學校成為製造學生在學歷和社會地位受挫折的場所，讓現代的年輕學生失去學習動機和成長動力，最後選擇從學習中逃走（佐藤學，2011；鍾啓泉譯，2012）。事實上，觀察當前臺灣教育現場確有上述現象，學生的學科學習成就呈現 M 型化，且隨著受教階段愈高，差距愈是加大；此外，校園霸凌和體罰問題層出不窮，造成教師的教學和班級經營也愈困難，加上一連串的教育改革和視導評鑑工作，使得教師工作壓力大增，身心疲累下甚至質疑起自身能力。

　　佐藤學在日本推動學習共同體已有 30 餘年，成功案例超過百千，亞洲國家包括中國、韓國、新加坡、馬來西亞等國亦爭相到日本取經。學習共同體強調從課堂改變出發，扭轉教師授課型態，提倡寧靜學習與平等對話的教室氛圍，形塑協同合作與尊重包容的學校文化。此外，為提升教師教學專業素養，促進教師同儕建立追求成長共識與同僚互助關係（徐綺穗，2012），學習共同體推動教師課例研究，藉由共同備課、觀課和議課進行交流、溝通和討論，同時也共同設計學生課堂學習的作業、對話和反思等活動（潘慧玲等，2013），目的在於實現每一個學生的學習權，提供挑戰高水準學習的機會，同時促進每一位教師都成為學習專家（鍾啓泉譯，2004）。

　　在臺灣，2012 年親子天下發行《學習的革命》一書後開始颳起學習共同體旋風，新北市教育局於 2012 年指定 29 所學校作為前導學校，臺北市教育局在 2012 年安排教授帶領 5 所中小學校長及主任赴日、韓觀摩學習共同體，後來有中小學自發性加入學習共同體試辦行列，透過臉書（Facebook）組織臺北市學習共同體社群與讀書會，分享彼此學習心得及

課堂上的改變，其後這股旋風也快速吹向其他縣市。

　　新北市和臺北市乃是採「由上而下」方式，積極規劃推動學習共同體的各項策略並主動挹注經費資源。本章研究案例乃覓得臺南市的一所個案學校，採「由下而上」方式，自發性成立學習共同體教師團隊，在臉書上建置學習社群，然後結合臺南市教育產業工會爭取經費，自行規劃辦理一系列的教師增能研習，此乃形成「由下而上，再由上而下」的交互關係推動學習共同體模式。

　　基於上述，本研究目的如下：

　　一、探討個案學校推動學習共同體組織發展歷程。

　　二、探究個案學校推動學習共同體教師課例研究的策略。

　　三、根據研究結果，建立學習共同體理論與實務整合架構。

貳　課例研究的重要性

　　學習共同體是由一群擁有基本的核心信念和價值觀的成員，共同進行理論的研究與實踐，以及建構知識與對話分享（Lieberman & Miller, 2011）。學習共同體是希望扭轉傳統以教師爲中心的授課方式，引導學生互相砥礪、互相協助，並在提供學習工具和資源的支援下，讓學生心智與主體性能夠獲得充分發展（鄭葳，2012）。它是由日本佐藤學針對東方國家的民族特性，結合日本自 1900 年代明治時期以來施行的課例研究（或稱授業研究）制度，以及因應當前學生學習意願低落所提出的一套教學革新的哲學論述，其學校設計源自於 Dewey 在 1896 年芝加哥大學創立的實驗學校（佐藤學，2011），而最早提出學習共同體的具體概念是 1995 年卡內基教學促進基金會主席 Boyer 的一份報告《基礎學校：學習共同體》（*The basic school: A community of learning*），他認爲學習共同體是一群人擁有共同使命和願景而一起學習的社群，組織內成員共同分享彼此學習樂

趣，並尋找邁向知識旅程和理解世界運作的模式，循著相同教育目標互動學習和共同參與（李明麗，2009）。

亞洲各國近幾十年來經濟快速成長，形成「壓縮的現代化」與「過度競爭的教育」現象，讓原本與工業發展緊密相扣且具有支援合作關係的教育體系逐漸脫鉤。社會底端的勞動市場因而大幅縮減，年輕人工作出路面臨嚴重的威脅與衝擊，致使學生對於未來充滿惶恐與茫然，加上學校教育的價值已經被考試和分數所扭曲，多數學生因為無法獲得認同，產生自我價值混淆，終至學習意願低落、從學習中逃走（佐藤學，2003）。

佐藤學於 30 多年前提出教育改革方案，但種種因素的阻礙，讓他的理念無法被認同與實踐，直到 1998 年神奈川縣茅崎市教育委員會找上佐藤學合作，根據他的教育理念創建學習共同體的第一所前導小學，「濱之鄉小學」就此應運而生，該校的創立和成功經驗的分享，近幾年帶給各國教育改革巨大的影響（佐藤學，2005；歐用生，2012）。佐藤學主張學校改革必須從內部出發才可能成功，而且要形塑出學生、教師行政及社區家長三層的學校改革體系（黃郁倫譯，2013b）。此外，為了實踐以學生為主體的自發性「學習」，佐藤學提出「創造課程」的課堂實踐三部曲。首先，要重視學生的認知興趣和學習需求，教師必須設計「活動式的主題學習」課程，增進學生的對話和思考（吳瑞源、吳慧敏，2008；黃郁倫、鍾啟泉譯，2012）。其次運用「協同學習」的上課方式，實現對話式的溝通（佐藤學，2005），在學習過程中與學科教材、同學和老師產生互動對話，但必須是寧靜柔順如交響樂般的對話，目的在促進學生探索反思（潘慧玲等，2013）。第三是「表達」，課堂中要鼓勵學生積極表現自我想法，但不是過度自我、缺乏傾聽的各自發表，而是強調輕聲細語、仔細聆聽的「互相學習」，進而創造「反思式學習」（黃郁倫、鍾啟泉譯，2012；黃郁倫譯，2013a）。

課例研究一詞在日本字是「jugyokenkyu」音譯而來，是由兩個字所組成：jugyo 是「學課」（instruction or lesson），而 kenkyu 是「研究」

（study or research）的意思。歐用生（2012）將課例研究翻譯為「單元教學研究」，他提出課例研究的基本內涵乃是教師協同學習的「四 D」：集體備課（Design）、教學觀摩（Do）、課程慎思與對話（Dialogue）、記錄學校文化物（Document）。要言之，課例研究能幫助教師在課前充分準備並設計出具有挑戰性的課程，在課程實施過程中能協助教師記錄學生學習情形，在課程結束後能透過課程慎思與對話，讓教師由教學專家提升成為學習專家，最後整個實施歷程和對話紀錄可以成為學校教育文化資產，作為後續改進課程與教學的重要依據。

　　整理林國凍（2009）、鍾啓泉（2011）、鍾啓泉譯（2012）、賴麗珍譯（2012）、Chassels（2009）、Dubin（2010）、Hart（2008-2009）、Takahahi 和 Yoshida（2004）的研究結果，學習共同體課例研究至少要完成以下三個階段的任務：首先是共同備課，教師同儕共同設計並準備教案，針對學習目標、課程內容、教師提問及伸展跳躍等進行對話；其次是公開授課及觀課，由一位教師授課，其他教師從旁協助觀課，並詳實記錄學生學習狀況。對於沒有觀課經驗的教師，在上課前應該先進行簡單的公開觀課說明會，提醒觀課倫理，強調不針對授課教師的教學行為進行評價，而是關注學生的學習；第三是共同議課，針對學生學習的成功和失敗之處、觀課者的學習心得，進行同僚性的對話討論。

學習共同體的情境營造、教學實施及教師角色

一、學習共同體的教學情境營造

　　佐藤學認為「學習」是三種對話的實踐：和客觀世界的對話，和夥伴的對話，和自己的對話所構成的（黃郁倫、鍾啓泉譯，2012）。為促進協同學習，他認為教師在課堂上要營造「傾聽」和「尊重」的情境。傾聽代

表教師對學生的接納，以教材為媒介，串聯起每個學生的發言，在互動對話中追求學習成長；過程中重視學生的感受和尊嚴，把學生的任何發言都視為個人意念的傳達，給予充分的信賴與等待，才能讓學生願意暢所欲言和彼此尊重。

實施協同學習，整體座位安排可呈現ㄇ字型，採用男女四人混和隨機編組（黃郁倫譯，2013b），其目的有四：（一）提供師生面對面溝通，凝聚全班一體的感覺，增加師生互動機會；（二）方便師生進行對話傾聽，面對面對話可以看到彼此，教師可以隨時觀察學生的反應，增加學生專注力，而學生也可以看到其他同學，當同學發言時可以把目光投注在對方眼神，如此才能進行深度對話；（三）能大幅降低教室對話音量；（四）能便於教師觀察串聯學習，當小組學習停滯時可以快速前往協助。

二、課堂教學實施步驟

（一）提供教材——伸展跳躍

學習共同體強調伸展跳躍要依據學科本質設定高於一般教科書的內容，但要創造教學節奏感，教師所陳述的題目不宜太複雜，提供的學習單內容不能太冗長，否則容易使低成就學生或小組趕不上學習進度，反而增加等待的時間，抑或可能讓提早完成的學生或小組無事可做，出現閒聊的狀況。因此，教師所設計教材可以採用「重理解的課程設計」（Understanding by Design），從考慮學生學習結果的方式逆向來設計課程，然後再思考需要提供證據以確認學生達到學習結果，最後根據結果來設計教學活動內容及提供資源（賴麗珍譯，2012）。

（二）走動觀察——聚焦串聯

學習共同體的課堂強調學生學習多於教師的教導，教師設計教材提出

問題，可以使用問題導向的學習方式（problem-based learning），引導學生進行小組討論，教師扮演協助串聯的角色，而非直接告知答案或過度介入學生間的對話。教師隨時一句「謝謝你們」、「同學態度很棒」鼓勵的話，能讓學生獲得充分的尊重與關懷。如果發現小組對話停滯，可以輕聲詢問：「有沒有需要老師幫忙？」就能提醒學生回到互相學習的場域；或者詢問：「有沒有告訴同學，你自己的想法？」亦能幫助學生重新串聯原本陷入僵局的對話。

（三）運作技巧──溝通橋梁

讓學生彼此學習，每個人都有事情可做，剛開始實施協同學習時可以先兩兩學習，把每兩位學生編成 1 號和 2 號，請 1 號先唸、2 號聽，核對正確後，再換成 2 號唸、1 號聽，這是專注傾聽的基本訓練。兩人唸讀後，蓋住課本發表，因為無法依賴課本，學生才能產生內化的語言；也可以讓學生在空白紙張上寫下教師要求的作業，例如文章摘要、閱讀心得或創意想法等；也可以在課前要求學生先預習摘錄重點或繪製心智圖，寫筆記能幫助學生記錄對話和學習軌跡，對於不擅長發表的學生也可保有安全感。

（四）共同討論──對話分享

正式上課之前一定要有引導語，設定明確的學習任務給學生，教師對於學生在課堂討論的時間掌控和任務布達都要相當精準，先進行組內第一層對話，再進行組間第二層對話。當學生已經習慣協同學習後，教師就可以進入全班的對話。

三、課堂教師的角色行為

教師的「教」要轉變為師生的共「學」，打破過去傳統教學單向灌

輸、缺乏互動的模式，創造平等尊重、和諧對話的學習氛圍；進而激發學生的學習興趣，提升了學生的學習成效，培養學生的參與意願，幫助學生建立學習自信，同時培養學生自主學習和建構人際關係的能力（張威、郭永志，2012）。因此，教師在課堂上無需太多的講述，儘量把時間留給學生進行對話討論，這個過程並非指教師無事可做，其主要任務如下：

（一）聆聽

柯華葳等（2012）帶領臺北市國高中試辦學習共同體的教師團隊參訪日本後，提出學習過程中的「聽」顯得格外重要，因為聽才會學，教師特別要聽。課堂間教師要傾聽學生的發言，也要學生學習聽彼此的聲音，聆聽是最好的學習方式，吵雜只會讓人無法專心，忽略了對話的重點，而用耳朵和眼睛等五感專注的聆聽，可以讓個體產生被尊重的感覺和愉快的經驗，那是決定個體是否願意積極投入學習活動非常重要的關鍵，所以教師要聆聽學生的對話，不預設哪一個是好答案或好意見，每個學生的發言都應該得到相同尊重和均等的肯定。

（二）置位

課堂間教師立足正確位置能催化師生間親密的接觸（歐用生，2012）。一般教學場景會看到兩種極端：一種是教師隨著學生反應起舞，在教室裡團團轉，十分忙碌卻無法掌控班級秩序；另一種是靜置不動，停留在講桌前滔滔不絕地講課，或安坐在電腦前操作電子書播放教學內容。相反地，學習共同體的教師要關注到學生學習，和學生共同學習如何對話、傾聽對話、串聯學習，當學生發表時，依傍在學生身邊，給予最大的支持與鼓勵（鍾啓泉、陳靜靜譯，2012）。亦即，當學生發言時若能近距離接觸學生，教師的最佳位置是立於斜側方，若是因為在較遠處不能立即靠近，也要側耳傾聽，以實際行動展現專注聆聽的誠意。

（三）串聯統整

學生的對話有時按照樂譜交響，有時會出現即興演奏，岔開討論的課題，教師必須在適當時機拉回來，串聯起教材和學生的對話，並統整學習重點與方向。McNamee 認爲在整個學習脈絡中所呈現的聲音、關係、群體與經驗是多元而卓越的，它顯示教育需要即興發揮，就像爵士樂手要隨著當下即興演奏，也要隨時注意樂團其他成員的動作。因此，教師和學生也必須像樂團一樣，互相關注才能隨機應變（周和君、董小玲譯，2010）。

（四）回歸反芻

當教師發現學生在討論時缺乏先備知識，就要拉回基本知識的原點重新建構；在課題探究時若發現學生遭遇困難，就要引導學生反芻前段教材，重新再出發，或借助小組活動反芻，促進每位學生共同參與，組織個體相互切磋，協同探究，猶如拼圖遊戲將一片一片小拼圖逐漸拼湊組合，實現高水準的學習，甚至促動「伸展跳躍」的可能性（黃郁倫、鍾啓泉譯，2012）。

肆 案例研究設計

本研究採個案研究，並透過半結構式訪談蒐集資料和分析，探討個案學校推動學習共同體歷程之情境脈絡，組織發展學習共同體的方法與策略，以及實施過程中所遇到的困境與解決之道。

一、研究個案的選取

SJE 國小位於臺南市，是自發性組織學習共同體的前導學校，在缺乏

資源經費的情形下，先是依附在申請辦理教育部「分組合作學習——教室的春天」計畫之下，進行人員組織、跨校聯盟及教師專業成長訓練，然後再透過教育產業工會向教育主管機關爭取教師專業精進研習經費，邀請學者專家及臺北市具推動經驗的教師進行專業知能研究與協助輔導諮詢，強化教師學習共同體課例研究基本知識與實施協同學習能力。

　　因此，本研究以 SJE 國小作為個案學校，並訪談其他跨校聯盟學校 SJJ 國中、UK 國小及 JJ 國小之校長及教師，教育產業工會理監事級以上幹部，和臺南市教育局主管機關業務相關人員，從不同層級對於推動歷程經驗觀點，加以探究分析，以多元面向檢視個案學校推動學習共同體歷程。研究對象關係如圖 4-1：

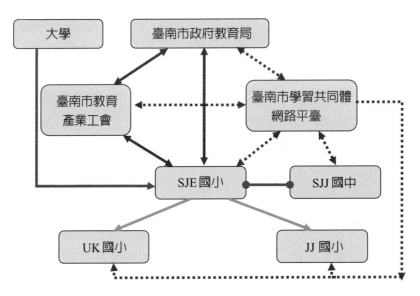

圖 4-1　研究對象關係圖

（一）籌組學習共同體夥伴學校

SJE 國小與 SJJ 國中於 2012 年 12 月共同合作申請辦理教育部「分組

合作學習——教室的春天」計畫，成立「SJE 學習共同體」教師專業學習社群，透過經費補助與師資培訓催生出學習共同體的雛型，讓社群成員具備基本概念，並藉由不定期交流互動、公開觀課學習及分別組團參加臺北市舉辦的公開授課、觀課和議課，釐清對於學習共同體的盲點，提升成員對於組織發展的認同感，建構學習共同體的夥伴關係。

（二）爭取多方經費與資源支持

藉由教育產業工會幹部訓練營爭取工會核心成員支持，進而結合臺南市教育產業工會共同向教育局爭取到教師教學精進計畫，提供資金挹注與行政公文配合，辦理學習共同體研習，共計超過 360 人次參與過研習。後來教育局推派工會 9 名學習共同體推動小組的教師，偕同國民教育輔導團校長、主任、教師 11 名，參加 2013 年 6 月 7 日在新北市所舉辦的大型公開觀課活動。

（三）建置臺南市學習共同體網路平臺

在臉書（Facebook）建置臺南市學習共同體網路平臺，邀請臺南市及其他縣市教師加入社群，發揮共同學習與分享交流的功能，並將實施學習共同體相關資訊與研究成果上傳至平臺，提供教育夥伴進行網路線上研習進修，協助教師解除心理障礙，分享實施教學心得和解決所遇到的困境難題，進而幫助教師提升教學專業知能。另外，因為教育局長官加入，後來便提供教師與上級長官意見交流平臺，促使教育局對於學習共同體推動有更深入的認識，可以成為組織發展的助力，發揮平行溝通、垂直整合的功效。

（四）建構「大手牽小手」學術專業輔導諮詢機制

臺灣首府大學課程專家歐用生教授對於日本學習共同體有深入研究，曾經多次帶團參訪日本濱之鄉小學等前導學校。因此，臺南市教育產

業工會聘請其擔任輔導諮詢顧問，協助成立學習共同體推動小組與讀書會，擔任學習共同體種子學校及種子教師培訓營講師，並共同參與公開觀課和議課，促使臺南市學習共同體的發展邁向正確方向，並進而啟動臺南市學習共同體逐步擴散的漣漪效應。

（五）開拓學習共同體組織輔導管道

邀請 UK 國小與 JJ 國小及其他學校的校長、主任及教師到 SJE 國小，參加學習共同體相關研習、公開觀課和議課，透過研修澄清觀念與提供建言，並應邀至 UK 及 JJ 等校進行專題演講或輔導課例研究，傳達正確的概念與實施方式，協助 UK 等校成立學習共同體社群組織，拓展學習共同體的夥伴關係，協同成立讀書會，共同研究發展具在地化特色的學習共同體。

研究邀請 18 位相關人員參與訪談，基於研究倫理，受訪者皆以代號呈現。並將個案學校發展歷程分為：2012 年 12 月至 2013 年 4 月為初始期；2013 年 5 月至 2013 年 8 月為發展期；2013 年 9 月至 2014 年 4 月為成熟期。受訪對象如表 4-1：

表 4-1　受訪人員基本資料介紹

受訪者	性別	職務	背景描述	訪談日期
SJE01	男	校長	SJE 前導學校校長，在該校服務第 5 年，支持推動學習共同體	2013/12/20
SJE02	男	教學組長	SJE 前導學校教學組長，協助教師排課與代課業務第 2 年，輔助推動學習共同體	2013/12/16
SJJ01	男	教務主任	SJJ 學校服務多年，為該校發展學習共同體重要推手，與個案學校互動密切	2014/01/07
UK01	女	校長	UK 學校校長，到校服務第 2 年，積極推動學習共同體，與前導學校密切合作	2014/01/17

受訪者	性別	職務	背景描述	訪談日期
JJ01	男	校長	到任該校第 2 年，與教育產業工會互動良好，期待將學習共同體融入教師專業評鑑	2014/01/10
TT01	男	副理事長	工會重要幹部，屬於學習共同體推動小組成員，對於推動該業務不遺餘力	2014/01/02
TE01	女	課程督學	教育主管機關協助局長推動各項新政策，協助學校發展學習共同體	2014/01/09
SJE03	女	教師	個案學校高年級教師，為初始期加入團隊成員之一，並擔任工會學習共同體推動小組讀書會負責人	2013/12/23
SJE04	女	教師	個案學校中年級教師，於學校團隊運作四個月後，於發展期主動要求公開觀課	2013/12/11
SJE05	女	教師	個案學校中年級教師，於成熟期學校全面推動後，第二批實施公開觀課教師	2014/01/03
SJE06	男	代課教師	中高年級英語、社會及綜合課教師，個案學校學習共同體組織初始期成員	2013/12/04
SJE07	女	教師	個案學校高年級教師，於成熟期學校全面推動後，第一批實施公開觀課教師	2013/12/24
SJJ02	男	教師	學校年輕教師，擔任社會科教學，對學習共同體有高度興趣並積極推動	2014/01/15
UK02	女	教師	低年級教師，曾擔任該校教師會長，服務年資超過 30 年，積極自我成長	2013/12/29
JJ02	女	教師	任教多年即將退休，該校教師會的發起人，支持校長推動學習共同體	2014/01/10

二、研究資料的分析

　　包含訪談資料、文件檔案、觀察紀錄和社群網頁四方面的資料分析。

（一）訪談資料分析

訪談資料之分析重點，先將受訪對象及問題編號，在訪談結束後繕寫完整的訪談逐字稿，將每位受訪者的訪談內容重新分類，同樣題目內容整合在一起，保留所有受訪者的編號，隨後進行分析比較，整理出參與者的概念與觀點，找出共識與差異性想法，進一步討論分析可能蘊含的意義和潛在意識，最後將訪談逐字稿編碼成為佐證各項研究成果依據。

檢視訪談問卷內容，茲將訪談問題區分為：背景動機（background）以 b 為代號，角色（part）以 p 為代號，資源（resource）以 r 為代號，困難（difficult）以 d 為代號，因應措施（adaptive activities）以 a 為代號，作法（method）以 m 為代號，成效（effect）以 e 為代號，改進（improve）以 i 為代號，建議（suggestion）以 s 為代號。受訪者分別以代碼 SJE01、SJE02……SJJ01、JJ01、UK01、TN01、TT01 等表示。例如編號 SJE01-b1，SJE 為個案學校名稱代號，01 為學校或單位受訪者序號，b 為訪談問題類別之背景動機（background）代號，1 為提出的第一個想法。

（二）文件檔案分析

研究蒐集文件檔案大致可以分為三類：一是個案之相關公文書信、會議紀錄，包括學校及工會團隊會議紀錄、行政會議紀錄、課例研究紀錄、讀書會紀錄等；二是個案之相關統計報告、成果報告及研習規劃與實施心得報告等；三是透過報章雜誌媒體、網際網路、學校校刊等相關報導。例如編號 Doc.m1，Doc 為相關文件，m 為問題類別之作法（method）代號，01 為第一份文件。

（三）觀察紀錄分析

研究者蒐集並分析觀察紀錄內容，建立編號系統。例如編號 20130607r1，20130607 表示觀察紀錄日期，r 為問題類別資源（resource）

代號，01 爲第一次發言。

（四）社群網頁分析

研究者蒐集並分析社群網頁內容，建立編號系統。例如編號 FBe01，20140227 編碼 FB 表示臺南市學習共同體社群網站 Facebook 縮寫，e 爲問題類別之成效（effect）代號，01 此類第一個留言，20140227 爲留言日期。

伍　案例實施與討論

一、個案學校學習共同體的組織發展歷程

（一）參與者在初始期接觸學習共同體之背景動機

1. 外在環境背景

(1) 接觸教育思潮

親子天下於 2012 年 4 月份出版《學習的革命》一書，開啓臺灣教育界研究日本學習共同體的浪潮。個案學校從 2013 年 11 月份組織「SJ 學習共同體研究會」，向教育部提出 101 學年度國中小試辦「活化教學──分組合作學習的理念與實踐方案計畫」，正式開啓學習共同體之路。

(2) 行政積極倡導

透過行政的積極宣導，有助於教師對學習共同體的認識，個案學校行政採取溝通、辦理研習、觀課和贈送專書等積極作爲，讓教師能從不同管道接觸和深入了解學習共同體。

(3) 參與公開授課

學習共同體能否運作成功，讓教師把教室打開，邀請同儕教師進入教室，協助做觀課記錄，是提供深入了解學習共同體精神內涵最直接的方式，行政以身作則，首先示範如何進行公開授課，並不斷提供觀課和議課

機會，能消除教師的抗拒心理，產生逐步擴散的效應。

(4) 進行校際交流

學校打開教室，邀請他校教師進入課堂參與觀課和議課，提供不同的想法和建議，不僅增加個案學校修正理解學習共同體的機會，也提供他校校長、教務主任和教師接觸與認識的管道，藉由校際交流，推廣至其他學校，產生良性互動。例如：

　　我心中就有一個期待，如果個案學校在學習共同體的領域繼續要做深耕或發展的時候，我可以因為這樣一個機會去參與共同學習的旅程，透過這樣的經驗也可以從老師們的分享，教務主任如何做學習共同體的推動，還有校長在這方面的角色扮演，讓我可以做比較整體性的了解跟觀察。（UK01-b1）

(5) 加入讀書會

個案學校與臺南市教育產業工會合作成立學習共同體讀書會，讓更多教師可以藉由閱讀專書，在理念上獲得初步的認識，也提供個案學校分享實施經驗的機會，共同解決理論認知上的困惑，以及探討教師課堂實踐的問題。

(6) 成為社群網友

個案學校成立臺南市學習共同體社群，利用臉書超越時空限制及快速串聯好友的特性，提供教師隨時隨地分享學習和交流互動的機會，是提升教師專業發展的重要途徑。

2. 內在自發動機

(1) 期待解決教育現場問題

教育現場愈來愈多學生從學習中逃走，學生對於學習失去興趣，缺乏學習動機和熱誠，教師難免出現失落感或無力感，或許正希望透過教師專

業成長，積極尋求解決問題的良方。

(2) 好奇心驅使並勇於嘗試

學習共同體的教育議題被媒體炒熱後，許多教師基於好奇心，主動上網搜尋影片，期待深入了解學習共同體的操作模式，或是購買相關書籍，積極主動研究學習共同體，甚至在缺乏同儕夥伴和專業指導下，勇於突破現狀，試圖在自己的課堂上加以實踐驗證。

(3) 減輕壓力增加實踐動機

學習共同體的課堂實踐，以提問、作業、反思等活動為主。因此，教師的教案格式相當精簡，只要將授課單元的核心概念、迷思概念和伸展跳躍等問題列出，並附上學生分組座位表，便於觀課教師觀察記錄即可，讓教師在授課前的書面準備時間可以大幅縮減。另由於觀課教師是關注學生學習而非授課教師，可以減輕教師公開授課的壓力，並增加教師嘗試的意願和動力。例如：

> 最大原因是教案很簡單，……，不造成老師的壓力，用很簡單的格式，老師只要把自己教學流程想清楚，主要問題核心概念列出來就可以，並不用像以前那種很繁瑣，要引起動機、暖身，甚至時間、道具、教具都要鉅細靡遺地詳列，基於這個原因所以我也很想再進一步試試看，在 5 月底我就突發奇想主動跟主任說我可不可嘗試一次公開觀課。（SJE04-b2）

（二）參與者在學習共同體發展歷程所扮演的角色

1. 扮演行政支持角色

(1) 內部行政支持角色

學校內部校長和行政人員的支持，是推動學習共同體的重要關鍵角色，唯有行政全力支援並適時給予鼓勵，才能讓教師安心參與同儕觀課和議課，當教師遇到瓶頸時也能獲得立即協助。

(2) 外部行政支持角色

外部行政的支持是指提供經費的挹注、研習公文的批准和人力的支援，可以幫助學校在推動學習共同體時辦理教師增能活動；另外，取得教育局的認同支持也有助於突破發展困境。

(3) 提供跨校學習角色

與教育產業工會合作建置網站和成立讀書會，不僅可以提供個案學校教師分享經驗的平臺，增加個人專業能力，亦可提供不同縣市學校教師相互交流學習的機會，建立跨校互學機制，提供教師從更多元的管道取得資訊，協助教師更快速且深入了解學習共同體的意涵和精髓。

2. 扮演教師互助角色

(1) 校內研修角色

發展學習共同體需建構教師的同僚性，安排系統化的校內研修，在各學年安排領頭羊，透過教學輔導機制，營造相互支援、和諧溫馨的學習環境，消除惶恐的緊張情緒，讓教師發現不同學生的學習樣貌，並透過不評價教師教學的議課方式，建立教師協同學習與公開授課及觀課的信心。例如：

> 那一場觀課，讓我第一次對學習共同體比較有感覺，因為那是我自己班級的孩子，我發現在討論的時候，孩子的反應跟我自己在上課時是不太一樣的。平常搗蛋的、不太講話的，其實私底下都有他們的溝通語言，他們也會想發表意見，所以我會想要再觀課，從觀課再看看孩子能有更不同的上課思維、上課的表現。（SJE05-p1）

(2) 校際共修角色

個案學校以開放的胸襟歡迎外校校長和教師參與公開授課、觀課和議課，成為校外共修角色，不僅能提供給個案學校運作上不同的思維和作

法，也能幫助他校更快接觸學習共同體，認識學習共同體的操作模式，產生共鳴互動加乘的學習效果。

(3) 網路互學角色

臉書是超越時空限制的網路平臺，個案學校建置臺南市學習共同體社群網站，內容包含學習共同體相關資訊的提供、專書閱讀、研習活動和課堂實踐心得分享，以及教案設計和障礙困境問題的討論。同時讓教師可隨時上傳和下載資料，分享學習心得與交流互動，共同解決教學上的問題，汲取他人經驗，作為改進教師教學的參考。

（三）個案學校在發展歷程的經費取得、應用與提供服務

1. 經費來源與應用

(1) 申請教育部計畫

在「初始期」，個案學校推動學習共同體的第一筆經費是邀請 SJJ 國中成為夥伴學校，一起申請教育部活化教學計畫，成立學習共同體工作坊，購置專書並帶團參訪臺北市學習共同體前導學校，以及聘請學者專家到校諮詢的經費支應。101 學年度國中小試辦「活化教學——分組合作學習的理念與實踐方案計畫」，SJE 國小結合 SJJ 國中進行跨年級跨領域跨教育階段的合作學習，共組「SJ 學習共同體研究會」，範圍將從二年級至九年級，內容涵蓋國語、英語、數學、社會、自然等領域。

(2) 引進教育局及工會資源

個案學校屬於中小型學校，各項補助經費相當有限，無法提供全校教師更多認識學習共同體的機會。因此，在「發展期」藉著臺南市教育產業工會理監事聯席會所提出發展學習共同體的提案，獲得一致同意後，透過工會向教育局申請精進教學計畫，開始規劃推動學習共同體相關事宜，包含成立推動小組、讀書會、辦理種子教師營和全市大型公開授課及到各校巡迴演講等系列活動。

(3) 資源共享與理念擴散

當個案學校進入「成熟期」階段，為了讓新的教育理念能擴散至臺南市其他學校，教育產業工會挹注經費，聘請個案學校教師擔任講師，分享個人實踐經驗，將學習共同體運作模式複製到其他學校，提供有意願試辦學校申請週三進修研習講師費和茶水費，從單點逐步拓展至全面性的教育改革。例如臺南市教師會與臺南市教育產業工會在2013年舉辦學習共同體種子學校及教師培訓營，協助教師了解學習共同體的教育哲學意涵，以及在教學上的實務操作方式。

2. 內外支援與服務

(1) 提供校內教師支援服務

當教師對於新觀念、新思維有了深入理解後，就能展現自信心和創造力，因此，為了增加教師對於學習共同體基本理念與運作模式的認識，引進資源提供校內教師專業成長，邀請臺北市麗山高中藍偉瑩老師談論「學習共同體的運作——教學角色的轉變與課程設計的挑戰」及臺灣首府大學歐用生教授介紹「學習共同體的概念與目標」。另外也爭取工會資源挹注，讓學校教師參訪新北市學習共同體前導指標學校秀山國小，學習北部學校推動學習共同體的操作方法，以及課例研究的實施策略。

(2) 提供校外教師互動學習

為了讓更多校內外教師認識學習共同體，也把個案學校在學習共同體的經驗擴散出去，個案學校與教育產業工會合作辦理全市性的大型公開授課及觀課；另外也將活動辦理場地移至夥伴學校SJJ國中，讓資源由外而內支持挹注，再由內而外支援服務，建構共生共榮的夥伴學校關係。

(3) 建立完善教學研修制度

教師除了教學之外，往往還要忙行政工作、參加研習和各種會議，容易導致失去教師在教學專業上持續精進的熱誠，即使學校費盡心思安排研習，但多數教師仍會捧著作業本或考卷批閱，根本無心聽講。因此，行政

必須思考如何解決上述問題，妥適規劃週三進修時間，協助教師參與脈絡式／學校本位式的教師專業成長活動。

綜言之，個案學校透過接觸教育思潮、行政積極倡導、參與公開觀課、進行校際交流、加入讀書會員及建置社群網頁等管道，幫助教師認識學習共同體，鼓勵教師透過學習共同體解決教育現場問題，期待能夠改變學生學習型態，增加學生思考探究與表達能力。同時亦促使教師透過同僚性組織成為學習專家，共同追求教師專業成長。此外，參與者在學習共同體發展歷程扮演行政支援及教師互助的角色，透過支援服務和凝聚共識，引進教育部、教育產業工會、教師會及教育局等單位，適度投注經費和提供資源，讓教師對於教育改革產生認同和了解，跳脫傳統教學的窠臼，規劃明確的教師專業發展方向，協助教師專業成長。最後，建構完善的學習系統，讓教師在尊重互惠的環境下學習與成長，藉由公開授課、觀課及議課以明瞭學習共同體的精髓和哲學觀，教師一旦能突破固著的心智模式就能促進學校組織的創新發展。

二、化解抗拒推動學習共同體課例研究之策略

（一）排斥心理和障礙的來源

1. 內在排斥心理
(1) 質疑教師專業發展評鑑

政府推動教師專業發展評鑑方案以來，許多教師聞「評」色變，對於教師專業發展評鑑產生質疑心理。近年來教育部推動活化教學和翻轉教學，個案學校就在這樣的氛圍下引進學習共同體，向教師宣導理念，既然同樣要打開教室進行公開授課及觀課，因為學習共同體關注焦點在學生身上，可以降低教師被觀課的焦慮與抗拒心理。

(2) 理論觀念模糊不清

學習共同體在臺灣是一項新興教育議題，加上同一時間，教育部也正在推動分組合作學習，兩者經常被混為一談，以為學習共同體就是合作學習。另外也有人認為學習共同體來自日本，不同的國情和文化，如何在臺灣推動呢？也有教師擔心公開授課會讓自己的專業能力受到挑戰。

(3) 無法克服進度壓力

很多教師只要想到在課堂上讓學生討論，就會擔憂教學進度趕不完，更何況國中和高中教師尚要面對學生參加學測和基測的考試壓力。

(4) 缺乏教案設計能力

佐藤學強調教師要設計比教科書內容更難的學習作業，幫助學生伸展跳躍。然而，多數教師早已經習慣由教科書出版商編製課程計畫和教材，連電子書和補充材料也都設計完善，讓教師不必備課就能直接上臺教學。

(5) 擔心學生靜默吵雜

傳統教學偏重單向知識灌輸，教師是知識權威者，學習共同體期待教師改採提問反思的教學模式，促發學生分組討論，此乃一種新的教學挑戰，而且教師也會擔心學生根本不會討論，容易造成全場靜默的尷尬場面。另外，也有部分教師過去時常以高分貝音量壓制學生，以利控制班級秩序，麥克風成為發號施令的利器，然而學習共同體強調寧靜革命，這對教師來說，就會產生壓力和負擔。例如 UK 國小教師在 2013 年 3 月 26 日參與個案學校公開授課及觀課後表示：

剛開始要把麥克風拿掉的時候，心中會有一點點的猶豫，害怕沒有辦法去駕馭整堂課，後來試著把麥克風拿掉之後，發現如果掌握了學習共同體的精髓，麥克風是根本不需要的，當你知道整個學習的目標只要是在學生身上，那麼學生就會仔細地聆聽老師在說些什麼，我也可以因為沒有麥克風更清楚學生要表達的是什麼，他們心裡想要的是什麼，所以丟掉這兩層的束縛之後，反而更能夠在學習的過程當中找到快樂。（SJE03-d2）

2. 外在障礙困境

(1) 教育局的支持度不足

經費不足一直是困擾學校和縣市政府財政的問題，面對一項新的教育議題，教育局尚在評估是否推動的階段，在經費的挹注上就會趨於保守。

(2) 工作繁重無法紓壓

學校行政和教學工作繁重，教師缺乏多餘時間參與學習共同體，即便教育局主動推動學校參與，也要考量學校規模、人力和教師意願，尤其需要校長支持認同才有可為。

(3) 同儕之間鮮少互動

傳統的教室是封閉系統，教師只要做好班級經營就好，但學習共同體鼓勵教師要和同儕一起備課、交流教學心得，這確是很花費時間的事，而且過去也沒有這種習慣。

(4) 專業認知能力不足

議課是課例研究相當備受重視的一環，能否營造溫馨和諧的研究討論氛圍，是議課主持人要面對的挑戰，尤其當現場教師對於基本理念尚未成熟之際，往往無法跳脫傳統教學觀摩的窠臼，還是會出現針對授課教師進行教學評價。

(5) 擔心家長無法認同

另外，教師非常擔心家長不認同學習共同體，自己反而惹麻煩上身，導致「多一事不如少一事」。所幸，個案學校校長和行政人員都能儘量做好溝通橋梁，不斷在公開場合宣導，減少來自家長的阻力，讓教師能安心實施學習共同體，甚至邀請家長進班觀課，化解家長心中疑慮，共同參與學生學習。

(6) 缺乏校際交流機制

校際間的分享和交流是最佳的學習方式，但學校之間的距離會影響舟車往返時間，甚至增加調課、安排代課的難度，想要構築校際間的同僚性因而變得困難。

（二）化解排斥和障礙的因應措施

1. 邀請專業人士指導

個案學校地處偏鄉，102 年度在有限經費下，仍積極邀請學者專家共 6 位蒞校輔導諮詢達 8 次，有了長期且穩固的學者專家提供專業指導，當教師產生問題和困惑時就能及時釋疑。當然，學校領頭羊也可以隨時向學者專家請益，和教師同僚討論如何解決問題。

2. 行政必須不斷宣導鼓勵

當教師遇到挫折時，行政必須適時給予援助和鼓勵，強化教師信心。例如個案學校某位教師雖然沒有在第一時間加入工作坊，卻因為想要挑戰佐藤學提及低年級不適合進行小組學習這件事，反倒是引發其主動加入工作坊，實施兩個月後卻遇到學生靜默的困境，讓她一度想要放棄，後來就是因為行政給予鼓勵才解決問題。另外，夥伴學校的 JJ02 教師因為到個案學校參加專題演講，卻因為誤解講師對於學習共同體操作理念的內涵，不再與其他同事討論，後來經過個案學校主任的加油打氣，才又重新接受學習共同體。

3. 教師積極尋求夥伴支援

同僚對話是最佳的學習方式，而學習共同體重視同僚性關係的建構，透過對話討論可以更加認識學生學習特性和教材設計。另外，教師共同備課也成就了教師的集體智慧，亦能增加公開授課及觀課的安全感與自信心。

4. 教師利用網路瀏覽資訊

上網查詢資料或閱讀學習共同體相關書籍文件，都是獲得知識最方便的途徑。當教師感受壓力或遭遇困難時，可以直接上網查詢或翻閱專書，就能立即得到一些靈感或解答。

5. 教師參加成長研習活動

研習活動包含專家講座、讀書會研討、公開授課及觀課途徑等，讓教師可以從學者專家獲得重要概念和理論架構，從閱讀專書中汲取作者的智慧，藉由實務人員的經驗分享得到操作的技巧。例如任教 UJ 國小的 LYS 教師參加工會所舉辦的研習後，於 2013 年 4 月 29 日在社群網站發表：

　　起先，一接觸學習共同體，我原本想在上學期就嘗試看看，但概念提到較適合高年級和國中以上，我就打退堂鼓了。直到接觸到您安排的研習中，看到翁老師帶來的影片，……，我又重燃了信心！真的謝謝您！（FBa01，20130429）

6. 行政建構校際交流網絡

建構校際交流網絡對於擴展學習共同體深具意義，能協助初期實施學習共同體學校快速進入狀況。藉由經驗的傳承與分享，可以幫助更多夥伴認識學習共同體系統運作模式，解決教師的疑慮。因此行政人員必須扮演協調與支援的重要角色，協助教師解決交通與代課等問題，讓更多的種子學校或種子教師萌芽，這對於發展學習共同體具有正面的效果。

7. 校園建立彼此信任關係

信任是溝通和實踐的基本要素，行政與教師之間若缺乏信賴基礎，即使溝通也很難產生真誠的對話，更遑論希望教師協助推動學習共同體。因此，行政領導者必須以開放的態度，建立對話溝通平臺，增進彼此的信任關係，減少不必要的誤會和猜疑，營造和諧融洽的校園環境。

8. 行政暢通校內溝通管道

溝通能釐清觀念、化解紛爭，避免不必要的誤會，甚至可以化阻力為助力，幫助學校行政爭取更多資源，協助發展學習共同體；此外也可以透過溝通交流，解決教師內心的困惑和焦慮，讓教師願意持續參與社群，一

起承擔學習共同體的發展。

綜言之，個案學校發展歷程遭遇到內在和外在困境來源，因此，推動者必須提出具體對應策略，以化解抗拒排斥心理，並妥善規劃實施步驟，以解決障礙困境，改善學校和教師孤立無援的窘境，降低組織中個別成員的焦慮和無助感，促使成員不斷精進成長，讓組織持續創新發展，如此方能實踐學習共同體。

（三）組織課例研究運作模式分析

課例研究運作方式乃是針對學生學習，建立脈絡式的教學研究系統，包括共同備課、公開授課及觀課、共同議課和彙整記錄等程序，讓教師協同創新課程，並透過集體反思和修正理解，在平等和諧的氛圍下，匯集正向提升的能量。

1. 課例研究運作模式

(1) 校內的課例研究

個案學校結合週三下午教師進修時間實施學習共同體，解決教師沒有時間備課和議課的問題，共同設計教案和對話討論，增進彼此協同互惠關係，構築以課例研究為核心的學習型組織。一段時間後，就鼓勵教師嘗試打開教室，並協助教師一起做伸展跳躍，促進彼此專業成長。個案學校的學習共同體課例研究運作模式，是每個月先利用一次的週三下午研習時間，集合全校教師分為低、中、高三個年段進行共同備課，協助授課教師設計教案，再於次週擇期進行公開授課及觀課，年段教師則進入課室幫忙觀察記錄學生學習狀況，當週週三下午再集合大家進行分年段議課，每學期至少辦理三至四次校內課例研究。

(2) 校際的課例研究

除了校內公開授課及觀課外，也開放學校、打開教室，邀請其他學校校長、主任和教師進入課堂參與觀課和議課，引進不同的觀點和意見，協

助學校在發展學習共同體能更趨穩健，因爲每一個建議都是提供反思和檢討的機會，讓個案學校的學習共同體隨時接受外界的檢視，也幫助他校夥伴更快了解課例研究的系統運作模式。

2. 建立分享交流機制

(1) 建置網路平臺

透過臺南市學習共同體網路社群分享平臺的建置，將學習共同體課例研究歷程紀錄上傳，還有不定時提供研習資訊和活動內容，讓教師可以不受時空限制，進行活動訊息取得、自我成長學習和發表心得感言，建立多元對話溝通的管道，成員跨越領域、年段和縣市，提供有興趣的教師或學校行政人員進行專業研究。

(2) 辦理大型公開授課

與教育產業工會合作辦理大型公開授課及觀課活動，邀請學者專家蒞臨指導，開放各縣市教師代表共同參與，建立交流互動的機制，增進彼此學習成長的機會。臺南市推動學習共同體的作法，實有別於其他縣市偏重由縣市教育局主導的模式，反而是由學校自發性的推動，以教師團體和教育局作爲後盾，成爲眞正由下而上發展的前導學校。

(3) 培訓種子講師

鼓勵有操作實務經驗的種子教師到各校去做專題演講或諮詢輔導，傳遞學習共同體的理念，擴展課例研究的精神，幫助他校教師學習成長，促發漣漪擴散效應。

綜言之，想要落實以學習共同體爲願景的學習型組織，需要採系統化的心智模式來營造溫馨合作的環境，透過尋求專業支援、加強專業知能研習、暢通溝通管道、拓展校際交流分享等策略，以脈絡式／學校本位式的教師專業成長方式，協助教師不斷精進成長，方能實踐學習共同體的理念。

陸 結論與建議

一、結論

　　個案學校推動學習共同體後，發現學生透過協同學習，課堂上學生之間比較能夠尊重聆聽與寧靜學習，低成就學生開始敢向同學請益，主動尋求解決問題，而高成就學生也願意主動幫助其他學生學習，整體學習的氛圍是比較投入的。教師本身在授課技巧與教學策略上更加靈活，懂得放慢教學步調與壓低音量，反而讓班級氣氛更沉穩，學生因為上課有事先預習，並針對教材重點繪製心智圖，在上課時更能參與討論、互動學習。藉由實施成果分享，將理念擴散至校內外其他教師，將學習共同體的同心圓逐漸擴大，產生漣漪效應。

　　學習共同體是一種學習型組織，透過完善的規劃設計與教學領導，系統化的運作課例研究，進行共同備課、公開授課及觀課、共同議課等脈絡式的教師專業成長，讓校內外教師齊聚教室，將理論轉換為具體可操作的課堂實踐，聆聽內外部的聲音和學習心得，提供授課技巧的模仿和教育哲思的專業成長，落實校內教學研究，活化課堂教學，幫助教師成為學習專家，共同打造學習型組織文化。

　　總結來說，個案學校推動學習共同體是採「由下而上」自發性的啟動，輔以「由上而下」支持性的協助，達成內外側循環辯證的靈活運作與永續經營。唯有如此，以學習共同體為願景的教育改革才能順利推展，產生動態活性的發展。因此，個案學校發展學習共同體的經驗，再進行理論與實務整合分析後，茲整理出一套將理論轉化為實踐的整合架構，如圖4-2。

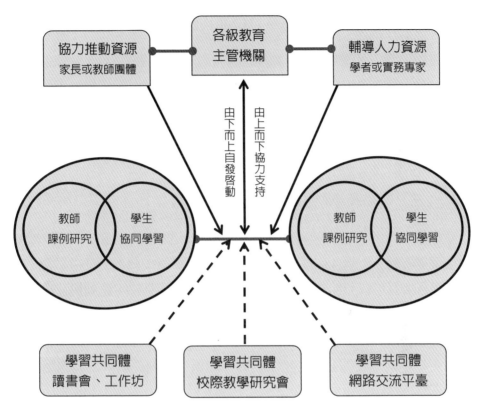

圖 4-2　理論與實務整合架構之建構圖

（一）學校學習共同體的主要內涵（○）

　　學校發展學習共同體的主要內涵，必須包括教師的課例研究與學生的協同學習，亦即透過系統化且脈絡式的課例研究來組織學習共同體，而課例研究又必須與學生的協同學習建立密不可分的關聯性，這樣才能使學校成為發展教師專業的學習型組織，透過從內部自發性由下而上啟動教育改革，建構以學習共同體為願景的學校。

（二）教育主管機關等單位扮演推動的關鍵角色（▢）

各級教育主管機關扮演推動學習共同體成敗的關鍵角色，就像人類的大腦一樣，可以傳達訊息到兩側「輔導人力資源」和「協力推動資源」，協助學校推動學習共同體，舉起教育改革的重擔，由上而下透過有系統的規劃，確立學習共同體發展方向，避免學校端在缺乏資源下，各自理解而偏離軌道等現象，唯有如此才能建構堅若磐石的發展基礎。

（三）學校及單位組織間建立密切的連結夥伴關係（●—●）

學校學習共同體若能有夥伴學校的連結，就可以透過外來學校教師的觀察與互動，產生運作模式的修正理解，幫助學校發展出符合學習共同體的願景，又可以協助剛啓動學習的學校進行典範轉移，達到快速複製的效果。此外，教育主管機關、輔導人力資源和協力推動資源的連結，可以讓整個推動系統整合達到最高能量，不僅可以促發學校建構校內學習共同體，更能協助校際間發展出穩定的夥伴關係，組織更綿密紮實的學習共同體。

（四）輔導人力與協力推動資源扮演向上提升的力量（↙）

輔導人力資源主要以對學習共同體有深入研究的學者專家爲主，在日本會組織有推動經驗的校長作爲輔導員，以解決輔導人力不足的問題，這些輔導人力負責擔任大區域性的教學研究會講師或主持人，並進入各級學校協助輔導諮詢工作，對於學校推動學習共同體具有正面發展的作用。另外，協力推動資源則包括教師會、教育產業工會等教師團體，甚至家長團體都是具有協力推動功能的角色，教師團體的主動協助可以減少阻力，增加教師認同感，家長團體的肯定支持可以降低教師憂慮，鼓勵學校勇於創新突破。

（五）校際教學研究會等扮演支撐向上的力量（↗）

校際教學研究會具有互相觀摩學習的功能，透過內外交融達到彼此修正理解，有助於學習共同體昇華發展的效果。讀書會和工作坊提供初學者入門學習的機會，是讓有經驗者檢視自己理論與實務辯證的舞臺，藉由對話釐清觀念，透過研討建構認知。網路提供溝通討論交流平臺，是當前互動學習的最佳管道，也是宣傳擴散的重要工具，對於來自不同學校教師的學習，具有超越時空限制的優勢，能促進學習共同體積極正向發展。

二、建議

個案學校推動學習共同體目前尚有諸多需要再加強與改進的地方，包括課例研究的紀錄彙整必須再強化，若能將課堂實踐的亮點呈現出來，提供其他教師書面或線上等學習機會，在擴散分享上將更具說服力與影響力。又，因為在實施初期，所以在推動上切忌躁進，應該採用穩健的步伐，設立備課工作坊，加強備課、釐清概念與增加觀課次數，進一步尋求行政與家長的支持認同，引進更多資源，減少實施的阻力，並邀請學者專家長期輔導，擴大校際交流，以免在操作上偏離方向。

其次，對於有心發展學習共同體的學校，校長必須先認同此教育理念，積極建構關懷信任的校園文化，透過學習領導、教學領導及爭取資源應用，組織學習共同體團隊，然後採漸進擴散方式，爭取教師認同，並藉由參訪學習和分享交流，釐清學習共同體的觀念，將理論轉化為具體可行的實踐策略。

第三，縣市政府教育主管也應該以開放的態度，鼓勵學校教師自主專業成長，站在輔導協助的角色，持續宣導與規劃系統性的研習，減少教學上的干擾，讓教師活化課堂的教學，落實在學生的學習。

最後，推動任何新政策或教育議題，蒐集實施成果及分析檢討是必要

的措施，但是教師除了教學之外，必須應付大量上級交付的工作和成果彙整。所以，適度且簡便的成果上傳填報方式，是比較能讓教師願意配合運作的模式，給教師有更多時間真正落實在學生的學習上，而不是只做表面功夫，應付製作資料而已。

【本章內容改寫自以下之文：吳俊憲、姜宏尚（2015）。學校發展學習共同體歷程之個案研究。靜宜人文社會學報，9(3)，171-214。經作者—吳俊憲修訂後收錄於本書。】

第五章　學校參與學習共同體的實施策略

 本章摘要

　　日本佐藤學教授推動「學習共同體」的教育理念，近年來受到東亞和歐美許多國家的重視，在臺灣也已經成為教育領域研究的一門顯學。當前臺灣正在推動十二年國民基本教育改革，「他山之石，可以攻錯」，許多學者專家期盼學習共同體能成為改善教育現況的良方。新竹縣自102學年度起推動「班級課室觀察及學習共同體」的教育研究試辦計畫，本章旨在探討新竹縣中小學參與試辦學習共同體的現況歷程、實施成效、問題和改進建議。

壹　前　言

　　日本佐藤學教授推動「學習共同體」的教育理念，在近年來受到東亞和歐美許多國家的重視，許多學者專家紛紛投入研究，或進行實地參訪，或結合學校推行試辦，而佐藤學教授也曾多次來到臺灣宣揚其教育理念和推動策略，一時之間，學習共同體已經成為教育領域研究的一門顯學。究其原因有二：其一，學習共同體之「同時追求品質（quality）與平等（equality）」是教育根本原理的改革理念，符應二十一世紀社會及公民的需求；其二，學習共同體主張保障每一個孩子學習權的教育精神，符合十二年國民基本教育（以下簡稱十二年國教）當中所倡導的有教無類、因材施教、適性揚才及「成就每一個孩子」之教育理念。由此看來，學習共同體不但能因應二十一世紀的教育改革潮流，亦能呼應政府的教育改革重大政策。

　　佐藤學主張「學習共同體」應具有三個層面：第一，實施學生「協同學習」的學習共同體；第二，建構教師「同僚性」的學習共同體；第三，進行家長和社區居民「參與學習」的學習共同體。其中，在教師「同僚性」的建構上，佐藤學認為教師除了是教學的專家，也應該是學習的專家，為了達成此一目的，教師應透過專業對話、分享交流的方式，建構互相學習的關係。這一波「寧靜的革命」已確實改變了日本中小學的課堂風景。

　　「他山之石，可以攻錯」，當前臺灣教育正面臨重大變革，許多學者專家亦期盼學習共同體能成為改善現況的良方，而新竹縣也趕上這班教育改革列車，自 102 學年度起推動「班級課室觀察及學習共同體」的教育研究試辦計畫。本章旨在探討新竹縣中小學參與試辦學習共同體的現況歷程、實施成效和問題困境，透過學校教師參與試辦的重要發現，回饋給新竹縣中小學，並提供未來有意願參與推動學習共同體的其他縣市和學校作為參考。

貳　學習共同體的構想與實踐

近幾年，許多國家推動教育改革的焦點放在「學習者中心」，一方面鼓勵教師追求專業發展，另方面啓動學生「眞」學習，改變課堂風景，希冀做到「翻轉教學，以學定教」。以學生學習爲中心，不能只是口號，必須化爲實際作爲。學生學習動機、學習興趣、學習成效與教師教學方法之間有密切關聯，有鑒於此，以學習者中心的教育理念及發展趨勢愈受重視，政府機構及民間組織團體也致力於推廣這樣的概念，目前教育部推動有效教學深耕推廣計畫、活化教學、分組合作學習、差異化教學等，民間組織團體也自發地推動學習共同體、學思達、均一教育平臺等翻轉教學方式，上述各種活化教學方式均殊途同歸，作法雖不同，但都強調讓學生成爲學習的主人，回到教育的本質；其目的在於體現「學習者中心」的理念，精進教師新式的課程與教學，以提升學生的學習成效，並激發教師展現對於活化教學的熱情與進修的需求。

佐藤學定義學習共同體的學校願景是：「學習共同體的學校，是培育學生互相學習的學校，是培育教師身爲教育專家互相學習的學校，是家長及地方居民協力參與學校改革、互相學習的學校。」佐藤學主張公共性、民主性與卓越性作爲學習共同體的三大哲學。公共性的哲學乃因爲學校是公共空間，必須對內及對外開放，爲了打開教室大門，教師必須做到至少一年一次的公開授課；其次是民主主義的哲學，乃是基於 Dewey 定義之「與他人共生的生存方式」，必須創造出互相對話與聆聽的關係，學生同儕之間、學生及教師之間和教師同儕之間都必須協同學習；其三是卓越性哲學，是指授課或學習都要盡力追求最高品質，卓越並非是指與他人比較後的優越感，而是指教師要提供最好的教育品質和教學內容，避免單調無趣的學習耗損學生追求學習的興趣。相反地，要能激發學生藉由探究、合作及表達做到「伸展跳躍」學習（鍾啓泉譯，2004；黃郁倫譯，2012；鍾

啓泉、陳靜靜譯，2012；黃郁倫譯，2013a，2013b，2014）。詳細推敲佐藤學的學校願景和三大哲學，實與「學習者中心」的教育改革理念不謀而合。

　　佐藤學進一步提出「眞正的學習」（authentic learning）概念，他認爲學習的成立需要有三個要件（如下圖 5-1）：第一是眞正的學習，是指符合學科本質及精神的學習，例如國文課要讓學生直接與文本（教材）或透過文本與作者對話，讓學生走進文學家的學術論述社群內，學習文學和鑑賞文學。爲了使學習成立，就應該追求「互相聆聽的關係」而非「互相發表的關係」。最後是「伸展跳躍的學習」，教師和學生同儕要提供學習支持，也要盡可能讓學生挑戰更高程度的課題。

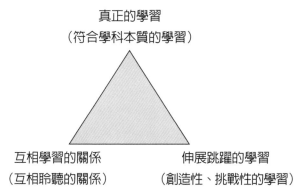

圖 5-1　學習成立的三要件

資料來源：黃郁倫（譯）（2013a），佐藤學著。學習共同體——構想與
　　　　　實踐（頁 51）。臺北市：親子天下。

　　不過，回顧當前臺灣的教學現場，許多教師忙著在追趕課程和教材進度，忙著處理學生偏差行爲，忙著做好親師溝通工作，還要應付上級交辦的教改計畫、各種評鑑訪視和參加一些無效研習。處於上述窘境下，國內學校和教師應如何啓動學習共同體？

　　吳慧蘭等（2013）以新北市重慶國中爲例，說明學校推動學習共同體的契機乃是教育局在 2012 年以學習共同體爲主題，辦理校長課程領導工

作坊，校長返校後召集有興趣的教師組成學習共同體研習小組，同年佐藤學教授蒞臺演說而受到啓發。於是學校先辦理全校的教師研習，藉以宣導、溝通及建立共識。其次，每週定期導讀學習共同體專書，共同對話和分享，也進一步釐清觀念，並了解如何進行說課、觀課及議課。第三，鼓勵教師進行校內公開授課，精進教學技巧，再逐步開放給校外教師參與公開授課和觀課。第四，鼓勵教師至校外進行教學演示，藉以增進教學經驗，同時也參與研習發表，分享學習成果。最後實施問卷調查，了解運作狀況及後續改進方向。

　　楊美伶（2013）以臺北市國語實驗國小爲例，說明學校推動學習共同體的願景：「保障每一個學生的學習權利，尊重每一個學生的學習歷程，提升每一個學生的學習品質」。其具體規劃如下：

（一）全員啓動

全校教師參與，成爲學習的專家。

（二）凝聚共識

　　組團赴日本參訪，返校後和全校教師進行觀念溝通：「爲什麼要推動學習共同體？」目的要讓學生投入眞正的學習，鼓勵教師參與觀課及專業對話，然後進行案例分析，幫助教師了解如何促進學生小組協同學習，最後要向家長倡導理念，以獲得家長支持。

（三）採逐年推展

　　第一年是理念宣導，主要是成立讀書會，鼓勵參與教師準備開放教室。第二年正式推動公開授課／觀課和議課，期間需要進行教師專業增能，引導學生小組協同學習。第三年持續推動學習共同體，每位教師每年至少做一次公開授課。第四年微調運作方式，形塑教學特色和氛圍，同時辦理校外公開課，與全臺北市教師分享交流教學經驗。

（四）納入校務整體規劃

整合校內教學輔導教師方案、教師專業發展評鑑、教師專業學習社群等教師成長的多元途徑。

具體作法上，每學年的級任和科任教師各分為三個學群，學群召集人帶領教師進行觀課前會談、入班觀課及議課，學群每週安排有兩節互動時間，每學年各設置一名教學統合召集人負責帶領學年級任教師進行共同備課（即教材分析、解構、再建構）與交流觀課研修經驗，每月安排一次共同備課時間，領域召集人負責帶領教師進行領域增能研習與教材教學探究。此外，每月一次領域教學研修時間，學校研究處會定期召開學習共同體研修會，分享實作經驗、策略與成果。要言之，國語實驗小學提供足夠的行政支持，挹注教學資源，做好時間規劃，並協助排除困難。

姜宏尚（2014）探討臺南市個案國小發展學習共同體的歷程，參與背景主要是學校教育人員受到佐藤學在臺出版《學習的革命──從教室出發的改革》一書的吸引，由於學校行政單位進行溝通、辦理研習、觀課和贈送專書等積極作為，讓教師願意參與公開授課及觀課，甚至進行校際交流，與臺南市教師產業工會合作成立學習共同體讀書會，成立學習共同體社群網站，於是激起教師同儕的好奇心和追求專業成長的動機。

不過，姜宏尚（2014）也指出個案國小發展學習共同體面臨以下困境：首先是教師產生排斥心理，包括質疑教師專業發展評鑑、理論觀念模糊不清、無法克服進度壓力、缺乏教案設計能力、擔心學生靜默吵雜。其次是行政主管的支持強度較弱、工作繁重無法紓壓、同儕之間缺少互動、專業認知能力不足、擔心家長是否認同及缺乏校際交流。

綜合來說，近二十年間，歐美國家的學習型態已經改變，課堂早已走向鼓勵同學間形成對話、討論、探究、合作、表達與分享的合作共學方式。近幾年來，中國大陸也興起了重視提問、思考及表達的課堂教學改變。日本佐藤學則創建了學習共同體，重視活動性、合作性和反思性的課

堂學習（潘慧玲等，2014）。事實上，教師單向講述授課，學生覺得上課
無聊，就會缺乏學習動機。學校應該教導學生具有適應現在生活及面對未
來挑戰的能力，幫助學生找到亮點、多元展能，而不是要把學生都訓練成
爲同一種人。因此，教師必須在課堂上營造良好的對話環境和討論氛圍，
讓整個學習歷程都是在對話，然後透過對話啓動思考。同時也要給予所有
學生不同的學習舞臺，對於學生要多聆聽、陪伴和接納。如此一來，才能
讓學生知道「爲誰而學、爲何而學」，專心投入於「眞」學習，產生良好
的學習結果（黃政傑，2013），而這有賴學生、教師和家長及社區人士形
塑成三層次的學習共同體，方能克竟其功。

案例研究設計

　　本研究採訪談法。訪談對象爲參與試辦學習共同體的太陽國中（化
名）和月亮國小（化名），受訪人員主要有兩類：一是校長和承辦主任，
另一是參與教師。校長和主任的訪談問題主要包括：參與試辦的理念或動
機、試辦前的準備工作、規劃工作或推動策略、實施現況與初步成效、問
題或困境。參與教師的訪談問題主要包括：參與試辦的理念或動機、試辦
前的準備工作、如何進行課堂教學研究三部曲、實施後對教師和學生的影
響成效、問題或困境。訪談過程經受訪者同意採全程錄音，結束後將錄音
轉譯成訪談逐字稿，同時進行資料編碼，訪談資料編碼方式如下表 5-1，
最後進行資料分析。最後，爲求能眞實地呈現受訪者的想法，研究結果會
陳述條列成研究結果回饋表，再交由受訪者檢視是否與其想法相符合，然
後研究者再根據回饋表來校正研究結果。

表 5-1　訪談資料編碼

任職學校	職稱／人數	訪談日期	編碼方式
太陽國中	校長 1 名	2014/04/08	訪 - 玲校長 -2014/4/8
	主任 1 名	2014/04/08	訪 - 修主任 -2014/4/8
	教師 2 名	2014/04/08	訪 - 雯老師 -2014/4/8 訪 - 金老師 -2014/4/8
月亮國小	校長 1 名	2014/04/18	訪 - 之校長 -2014/4/18
	主任 1 名	2014/04/18	訪 - 嘉主任 -2014/4/18
	教師 3 名	2014/04/18	訪 - 麗老師 -2014/4/18 訪 - 華老師 -2014/4/18 訪 - 美老師 -2014/4/18

肆　案例實施與討論

一、太陽國中訪談結果分析

太陽國中每個年級有 3 至 4 個班，全校共有 10 個班級，是一所規模不大的學校，會出現學生輟學及學習動機低落、學業表現不佳等學習問題。以下闡述太陽國中參與學習共同體試辦計畫的現況歷程。

（一）參與試辦計畫的理念或動機

對於學校各項事務的推動，校長的態度及想法具有舉足輕重的影響力。太陽國中的校長在校長社群的讀書會接觸到《學習的革命》一書後，對於學習共同體有了淺略的概念，然後決定組團到日本實地參訪。過程中有兩位主任陪同到日本擔任工作人員，期間校長曾和兩位主任商討如何在校內推動學習共同體的可行性，也思考到學習共同體與教師專業發展評鑑

的差異性，由於兩者的關鍵點都在課堂教學上，因此也進一步思索是否有可能將兩者整合之後同步實施，以減輕教師負擔。從日本返校後，在學者專家的指導下，結合精進教學計畫，在校內著手推動試辦學習共同體。

太陽國中承辦了校長社群赴日本參訪的活動，因此教務主任亦隨行擔任工作人員，在參訪過程中受到不少啓發：其一是感受到日本學生的課堂討論是「亂中有序」，和臺灣學生的表現有很大的不同；其二是感受到國內教師教學大都是在趕上進度，按照課綱、課表授課，現在則要翻轉教與學，從學生需要學到什麼作爲出發點去設計課程，實踐學習者中心的教育理念。

教師方面，太陽國中的教師在校長的引介下，進行專書共讀和討論分享後才開始接觸到學習共同體，並引發對學習共同體的興趣，進而省思到學生才是課堂學習的主角，而且針對學習低成就的學生，開始思索是否該從改變教學著手。換言之，課堂教學中，教師扮演的是輔助者，學生才是學習主體，面對被動的學生、支持力薄弱的家長，太陽國中的教師也開始嘗試想要找出可以改變的途徑，幫助學生做到眞正的學習。於是有教師主動參與觀課和議課的試作。

綜合以上，太陽國中原先就有參與教學精進計畫，也有推動教師專業發展評鑑，亦即校內教師對於教師專業發展的理念並不陌生。校長和主任赴日本實地參訪後帶回經驗，在校內舉辦專書共讀，並引導教師省思翻轉教學的觀念，以及師生之間的主客關係，期盼教師試作學習共同體後，能帶領學生看到不同於以往的課堂風景，幫助學生做到眞正的學習。

（二）參與試辦計畫的籌畫工作

太陽國中的校長表示不能冒然去推動學習共同體，必須做好事前的準備工作，包括專書的共讀、參與相關研習及傳布相關教育新知，讓教師從認識學習共同體到醞釀想法，進而產生實踐動力。由於日本與臺灣教育現場的困境類似，都有學生從教室中逃走的現象，於是在接觸到學習共同體

後，看到將探究融入課堂學習的可能性，引發教師產生嘗試改變課程與教學的意願，最後引進學者專家指導，從共同備課開始試作學習共同體。以下詳述準備工作的內容：

1. 透過學校本位教師進修，以及教師同儕共同閱讀學習共同體專書，定期提供教師一些相關的教育新知，目的在於開展教師具有學習共同體的理念，進而引發教師思考如何推動的途徑。

2. 結合精進教學計畫，邀請有實務經驗的校外教師進行經驗分享，讓校內教師打開視野、醞釀想法。

3. 由於學生學習動機低落和輟學的學生比例高，一方面讓校內教師連結到日本教育改革的類似境況，另方面則鼓勵教師同儕先從課堂上發生的事進行專業對話，並思索如何讓學生不再從學習中逃走。

4. 看到學習共同體將「探索」融入課堂學習的可能性，引發學生願意動手去嘗試，從中獲得自信，再回頭連結到學科知識，激起教師嘗試參與學習共同體的動機。

5. 引導教師覺察課程與教學才是核心，學習共同體不能只是模仿形式（例如把學生座位排成ㄇ字形、4人一組），要讓學生產生對話，課程與教學要跟著改變才有效果。

6. 引發教師在寒假進行共同備課，並引進學者專家及有實務經驗的校外教師，指導備課階段如何操作「重理解的」課程設計。其次再引進學者專家指導，這部分先不找師範體系的大學教授，而是找綜合大學師資培育中心的教授，原因是考量到中學階段的學科取向，以及透過非傳統師範體系的模式，或許可以引發教師產生不同的思維。

7. 學習共同體強調「重理解的」課程設計，教師要進行伸展跳躍式的問題設計，很多東西都要翻轉傳統作法，真的有點困難，因此校長發現不能要求教師要一次做到定位。

8. 推動過程中，校長角色就像是「純欣賞」，讓指導教授向教師點出問題核心所在，校長反而不做任何教學上的建議。

　　太陽國中主任體認到，學習共同體強調親師生的共同學習與成長。在教師方面，學校以教師專業發展評鑑作為推動基礎，佐以專書共讀及邀請實務教師到校分享，最後再透過實際操作備課、觀課、議課及學者專家的指導，讓教師逐步熟悉學習共同體的理念和作法，減低教師的抗拒。在家長方面，則透過親師座談會，說明學校教學的轉變及評量的多元化，傳達相關理念。最後，從四個主科（英文、數學、國文及自然）著手推動，將原本考試領導教學的模式翻轉為教學領導考試，期待透過教學方法及考題的改變，跳脫原本只強調「背多分」的題型，提升學生的思考力及判斷力。

　　太陽國中教師體會到，校長一開始會先指派教師參加一些相關研習和工作坊，也安排實務教師到校實際指導如何觀課、議課，當教師對於學習共同體有了更清楚的認知後，就在校內進行試作，過程中，校長沒有給予很大的壓力。

　　綜合以上，太陽國中校長及主任都認為在推動學習共同體的準備工作上不能操之過急，事前的準備工作必須有循序漸進的鋪陳，於是行政方面從推動專書共讀和參與研習及工作坊開始，帶領教師從認識到認同學習共同體，接著透過實際操作備課、觀課、議課及專家指導，進行課程與教學革新，把學習主體回歸到學生身上，藉由翻轉教學，達到提升學生思考力及判斷力的目標。

（三）課例研究的實施歷程

　　太陽國中推動課堂學習共同體，實施情形可從課例研究三部曲（備課、公開授課／觀課及議課）來分別陳述。

1. 首部曲——備課

　　(1)由於太陽國中是規模較小的學校，相同領域的教師成員較少，且考量到個人參與意願的差異，進行備課並無固定模式，有些是採取合作模式，由觀課者設計教案，授課者自行調整修正；有些則是同儕討論出大方

向，授課者再自行做細項設計。

(2)對於沒有被觀課的課程，教師也會自行在部分課程嘗試使用學習共同體的課程設計。

(3)學習共同體的教案設計格式有別於傳統的教案格式，所以教師在參與學習共同體的工作坊時曾針對教案進行討論，而公開授課的教師就是使用當時與同儕討論的教案雛型，再配合自己實際的授課內容做細項設計。

2. 二部曲——公開授課／觀課

學習共同體的觀課乃是著重在觀察學生的學習動機、行為和結果。目前太陽國中並沒有進行觀課前的會議，觀課的教師到達教學現場時再分配觀察學生的組別，而每位觀課教師會拿到學生座位表，包含組別、編號及姓名。在觀課時，教師就近觀察一組學生，然後全程記錄該組學生的學習表現。

3. 三部曲——議課

(1)觀課的教師會分享自己觀察的那一組學生互動的情形，描述學生如何學習，包含學生的討論、參與及操作狀況，最重要的是學生的學習是否發生、如何發生、什麼時候開始發生，而授課老師亦可分享自己的教學省思。

(2)議課時只針對學生學習情形給予回饋，不對教師給予教學評價。另外，指導教授也會針對伸展跳躍問題給予教師回饋，希冀培養學生具有批判思考能力。

（四）參與試辦計畫的初步成效

太陽國中參與學習共同體試辦計畫，從一開始的鋪陳到實際推動，前後歷經大約一年多的時間，無論是教師的專業發展，或是學生的成長學習都或多或少有影響或改變。茲具體說明如下：

1. 教師的轉變

(1)教師教學能與學生生活產生比較強烈的連結性，也比較會給予學生鼓勵，就在教師一次一個重點的提示下，學生愈討論就愈起勁，慢慢產生自主學習的動力。

(2)教師從教室的主角轉換成學生學習的幫助者，教學過程看重學生的學習態度及動機，營造學習的環境，希望能引導學生產生學習的動力，並培養合適的學習態度、懂得思考，而不再只是著重成績。

(3)教師在段考的考題和評量的方式上做了改變，會加入「大概念」的題型，藉以強化學生論述的能力。評量的方式不侷限於紙筆測驗及學生的背誦記憶，希望透過搜尋資料、提問問題，引發學生更多元的想法。

(4)教師在備課時藉由討論教案及同儕的觀課，可以幫忙檢視自己教學上的盲點，進而精進教師教學能力。

(5)教師對於推動學習共同體的心態，從原先質疑擔憂到後來逐漸適應，在課程的設計上也能配合學生能力而加入自編教材。

綜合以上，太陽國中教師參與學習共同體，從剛開始的懼怕擔心到後來的用心投入，其轉變包含：觀念上從原本教師是教室的主角轉換為學生學習的輔助者，課程設計能依據學生學習需求加入自編教材，學期段考加入「大概念」的題型以引導學生論述能力，評量方式也趨向多元。最後透過共同備課、公開授課／觀課、議課三部曲，與教師同儕進行對話，裨益於提升教師教學的專業能力。

2. 學生的成長

(1) 由於教師教學方式的改變（減少講述式教學），促使學生學習興趣提高，課堂參與度增加，學習態度也跟著改變，特殊學生的脫序行為也減少了，這些正面的能量，帶動了學生對於自我學習能力的肯定。校長舉例某個班級說明，這個班有許多特殊學生，平常上課時都是經常坐不住的，甚至會離開座位走動，但公開授課／觀課當天的表現很不一樣，站起

來離開座位的次數減少了，也會想要參與課堂學習，甚至對於教師提供課堂討論的題目（剛好是自己有興趣的問題）也有反應，也會參與小組討論。

(2) 將學習共同體強調的探究、合作及表達（學習三要素）帶進課堂教學，學生會願意去嘗試思考，因為他們覺察到自己是有學習能力的，因此學生變得比較愛發問，想法也比較多元，也能學習到尊重他人及自信心，可以明顯看到學生成長，但閱讀及口語表達能力仍需要再加強。

(3) 學習共同體對於個案學生尚無顯著的影響或改變，可能由於本身缺乏學習意願及家庭背景所致。另外，學生在成績方面也尚無顯著提升。

綜合以上，相較於過去傳統的講述式教學，太陽國中在推動學習共同體後，學生的學習興趣提高，課堂參與度也增加，由於教師教學中會懂得掌握學習三要素，引導學生探究、合作及表達，因此幫助了學生重新建立學習的自信心，可以明顯看到學生成長，但現階段對於成績及個案學生的學習尚難看出成效。

（五）問題與改進建議

吳珮瑩（2014）研究指出學校推動學習共同體會面臨的問題有：理念宣導不足、共同備課時間不夠、行政和教學工作負擔重、教學年資高的教師不太適應、教師參與心態有待調整。太陽國中參與過程也遭遇到一些問題或困境，為了讓這種真正幫助學生學習的教學理念能持續推展，他們也提出改進建議。茲詳細說明如下：

1. 面臨的問題

(1) 進行學習共同體的備課階段，教師要設計出可以達成學習目標的教案和學習單，過程費時，且經常囿於有限的思考和能力，對教師來說是最大的挑戰。另外，備課時需針對不同班級的學生，設計出不同的教學運作模式，這也花費掉教師許多的心力及時間。

(2) 實際公開授課時，會耗費比較多的時間讓學生進行討論，如此一

來，教師仍會擔心教學進度落後的問題。因此，雖然校內教師也曾討論進行課程統整及刪減，但除了要凝聚教師共識外，還要考量到國中會考的需求。故大部分的教師仍舊無法跳脫對於教學進度的心理負擔，而且，學生在討論時的參與度及秩序也有待引導與提升。

(3) 教育主管機關在推動政策時，未能考量教學現場的實況，包括繁瑣的雜務、學生的狀況頻傳，使得教師雖有心參與學習共同體試辦，但易疲於奔命，容易失去熱誠。

綜合以上，太陽國中所遭遇的困難主要在於教師不熟悉運作模式、費時費力、擔心課程進度落後、學生參與度不足及課堂秩序等問題。另外，政策推動的美意，常會因為教師教學之外要處理許多瑣碎雜務及學生問題而大打折扣。

2. 改進建議

(1) 學校推動學習共同體要按部就班，先從模仿運作形式著手，讓教師教學可以一點一滴向前推進，重要的是引導教師習慣討論課程和教學，不要過度依賴教科書教學，也要回到課程綱要去思考每個單元的重點和核心概念是什麼，以及如何做延伸討論。

(2) 由於太陽國中是小校的緣故，教師們需要配課，再加上弱勢學生較多，不是每個班級都適合推動學習共同體，所以學校一開始不會冒然全面實施，否則擔心會引起教師反彈。所以學校是先從教師人數較多的四個主要領域（國文、英文、數學和自然）開始，教師有共同協調的夥伴，如此一來，教師的接受度較高，也比較容易推展。

(3) 學習共同體的實施，不是每個單元都要求撰寫教案，也不是都要做學習共同體，而是讓教師採累積經驗的方式來做，一個學期做一次比較完整的公開授課／觀課，逐步增加經驗及檔案資料，過程中也隨時在作法上做因應調整，尤其要視學校環境和學生背景來決定實施的時間進程。

(4) 學校課程活動化、活動課程化，也就是學校活動可以與課程做連

結，可以採議題式活動來結合課堂裡的學科知識，讓學生去討論和思考，並進行串聯銜接，但這些事都是在課堂上給學生時間去完成。例如生物課堂上的分組作業，可以拿到電腦課做資料蒐集，然後拿到班會課進行延伸議題討論，如此一來，原本設計的課堂分組作業就不會變成回家功課。

(5) 在議課時，應該給予教師更多的引導，以及衍生深層的提問思考，讓教師在逐步引導過程中感受到成長，進而產生動力持續做下去。

綜合上述，太陽國中省思推動學習共同體的結果，認為在程序上要放慢腳步、邊做邊修改，不要讓教師感到挫折。其次也體會到教師學習不能孤單，因為容易疲累，所以要幫助教師尋找到可以共同成長和互相打氣的夥伴。

二、月亮國小訪談結果分析

校務工作的推動有賴校長的領導、主任的籌畫及基層教師的執行，要推展一個新的教育理念和措施，更需要三方密切的合作與積極互賴。而教師在面臨教育變革時，存在著不同的立場及觀點，如何整合眾人想法並取得共識，考驗校長領導的智慧。以下闡述月亮國小參與學習共同體試辦計畫的現況歷程、初步成效、問題和改進建議。

（一）參與試辦計畫的理念或動機

校長表示自己在參加校長甄試及培訓時，獲知學習共同體是當前翻轉教學的熱門議題，雖然十分陌生，但是在正式擔任校長後就想引介這項教育新知給教師，後來在沒有任何預設立場的情況下，帶著教師共同研讀佐藤學的《學習的革命──從教室出發的改革》專書。之後聆聽佐藤學的演講，也到日本實地參訪學習共同體推動的情形，由於有了更深入的接觸和了解，也產生了一些想法，加上學校有辦理教師專業發展評鑑的經驗，於是便決定帶領教師加入學習共同體試辦計畫。

行政處室主任是校長和教師之間的橋梁，各項計畫的執行工作大多會由主任承擔。由於校長是初任校長，對於校務推動有比較新的想法，當校長想要帶領學校推動學習共同體時，主任的態度是全力配合。過程中，主任曾向校長剖析過去學校比較著重於更新硬體設施，但教師在教學方面卻缺乏對話平臺，在教室裡發生的問題經常無法獲得立即討論及解決，導致後續的問題日益嚴重。因此，主任對於學校要參與試辦學習共同體是抱持樂觀其成的態度。

至於教師方面，由於教師也認同這是對學生有所助益的，於是很快就決定加入並嘗試改變自己的教學方式。試辦一年後有兩位新進教師也因為認同而一起加入學習共同體的行列。

綜合以上，月亮國小在推動學習共同體的試辦，是先由校長導入學習共同體的理念，並帶著校內教師一起閱讀專書，接著透過校長分享聆聽佐藤學演講及日本參訪心得，引發教師對於教學想要改變的想法。在過程中，校長扮演的是一位領頭羊的角色，所以從理念的建立、推動的緣由到參與試辦的過程，均可以看出校長對於整個推動脈絡有清晰的概念，對於推動方向有完整的規劃。而月亮國小的主任及教師因為校長按部就班的引導，在對學習共同體有初步的認識後，認同其為幫助學生學習的一種教育理念，因此願意投身試辦行列。

（二）參與試辦計畫的籌畫工作

校長去日本參訪後，發現推動學習共同體的關鍵在於紮實的課例研究，唯有課程教材經過解構、再建構，方能真正落實學習共同體。此外，在國小階段國語和數學是各個年級都會教授的領域，且為各項學習的基礎，因此，校長特別邀請兩位在國語及數學領域有多年帶領輔導團經驗的資深校長來擔任諮詢委員，利用共同備課階段，親自帶領教師進行教材探究，以及深度提問設計。其次，校長到任後推動教師組成閱讀社群，帶領學生從晨讀、讀報到語文遊戲，有結構地進行深度閱讀，再回歸課文本位

進行國語教學的翻轉。數學方面邀請縣內的數學領域輔導員帶領教師將閱讀融入數學，進而幫助教師省思與覺察，如果不進行數學課本的解構，只是按照課本的例題教學，則學生比較容易產生模糊概念。第三，經過一年的醞釀，校長認為學習共同體應該還是要回歸學科知識及內涵，於是安排每週五下午舉辦學習共同體工作坊，也於每週二晨會舉辦教師專書閱讀心得分享，讓教師了解學科內涵，並透過有系統的方式引導教師增進提問和串聯技巧，進一步來幫助學生學習如何做到探究、合作及表達。第四，教師在實踐學習共同體的理念時，由於體認到思考提問的重要性，因此在社群中導入「重理解的」課程設計，希望能讓國語及數學的課程扎根，確保學生的學習成效。第五，為了爭取家長支持和認同，透過班親會，向家長傳達學校要改變教學方法及評量方式，家長大都表示贊同。

綜合以上，新竹縣為推動學習共同體，安排了一系列的研習、工作坊，也辦理觀課實作及教師經驗分享，藉以傳達學習共同體的正確理念和作法。月亮國小校內則是透過專家校長帶領、專書閱讀分享及工作坊的課程討論，逐步熟悉學習共同體的理念與操作，並對課程教材如何解構和再建構有了更完整的認識。

（三）課例研究的實施歷程

以下詳細說明月亮國小如何實施課例研究三部曲。

1. 首部曲——備課

(1) 在學期初，教師們會先針對自己任教年級的課程內容，進行課程地圖的設計並提出關鍵問題，然後利用晨會時間，共同交流、提出建議，藉由課程地圖來掌握整個課程脈絡及核心概念。後來，校長希望教師在定期評量的命題上，也能根據核心概念來設計擴散性思考的評量題目。

(2) 由於月亮國小每學年只有一班，所以教師會先依據「課程地圖」規劃妥適的教學流程，再與同年段或其他年段的教師進行共同備課，針對

教學活動及流程交換意見，希望設計出能引發學習興趣且有助於擴散性思考的教學方式。

(3) 在備課會議時，會討論公開授課／觀課的教案，並由諮詢委員引導教師如何搭鷹架。亦即由公開授課的教師會先將擬好一份教案交給諮詢委員修改，然後於備課會議時，大家再進行討論和修正。

2. 二部曲──公開授課／觀課

觀課是安排至少一位教師去觀察一組學生的學習情形，觀課夥伴是由主任事先安排沒有課的教師擔任，然後在觀課前的會議，會規劃觀察的組別及觀察焦點。另外，觀課焦點除了學生之外，為了結合教師專業發展評鑑，也會著重於教師的提問技巧、是否有行間巡視，以及如何適時給予學生引導等。

3. 三部曲──議課

月亮國小的觀課除了校內教師參與外，也會至少邀請一位諮詢委員出席，議課會安排在同一天。在議課時，會由公開授課教師先回顧自己的教學，提出教學省思及收穫，接著再請觀課教師分享自己觀察小組學生的學習表現，最後再由諮詢委員指導。由於教師願意開放教室大門，諮詢委員及教師同儕在議課時都會肯定授課教師的用心，並回饋在觀課中的所見所聞，諮詢委員也會針對課程內容給予意見，公開授課教師感受到尊重和成長，所以有時還會因為特別需求而進行第二次的觀課及議課。

（四）參與試辦計畫的初步成效

月亮國小參與學習共同體試辦計畫，一年多下來，無論是教師的專業發展，或是學生的成長學習都出現正面的影響。茲說明如下：

1. 教師的轉變

(1) 在評量部分，校長要求教師們在命題時，要有高層次的思考題目，再交由主任及校長審題，而且要寫評量後的省思。一開始教師覺得很

累且不易配合,但在執行之後,透過評量方式的改變,來修正自己的教學方式,透過評量後的省思,來檢視教學成效,教師發現對自己的教學精進真的有很大的助益。

(2) 藉由教師在週二晨會時間分享專書閱讀心得,週五下午在諮詢委員的引導下進行課程設計、討論及發表,確實啓動了校內的教師對話機制,也有助於釐清教師在教學上的盲點。

(3) 對於觀課和撰寫教案,教師心態一開始是排斥的,但後來體認到學習共同體能提升自己的專業知能,而且觀課對象的焦點是學生,公開授課內容也已經在備課時做過充分討論,於是讓參與教師感覺到壓力減輕許多,因此,比較願意開放教室,也在實際參與後獲得教學上的自信心。

綜合以上,月亮國小的教師在校長的支持、行政的陪伴,及夥伴間互助合作的氛圍中,對於公開授課和教案設計由原先的排斥到接納,再到產生教學自信,學習共同體已逐漸地融入教師教學生活中,教師的專業知能已逐步地提升中。

2. 學生的成長

(1) 學生發現到學校的考題變得比較難,但卻能考得好,且學得更不一樣。

(2) 學生的學習動機及表達能力明顯地提升,各項學習顯得更積極、有自信。這是因爲教師採用學習共同體教學後,學生變得比較喜歡來上課,且不會怯於發表。其次,學生也發覺透過蒐集資料及課堂發表,自己的學習更有成效。第三,因爲教師的引導,學生習慣使用完整的句子來回答問題,即使是中低年級的學生,也能回答高層次問題的提問。不過,目前在成績表現上尚看不出太大的差異。

(3) 經由教師引導,學生在彼此的合作互動過程,相處得更加融洽,學習上變得更有自信,更能接納別人,於是促使教師在班級經營方面更顯順暢。

綜合以上，校長、主任和教師都強烈感受到，學生因為教師在課堂上推動學習共同體之後，讓自己變得更有學習動機，懂得如何與他人合作，表達能力及學習信心也明顯提升，雖然現在尚無法在學業成績上看到顯著提升，但整體來說，學生的學習態度和動機都有正向提升。

（五）參與試辦計畫的問題與改進建議

月亮國小參與過程也遭遇到一些問題或困境，為了讓這種真正幫助學生學習的教學理念能持續推展，他們也提出改進建議。茲詳細說明如下：

1. 面臨的問題

(1) 人事的異動造成推動上的困擾。規模較小的學校在籌畫和運作過程相當費時，而且需要時間醞釀而無法太過急促，如此一來，教師勢必要在短時間內熟悉學習共同體的運作模式，期間因為遇有教師申請校外調動或主任職務輪調，實施起來就會產生銜接和調適問題。另外，學校原本出於善意邀請代課和鐘點教師參加，但後來發現無法配合或容易抱怨增加許多額外工作，反而造成學校困擾。

(2) 教師對於公開授課和觀課有心理壓力必須克服，這個問題需賴教師間的互助合作氛圍，才能給予安定的支持力量。另外，教師反映在實施時所面臨最大的問題，就是教學時間的掌控與進度的壓力。還有，教師也發現要設計高層次的挑戰題和提問技巧方面有能力上的限制，難以引發學生產生伸展跳躍的學習，此為教學上最大的瓶頸。因此主任表示未來會規劃如何提升教師這兩方面的能力。

(3) 由於學生人數少，每班人數大約 6 至 10 人，在分組協同學習時只能進行 2 至 3 人的簡單對話，較難進行 4 人分組的深入討論，此為缺憾。不過，教師也表示在過程中會儘量讓每位學生都參與課堂學習。

綜合以上，月亮國小推動學習共同體遭遇的困境，主要是人和課程的問題。小型學校教師人數少，每一位教師都是推動學習共同體的重要根

基，一旦有教師調校或新進教師加入，很多運作程序都要重來一遍，如何及早融入和適應是一項問題。另外，代課和鐘點教師因為有課務才到學校，所以對於備課（要做教材的解構和再建構）及評量設計較難配合學校要求。此外，學生人數少而無法進行有效的分組協同學習，以及教師缺乏「重理解的課程設計」能力和提問技巧能力，也是一項難題。最後，教師參與後覺得在教學上進步很多，但教師是否有持續參與學習共同體的意願仍是未來要關注的重點。

2. 改進建議

(1) 推動學習共同體要先從理念溝通、建立共識著手，邀請有實際經驗的教師分享作法，循序漸進推展下來比較能獲得教師認同和支持，切記「強摘的果實不會甜」。

(2) 教師參與過程可能會有一些紀錄表單要填寫，建議要減少紙本作業，否則就會占用師生互動時間。另外，為了讓教師能有更充裕的時間，最好可以在開學前就完成備課，以避免開學後會影響到實際教學與班級經營的進行。

綜合以上，月亮國小教師肯定學習共同體能真正幫助學生學習與成長，但希望可以減化相關表格及文件，並認為在開學前就完成整個學期的備課，推展起來會更加順暢。

伍 結論與建議

非洲有一句古諺云：「要走得快，就一個人走；要走得遠，就一群人走。」這句話道出學習共同體的重要精神，學校推動學習共同體需要校長和教師具有學習領導（leadership for learning）的概念，以提升學生學習成效作為核心和目標，引導學校教師組成專業學習社群，校長授權給教師參與學校決策和改進教學的工作，在組織目標或共同願景底下，校長和教師

都可以是「學習的專家」，能發揮專業影響力，與其他教師共同合作、相互支援與學習、一起改進教學實務，進而促進學生學習成效（Hallinger & Heck, 1996, 2010）。

　　從太陽國中和月亮國小兩校案例來看，校長能主動規劃完整的配套支持，帶動教師自發性參與，幫助教師重新從學生學習需求作爲課程設計的起始點，然後透過課例研究三部曲增加教師專業對話，願意改變教學方式和評量方法，讓課堂上有更多學生學習參與。當學生覺察到教師教學改變之後，會變得比較懂得表達和提問，而教師也會因爲感受到學生給予正面回饋，而在教學上變得更有自信。誠如鄧鈞文和林宜嫻（2013）的研究指出，教師透過對話與互信，能逐步凝聚教師學習共同體的共識。此亦符合楊振昇和盧秋菊（2013）的研究發現，教師學習共同體運作成功的關鍵在於開放態度、重視過程、尊重支持，並能營造出溫馨及互動良好的教師文化。游自達和林素卿（2014）的研究發現，學習共同體的理念與作法起源自日本，其推動有賴於互助共學的校園合作文化及專業化的教師社群，在學習共同體的理念下，共同願景的塑造、信賴共學的氛圍發展是促進教師專業成長的重要元素，此與本研究結果是不謀而合的。最後，黃政傑（2013）提醒因應不同國家的政治社會文化，對於日本學習共同體轉化到國內的實施，學校試辦學習共同體宜有更縝密的規劃設計，對於教師、學生和家長要加強溝通宣導，實施之後也要持續追蹤研究以了解學校試辦現況，作爲改進及後續推動的參考依據。

【本章內容改寫自以下之文：吳俊憲、吳錦惠、楊家惠（2015）。新竹縣中小學參與學習共同體試辦計畫之研究──以國中小各一所學校爲例。臺灣教育評論月刊，4(3)，132-157。吳俊憲（2014）。班級課室觀察及學習共同體實驗教育研究試辦計畫之研究。新竹縣教育研究發展暨網路中心委託專題研究計畫成果報告。臺中市：靜宜大學教育研究所。經作者一吳俊憲修訂後收錄於本書。】

第六章　學習共同體與教師專業發展評鑑的評述

 本章摘要

　　臺灣自 95 學年度起推動中小學教師專業發展評鑑，希冀藉由形成性、專業取向的評鑑方式來提升教學品質和學習成效。日本佐藤學推動「學習共同體」的教育理念，在近年來受到東亞和歐美許多國家的重視，在臺灣形成一股教改旋風。本章旨在評析教師專業發展評鑑與學習共同體的異同點，研究發現兩者都能符應當前「學習者中心」教育改革潮流，但是在發展脈絡、理論基礎和運作方式等方面各不相同，也對教育現場產生不同的影響。

壹 前 言

　　教育部自 95 學年度起推動中小學教師專業發展評鑑（以下簡稱教專評鑑），評鑑目的在於協助教師透過評鑑實施，蒐集師生互動教學歷程資料，再藉由教師同儕的專業對話與回饋交流，進行教學省思，進一步達到促進教師專業成長及提升學生學習成效之目標，實施迄今已逾 10 年。日本佐藤學致力於推動「學習共同體」的教育理念，在近年來受到東亞和歐美許多國家的重視和參與，親子天下在 2012 年將學習共同體引介來臺後，引發一些地方政府教育主管機關（例如新北市和臺北市）的興趣和投入其中，包括邀請佐藤學蒞臺演講和指導、推動前導試辦計畫、辦理學術研討會等，同時也吸引了許多教師主動加入，甚至有教師產業工會在臺南市積極推動教師研習和認證機制，造成一股「由下而上」的教育改革，與教育部主導下推動的教專評鑑形成對比。本研究旨在評析教師專業發展評鑑與學習共同體的異同點，從發展脈絡、理論基礎和促進教師專業成長的運作方式等方面加以評析，也了解對教育現場產生的影響。

貳 發展脈絡之評析

一、教師專業發展評鑑

　　回顧推動中小學教專評鑑的起源和發展脈絡，可追溯自 1994 年《師資培育法》公布後，師資培育的任務轉由「師範校院、設有師資培育相關學系或師資培育中心之大學為之」，至此，師資培育多元化雖然符合民主社會追求多元發展的趨勢，但是社會大眾對於師資素質提升的呼籲和需求也愈見迫切。行政院教育改革審議委員會（1995）在第一期的《諮議報告書》中，即針對「中小學師資素質之發展」提出改革建議，希冀進行教師

考核與評鑑，納入在職進修之成果與教學績效，以維持師資之素質。至 1996 年行政院公布《教育改革總諮議報告書》，已具體建議要「提升教師專業，強化教育研究評鑑」（行政院教育改革審議委員會，1996）。

　　事實上，臺灣談論中小學教師評鑑議題已有多年，教育行政主管機關試圖將教師評鑑列為教育革新的重要工作項目之一。2001 年推動九年一貫課程改革，根據課程綱要實施要點規定，各校應成立「課程發展委員會」，其任務之一在於負責課程與教學評鑑。另外，亦規定中央、地方政府及學校應分工合作，各依權責實施課程評鑑，評鑑範圍包括課程教材、教學計畫及實施成果等，藉以改進課程與教學、提升學習成效。顯見，「評鑑」已成為確保教學品質之重要途徑（吳俊憲，2009a）。

　　2001 年教育部舉辦教育改革檢討與改進會議，會中將「建立教師評鑑機制，提升教師教學績效」列入討論題綱，並建議未來配合教師法修訂，賦予教師評鑑之法源依據，以確保教育品質。2002 年 9 月召開「公立高級中等以下學校教師考核、專業評鑑與績效獎金制度改進方向」工作小組會議。其後，鑑於各方協商討論已有初步共識，同年 11 月成立「公立中小學教師專業評鑑制度起草小組」，針對建立教師專業評鑑制度、改進並提升教學績效方式加以討論，以回應社會各界對教師的期待。2003 年召開「教育部全國教育發展會議」，會中提出結論暨建議事項：「建構教師生涯進階制度，研訂教師專業評鑑辦法，以促進教師專業成長。」據此，教育部研擬「補助試辦教師專業評鑑實施計畫（草案）」，並於 2004 年 1 至 10 月陸續辦理多場的試辦說明座談會。最後在 2006 年正式發布「補助試辦教師專業發展評鑑實施計畫」，在教師法部分條文修正草案尚未通過前，依據《教育基本法》第 9 條、第 10 條及第 13 條，以及 2003 年 9 月 13 至 14 日「教育部全國教育發展會議」結論與建議事項規劃辦理，試辦計畫為期三年，並明定辦理方式為：「於自願原則下，採鼓勵學校申請試辦；試辦學校教師亦依自願方式辦理」（教育部，2006a，2006b）。後來教育部在 98 學年度將「試辦」改為「辦理」，將「實施計

畫」改爲「實施要點」，將計畫名稱更名爲「教育部辦理教師專業發展評鑑實施要點」，從此由試辦性質轉型爲常態性的推動計畫。

綜合來說，教專評鑑雖然以「評鑑」爲名，但實屬教師專業發展方案，乃是借用評鑑的方式來達到促進教師專業發展之目的。教專評鑑定調爲「教師專業發展導向」的形成性評鑑，評鑑目的旨在發現教師教學之優劣得失及其原因，輔導教師改進教學、提高教學效果、達成教學目標及提升學習成效，與「總結性教師評鑑」不同，評鑑結果不作爲敘薪、晉級、續聘教師的參考依據，而且以教師專業發展爲主軸，鼓勵學校申請試辦，教師自願參加（吳俊憲，2009a）。不過，教專評鑑也爲因應將來可能推動教師評鑑預作準備，必須培養教師具備專業評鑑的認知與能力。

分析 103 學年度國小學校參與率占 42.15%，國小教師參與率占 24.20%，國中學校參與率占 54.07%，國中教師參與率占 24.10%，高中職學校參與率占 90.34%，高中職教師參與率占 55.38%。學校及教師參與率均呈現逐年增加，只是中小學方面增加的幅度不大，反而是高中職學校自 98 學年起之後「異軍突起」，短短五年內從一成左右快速增加至九成的學校參加。不過，近年來因爲地方政府所轄學校參與教專評鑑的比例，已被納入成爲教育部統合視導的指標項目之一，因此，爲擴大學校和教師的參與率，有的縣市政府教育局（處）結合校務評鑑，要求學校教師每學年應至少公開授課一次，每學期至少參與觀課兩次並留有紀錄。有的縣市教育局（處）採自籌經費，擴大辦理校長、主任及教師宣導說明會。有的縣市教育局（處）將參加教專評鑑納入作爲教師超額調動、中小學校長及主任甄試的加分依據。如此一來，雖有鼓勵性質，卻似乎有違「自願原則」之虞。再例如教育部推動高中職優質化政策，將教師專業發展列入作爲重要考核項目之一，結果造成多數學校爲了順利通過優質化的考評，於是順勢申請參加教專評鑑，難怪乎高中職學校在最近幾年申請辦理的參與率相當高，但這又似乎也是有違「自願原則」之虞（陳幸仁，2014）。

二、學習共同體

　　日本佐藤學推動學習共同體乃是奠基於課例研究的基礎上，因此有必要先了解日本課例研究的歷史發展。課例研究乃起源於 1873 年（明治六年）師範學校附屬小學，因前一年發布《學制》新法，開啓新的班級教學方法，由於多數教師不知道如何因應，因此紛紛要求進入有經驗教師的教室進行觀課，此爲課例研究的濫觴。到二次世界大戰前，課例研究已成爲日本師資培育的一部分。二次世界大戰後，日本新學校系統成立，每一府皆成立教師訓練中心，教師諮詢者開始支持學校中的課例研究，從 1985 年起，官方正式的教師訓練系統規定，初任教師都需要在支援教師的協助下參與授業研究，至此課例研究成爲官方正式系統的一部分。後來因爲日本學生的數學和科學在國際學生評比中表現優異，關鍵原因之一乃是課例研究，於是相繼成爲美國、英國、中國大陸及新加坡等國學習的對象（方志華、丁一顧，2013）。

　　只是當這些國家正關注於課例研究如何提升學生成績和學力時，佐藤學卻針砭日本的課例研究，並致力於推動一場「學習的革命——從教室出發的改革」。他之所以「反常道而行」，乃是因爲看到日本的教育現場有超過半數的學生，隨著學年增加卻逐漸出現從學習中逃走的現象，尤其是社會底層學生學力低下的情形特別嚴重。另外，大學生學力低落，一般國民對於數學和科學根本興趣缺缺。因此佐藤學高舉改革旗幟，他認爲教育改革的目的應不在於追求高分，或是在國際學生評比上名列前矛，而是在教育過程中，能民主而平等地照顧到每一位學生（方志華、丁一顧，2013；黃郁倫譯，2012；鍾啓泉、陳靜靜譯，2012。有鑒於此，佐藤學提倡以學習共同體爲主軸，鼓勵教師以自我省思及同儕專業互動作爲成長手段，以精進教學和班級經營作爲主要成長內涵。

　　仔細深思，臺灣和許多東亞國家長期以來因爲升學競爭主義都面臨

到相類似的困境，也都積極想要找到解決之道。此外，社會環境的快速轉變，「師嚴道尊」的情景面臨衝擊，教師教學專業受到挑戰，傳統「教師中心」的教學方式必須轉向為「學習者中心」，透過學生學習結果和成效來引導教師了解自己教學的優劣得失，並從中不斷地進行教學省思及獲得成長回饋。佐藤學的學習共同體已經為此開啟了改革契機。

臺灣最早關注到日本學習共同體乃是 2011 年新北市國民教育輔導團組團赴日參訪濱之鄉小學的授業研究（陳春男，2013）。後來親子天下在 2012 年出版佐藤學的《學習的革命——從教室出發的改革》，引發廣大迴響，之後臺北市和新北市在同年派教育人員往日本參訪中小學，了解和學習如何運用課例研究，返回後開始推動學習共同體學校。由於十二年國教改革的配套需求、地方政府對教改的殷切、學者的大力推介、佐藤學著作在臺出版、中小學參訪團回臺後的成功教學示範、佐藤學本身的支持、教師自發組織的力量及國際學術研討會的舉辦，一時之間，促使學習共同體在臺灣快速傳播（方志華、丁一顧，2013）。

理論基礎之評析

一、教師專業發展評鑑

Scriven（1983）認為評鑑之目的不在證明（prove），而是改進（improve）。教專評鑑的焦點在於如何運用評鑑來促進教師專業發展，主張教師是一個有機體，具有參與、對話和省思的專業能力，因此，可以透過評鑑方式來幫助教師了解教學的優缺點，協助教師適應教育環境的瞬息萬變，並樂於接觸和學習新的教育知能，為教師生涯的永續成長提供最佳動力來源。

Beerens（2001）和 Guskey（1995）在美國提出專業成長取徑的教師專

業評鑑，基於教學是一門科學、也是藝術的平衡觀點，他們認為教師專業評鑑應聚焦在「學習者中心」，而且需要學校行政領導者與教師攜手合作實現共同目標。

　　綜言之，教學是一項複雜的活動，無法被簡化為一套可操作式的教師行為。其次，因為教師對學生的學習具有很大的影響，故教師專業評鑑的焦點要看師生互動，以及教師教學如何影響學生學習成效，然後從學生的反應回饋找出促進教師成長的動力。最後，將教師視為專業的自主學習者，學校領導者是營造教師學習與成長的關鍵人物，透過系統化、多元化的評鑑方式，提供教師完整且有意義的資料，協助教師了解自身在教學上的優缺點，檢視專業發展的過程與成果，並能促進學校革新。

二、學習共同體

　　佐藤學主張公共性、民主性與卓越性作為學習共同體的三大哲學（鍾啓泉譯，2004；鍾啓泉、陳靜靜譯，2012；黃郁倫譯，2013a，2013b，2014）。

（一）公共性哲學

　　學校是一個開放性的公共空間，為了提高學生的學習意願，讓家長、教師、學生、社區人員來參觀教學現場，不批評教學的好壞，而是使教師得以建立「同僚性」。

（二）民主主義的哲學

　　乃是基於 Dewey 定義之「與他人共生的生存方式」，必須創造出互相對話與聆聽的關係，學生同僚之間、學生及教師之間和教師同僚之間都必須協同學習。

（三）追求卓越的哲學

是指授課或學習都要盡力追求最高品質，卓越並非是指與他人比較後的優越感，而是指教師要提供最好的教育品質和教學內容，避免單調無趣的學習耗損了學生追求學習的興趣。教師在教學現場要營造聆聽與問答的氣氛，形成高層次的學習環境，並能激發學生藉由探究、合作、表達做到「伸展跳躍」（jump）的學習。

肆 促進教師專業發展的運作方式之評析

一、教師專業發展評鑑

教專評鑑的運作程序，學校推動小組與教師先討論並擬定評鑑規準和工具，然後進行教師自評和同儕評鑑（他評），同儕評鑑主要採教學觀察三部曲（觀察前會談、入班觀察、觀察後回饋會談）（參見附錄 1 教專評鑑教學觀察紀錄表）及教學評鑑製作與評量，最後撰寫綜合報告表及依據評鑑結果規劃專業成長計畫。目前教專評鑑整個制度體系已屬完整，為了培訓評鑑人員具有評鑑知能，每學年都會辦理相關研習及培訓課程，包括宣導說明會、申辦說明會、承辦主任專修研習、校長及縣市承辦人專修研習、初階培訓、進階培訓、教學輔導教師培訓等。

從推動成效上來檢討的話，張素貞和李俊湖（2014）研究中指出教師確實能透過同儕檢視自己教學問題並試圖改善，也能增進同儕討論風氣，建立分享氛圍，並形塑教師專業文化。但觀察教學發現問題後，由教師增能、改進教學，再進而看到學生學習成效的歷程，這中間已出現困境。換言之，教師確實能透過同儕檢視自己教學問題並試圖改善，但教師專業成長後如何影響學生學習並未見有適當的機制協助。丁一顧（2013）蒐集教師專業發展評鑑為主題的期刊論文 32 篇、博碩士論文 203 篇，研究指出

學生學習才是教專評鑑的核心，但資料分析結果僅 1 篇與學生學習相關的實徵研究。「他山之石，可以攻錯」，陳幸仁（2014）研究英國實施多年的教師專業評鑑，發現對學生學習成效影響不大，對教師教學成效影響不大，個人評鑑與教師專業發展的連結成果不大，對教師教學動機或生涯進階發展的影響比例不高。這是因爲同僚互評雖然比較放心，但是無法眞正地提升教學成效和學習成效。足見推動教專評鑑的過程，除了關注教師教學改善外，更應強調學生學習成效之提升，未來可致力於探討教專評鑑對學生學習的影響與效益。

其次是教專評鑑出現一個有趣現象，秦夢群等（2013）研究指出家長對教專評鑑整體成效的認同程度比教師高。教師對教專評鑑的認度程度高，但參與意願低；此外，對實施過程成效的認同度高於成果成效。此研究結果與吳俊憲（2009b）在試辦教專評鑑期間所做的研究結果相同。從試辦期間到正式推動多年下來，足見推動教專評鑑的關鍵因素之一在於教師的態度與意願，如果能促進教師的主動性，讓教師在面對教專評鑑時，能聚焦於教學過程與學習成效上，並能主動的覺察、反思和行動，才能避免教專評鑑流於形式，也才能提升教師參與意願。誠如王瑞壎（2014）研究指出，教專評鑑不應流於形式化運作或僅以參與數量（學校數和教師數）的增加作爲論斷，更重要的是學校與教師須持續省思精進教學，以學生學習爲本位爲核心。

第三，許多研究均提及影響教專推動是否順遂的關鍵因素，在於學校領導和行政運作與教師之間是否能搭起政策內涵理解及建立信任關係。例如張德銳（2013）研究指出教師在面對是否參加教專評鑑，會產生以下問題：教師對行政機關不信任、對教專評鑑方案有疑慮和不信任、孤立的教師文化不利同僚互動成長、評鑑時間不足及對評鑑知能感到不足。秦夢群等（2013）研究指出教師參與教專評鑑意願低落，原因是：「課務繁重，工作忙碌，沒有時間」、「對評鑑概念，尤其是教師評鑑有疑慮」、「並非全面性辦理，有些教師不參加，影響參加意願」。一來是因爲對政策、

對學校及對方案的不信任，二來是從教師的從眾心態來看，既然教專評鑑是「非必要」參加的選項，基於「多一事不如少一事」的心態，教師很容易就會選擇不加入。丁一顧和丁儒徵（2014）的研究更明白指出，教師是參與教專評鑑的主體，其個人的想法與態度是決定此制度推展成功與否的關鍵，研究歸納教師面對是否參加教專評鑑的個人問題在於：疑慮、排斥、壓力、缺乏信任及意願不足等，這些都是個人心理因素和情緒負面感受，如果教育主管機關和學校行政在未來能理解教師的想法和態度，扭轉教師負面的心理和情緒，並提供必要的協助、支持和引導，應能更有效且順暢地推展教專評鑑。

　　第四，教專評鑑的運作重點應符應學校本位發展與管理的理念，學校成立教專評鑑推動小組後，在運作程序上應先參酌國內學者專家所研發的教專評鑑規準（呂錘卿，2000；宋曜廷等，2009；張新仁，2004；張新仁、馮莉雅、邱上眞，2004；張德銳等，2004a，2004b，2004c；曾憲政等，2007；趙志揚等，2009；潘慧玲等，2007），或教育部及縣市政府教育局（處）公布的參考評鑑規準（教育部，2014b）自行選訂學校本位評鑑規準，然後由受評教師根據學校自行發展的自評程序及評鑑工具進行教專評鑑工作。孫志麟（2008）認爲這種「做中學」的評鑑方式有助於提升參與教師的評鑑知能。張德銳、周麗華和李俊達（2009）、趙志揚等（2010）咸認爲透過同儕評鑑的課室觀察，可促進教師教學自我省思，診斷教學上的優缺點，並能提供受評教師在班級經營、師生互動、教學方法與技巧的建議，進而提升教學成效。張德銳、李俊達和周麗華（2010）研究一所國中實施教專評鑑具有以下成效：刺激教師教學省思，提供教師自信心，促進教師彼此的討論分享，產生教學相關資料有利於校務評比之佐證。

　　值得檢討的是，過去教專評鑑在制度設計實施上，給予學校和教師相當大的彈性自主空間，包括可以決定評鑑規準、內容和評鑑方式。然而，隨著教專評鑑整個制度已趨完整後，過度管控的研習與認證制度卻可能成爲推展教專評鑑的絆腳石，甚至迫使學校和教師不得不捨棄學校本位

發展模式。這是因爲學校教師爲了順利通過取得證書，評鑑規準、內容和工具，最好採用教育部參考版才不會在審查過程中出錯。再例如來自現場教師反映，以高中職教師要取得初階證書來說，初階認證審查單位是國立高雄餐旅大學師資培育中心，但進階認證審查單位是國立臺中教育大學，兩個不同單位在認證審查上所公布的評鑑工具和內容出現差異。按理說，初階和進階應該要同一套評鑑規準、內容和工具，只是在程度上有加深加廣的區分，但因未見整合作法，造成同校教師當中，只好要參加初階認證的教師做一套，進階教師則又做另一套。再例如臺中市推動中小學「校務評鑑——亮點學校」計畫，學校教師不管有沒有參加教專評鑑，又使用另一套評鑑工具（學生學習與教師教學觀察表），直叫教師們像是「霧裡看花」而有不知所措的感受。

　　由此足見，過多的科層控制或行政主導是無法促進教師專業發展的，如果一味將教專評鑑變成縣市間或學校間的教學評比或辦學績效競賽，最終只是讓教師變成評鑑資料製造者，在形式上虛應故事，或引發教師不滿而退出。就像范慶鐘（2008）探討個案學校指出，校長爲了爭取學校在上級曝光機會，進而迎合上級承接教專評鑑，但實施後引發參與教師的質疑，不但未能提供教師專業發展的資源，也未挹注扶持教專評鑑的經費，最後逐漸引發教師不滿。誠如陳幸仁（2014）批評教專評鑑在行政人員過多的主導下，終將變成績效責任凌駕於專業自主之上，結果不但可能加重教師工作密集化的正當性，更無法眞正提升教師專業成長。秦夢群等（2013）研究指出教專評鑑的制度設計實施中最常見的問題是：「評鑑過程太重視書面檔案的整理」，以及「同一學校的同儕互評，常礙於人情，評鑑流於形式」。由此可見，未來應簡化教專評鑑的實施程序及書面作業，也要給予學校和教師更多自主發揮空間，以降低評鑑過程中產生過多的壓力和不必要的干預，讓教師在「簡單做、愉快做、分享著做」三原則下，能充分感受到參與教專評鑑對教學有實質的成長和助益，也能感受到行政方面給予的資源、支持和鼓勵（張德銳，2013）。

二、學習共同體

學習共同體促進教師專業發展，在運作程序上主要是實施課例研究三部曲。學習共同體主張教師是學習的專家，因此鼓勵教師要經常與自己和同儕進行對話交流，透過共同備課、公開授課、觀課、議課，形成教師學習共同體並創造專業成長的契機。

日本實施課例研究由來已久，對教師專業發展具有以下助益：互相觀摩中可以提升自己的專業、讓教師從觀察學生中獲得學習、在討論分享中主動建構自身知識、突顯教師主體的地位。其實施步驟有八項，說明如下：確定問題、進行課程計畫、授課與觀課、討論評估和反思課程成效、修正課程內容、實施修正後的課程、再次評估和反思、分享結果。其實施原則有四項，說明如下：不以短期立即的成績作爲改進目標、要聚焦於學生的學習改變評估、要重視教學法的改進而非教師、要在眞實教室脈絡中著手改進。其實施形式主要由自己學校教師參與，由同區教師參與，由大學教育學者或中小學教師舉辦，全國教育工作者報名參加（方志華、丁一顧，2013）。

後來佐藤學對長期以來推動的課例研究進行批判與轉化。他批判傳統的課例研究只重視科學化思維的弊病，結果造成「教學研究繁榮，課堂教學死亡」的諷刺現象，換句話說，行之多年的課例研究已出現形式化運作的問題。所以佐藤學提出以學習共同體來重新運作課例研究。他以濱之鄉小學爲例，說明學校經營學習共同體必須設計五大挑戰（黃郁倫譯，2014）：

（一）第一個挑戰是教室的改革，創造以學習爲中心的課堂，在教室裡捨棄以黑板、粉筆及課本爲中心的傳統授課方式，挑戰「活動式、協同式、反思式」的學習。

（二）第二個挑戰是爲了鼓勵教師發揮創意及保障高品質的學習經驗，實施彈性的時間編排，上午排有兩堂各 90 分鐘的課，下午的上課時

間則是每堂 45 分鐘，每堂課也可視實際需求做延長或縮短時間。另外取消朝會時間改做晨讀。

（三）第三個挑戰是將公開授課、觀課及議課視為學校經營核心工作，為了鼓勵每位教師設計符合自己個性的課堂教學，將備課份量減少，將觀課焦點置於觀察教室所發生的具體事實，以及「教師─學生」及「學生─學生」之間的互動學習關係。

（四）第四個挑戰是學校組織簡化，減少校內各種工作小組或委員會，減輕教師的行政工作負擔，讓教師能專注於教學。

（五）第五個挑戰是所有教室都要導入家長及社區人士參與課堂學習，讓學校成為家長和社區人士互相學習成長的場所。

課例研究三部曲各有其獨到之處。首部曲共同備課，重點在形成教師學習共同體，乃是教師透過集思廣益的方式，建構教師對於學科教學的理念，主要工作是在探究如何解構和再建構教材文本，並設計伸展跳躍的題目。詳細來說，就是進行以下事項：1. 運用各種資料診斷學生學習；2. 共同對整冊教材單元內容做解構及再建構；3. 對單元教學做系統性和整體性的設計；4. 對段考（期中末）評量做討論與檢討；5. 對教學實施過程及結果進行討論與修正；6. 實施公開授課後研討；7. 分享教學研究（潘慧玲等，2014）。

次部曲進行公開授課及觀課。授課教師的課堂教學歷程有三步驟：1. 導入（即準備活動，包括引起動機及複習舊經驗）；2. 開展（即發展活動和綜合活動，重在進行新概念的教學）；3. 挑戰（即延伸活動，激發學生深度思考）。過程中因師生互動而形成課堂學習共同體，教師角色不再是主要的講述者，主要工作在於：1.「聆聽」（學生的聲音）；2.「串聯」（學生的思考）；3.「返回」（教材主概念的陳述）。學生角色也不再是被動的接受者，而是要透過小組協同學習，進行互助互惠的學生學習共同體，讓學生主動參與討論、激發思考，達成共同學習的目標（潘慧玲等，2014）。

　　值得關注的是，觀課的對象為什麼是學生而不是教師？這樣的操作方式與教專評鑑有相當大的差異，但也突顯了佐藤學獨到的見解。以教專評鑑教學觀察為例，觀課人員都會做觀課記錄，作為觀課後回饋會談的依據，但由於觀課焦點大都是在授課教師身上，於是常會有教師表示在觀課後不知道可以提供什麼建議，原因是有時擔心說多了會傷害到授課教師，說得太少又會被認為太敷衍。相同地，對授課教師來說也有困擾，因為對於觀課人員給的教學建議常會感到困惑，甚至會產生無所適從的感受，「究竟教學是否有標準模式可做遵循？」例如：觀課人員認為授課教師沒有清楚地掌握教學目標，但明明在課堂上就有很多突發狀況必須立即回饋或處理，「難道要為了掌握教學目標而忽略掉一些上課的真實面貌？」

　　佐藤學認為教學既是一門科學，也是一種藝術，在真實的教室情境中總是充滿變動性的，而且教師在教學歷程中也會隨時反思和修正教學。將觀課聚焦於學生的學習是否發生而不是在授課教師身上，因此授課教師和觀課教師就不用擔心被品頭論足或因評論教學而得罪人，雙方都能採合作開放態度，更客觀且真誠地描述觀課心得（參見附錄 2 學習共同體公開觀課紀錄表）。另外，議課焦點是請觀課教師就學生學習做真實性的反映與描述（黃郁倫譯，2012；鍾啓泉、陳靜靜譯，2012），同時把握「三要原則」和「三不原則」，三要原則是：1. 要根據學習目標，討論學生學習成功和困惑的地方；2. 要分析觀課時所蒐集的資料，進行討論學生學習表現，並與教材做結合；3. 要分享自己從觀課中學到什麼。三不原則是：1. 不評價教師；2. 主席不做結論；3. 不針對特殊學生批判或指責（潘慧玲等，2014）。綜言之，佐藤學以課例研究帶動學習共同體，他重視的是活生生的社會脈絡，以及師生互動的學習歷程，而這正好轉化了原來已偏向官僚化、科學化、去社會文化的課例研究，重新將課例研究轉型成為促進教師專業發展的動力（方志華、丁一顧，2013）。

　　回顧目前國內中小學在規劃辦理學習共同體的運作策略，大都會先辦理全校的教師研習，藉以宣導、溝通及建立共識。其次，定期導讀學習共

同體專書，藉由共同對話和心得分享，幫助教師了解並釐清相關的觀念及作法。第三，鼓勵教師進行共同備課、校內公開授課、觀課及議課，藉以精進教學技巧，等到時機成熟再逐步開放給校外教師參與課例研究。

　　不過，學校推動學習共同體也會面臨以下困境或問題：1. 理論或觀念模糊不清楚；2. 共同備課的時間不夠；3. 不清楚如何做「重理解的課程設計」；4. 教師提問技巧能力不足；5. 無法克服教學進度的壓力；6. 擔心學生不會討論或過於吵雜；7. 教師同儕互動對話不夠；8. 行政支持不夠；9. 擔心家長無法認同；10. 無法全校教師一起參與（吳珮瑩，2014；姜宏尚，2014）。解決之道乃在於教師應先培養開放民主的態度，願意在教學上嘗試新的作法與變革，樂於積極追求教師專業成長。其次，要打開教室王國的大門，把教師同儕、學生、家長和社區人士都當成益友和諍友的關係，能主動聆聽並與他人透過對話進行互助互惠的學習與成長，建立親師生互相信任的學習環境。

伍　結　論

　　本研究從發展脈絡、理論基礎及促進教師專業發展的運作方式三方面分別評析教專評鑑與學習共同體，評析目的不在於拿兩者來比長較短，而是試圖分析兩者的異同點、優缺點並找到問題癥結點加以針砭，以提供教育主管機關、學校和教師在推動時，能帶著批判精神和探究態度去參加教專評鑑或學習共同體，而不只是因為從眾心態，看到哪裡熱鬧就跟著隨波起舞，也不要只是為了取得證書才加入。最後，研究者整理出表 6-1 來清楚呈現本研究的評析面向和重點內容。當前十二年國民基本教育倡導有教無類、因材施教、適性揚才及「成就每一個孩子」之教育理念，為實現此一理念需要有良善的配套作法，教專評鑑與學習共同體都是能促進教師專業發展的教育改革方案，都能導引教師教學省思及改進教學，也都能強調

提升學生學習成效，符應當前「學習者中心」教育改革潮流。但目前在國內似乎是由兩個不同的組織群體在各自規劃、推動和參與，未來期許兩者可以進一步做互相融合、互補優劣得失，並且更緊密地聚焦於課堂教學實踐和學生學習成效的影響評估，以期發揮更大的效益。

表 6-1　教專評鑑與學習共同體之評析重點

相同點		
·都是促進教師專業發展的教育改革方案，都能導引教師教學省思及改進教學 ·都能強調提升學生學習成效，符應當前「學習者中心」教育改革潮流		
相異點		
	教專評鑑	學習共同體
發展脈絡	·1994 年公布《師資培育法》，師資來源多元化後衍生素質發展的課題 ·1996 年發布《教育改革總諮議報告書》，主張強化教育研究與評鑑 ·2001 年推動九年一貫課程改革，重視課程評鑑 ·2001 年舉辦教育改革檢討與改進會議 ·2002 年召開公立高級中等以下學校教師考核、專業評鑑與績效獎金制度改進方向會議 ·2003 年召開全國教育發展會議 ·2006 年發布「補助試辦教師專業發展評鑑實施計畫」 ·2009 年修正發布「辦理教師專業發展評鑑實施要點」，從此成為常態性政策	·起源於 1873 年（明治六年） ·二次世界大戰前，課例研究成為日本師資培育的一部分 ·1985 年起，課例研究成為官方正式系統的一部分 ·因日本學生的科學和數學在國際評比中表現優異，致使課例研究傳播到歐美等國 ·評析：佐藤學針砭日本傳統的課例研究，致力於推動一場名為「學習的革命」之學習共同體

	・評析：學校及教師參與率逐年緩慢增加，近幾年中央和地方政府為擴大參與率，將教專評鑑和相關政策或措施綁在一起，引人質疑可能有違「自願原則」之虞	
理論基礎	・Scriven（1983）認為評鑑之目的不在證明，而是改進 ・Beerens（2001）提倡專業成長取向的教師專業評鑑途徑，評鑑重點聚焦在「學習者中心」，而且需要學校行政領導者與教師攜手合作實現共同目標	・公共性哲學 ・民主主義的哲學 ・追求卓越的哲學
實務運作	・主要運作程序：自評、他評（教學觀察前會談、入班觀察、觀察後回饋會談，或教學檔案評量）、綜合報告暨成長計畫 ・評析：太過於關注教師教學技術的改善外，未來應更加強調學生學習成效的提升，尤其要探究教專評鑑對學生學習產生多少影響與效益 ・評析：家長對教專評鑑整體成效的認同程度比教師高，但教師對教專評鑑的態度程度高，參與意願卻低落，這說明了教專評鑑的推動方式可能太偏重於增進教師具有評鑑知能，卻忽視了教師參與的態度與意願，未來除增加參與誘因外，最好能啓動教師的主動性，如	・主要運作程序：實施課例研究三部曲（共同備課、公開授課／觀課、議課） ・評析：佐藤學批判傳統的課例研究只重視科學化思維的弊病，造成「教學研究繁榮，課堂教學死亡」的諷刺現象，所以重新提出以學習共同體來運作課例研究 ・評析：共同備課的重點在形成教師學習共同體，主要工作是在探究如何解構和再建構教材文本，並設計伸展跳躍的題目 ・評析：公開授課的課堂教學歷程著重三步驟：1. 導入、2. 開展、3. 挑戰；過程中因師生互動而形成課堂學習共同體，教師主要工作在於：1. 聆聽、2. 串

此也才能避免教專評鑑流於形式 · 評析：影響教專評鑑是否順遂推動的關鍵因素，在於校長、行政同仁與教師之間是否能搭起政策內涵理解及建立信任關係，建議行政規劃程序要讓教師容易理解、容易操作，提供必要的協助、支持和引導，並扭轉教師負面的心理和情緒 · 評析：教專評鑑的運作程序應符應學校本位發展與管理的精神，過去教專評鑑在制度設計實施上，給予學校和教師相當大的彈性自主空間，包括決定評鑑規準、內容和評鑑方式；現今教專評鑑制度已趨完整後，過度管控的研習與認證制度卻可能成為推展教專評鑑的絆腳石，並迫使學校和教師捨棄學校本位發展模式，未來應降低過多或不必要的干預 · 評析：過多的科層控制或行政主導無法促進教師專業發展，教專評鑑不應變成縣市間或學校間的教學評比或辦學績效競賽，否則只是讓教師變成評鑑資料的製造者，或在形式上虛應故事，或引發教師不滿而退出	聯、3. 返回；學生主要是透過小組協同學習，形成互惠的學生學習共同體 · 評析：觀課聚焦於學生的學習是否發生而不是在授課教師身上，不用擔心被品頭論足或得罪人，雙方都能採合作開放態度，更客觀且真誠地描述觀課心得 · 評析：議課焦點是請觀課教師就學生學習做真實性的反映與描述，同時把握「三要原則」和「三不原則」 · 評析：學校會先辦理全校的教師研習，藉以宣導、溝通及建立共識，然後進行定期導讀學習共同體專書，以了解並釐清觀念及作法；接著就是鼓勵教師進行共同備課、校內公開授課、觀課及議課，藉以精進教學技巧，等到時機成熟再逐步開放給校外教師參與課例研究 · 評析：1. 學習共同體的理論偏向於教學的哲學觀，比較抽象難懂；2. 共同備課的時間不夠；3. 不清楚如何做「重理解的課程設計」；4. 教師提問技巧能力不足；5. 無法克服教學進度的壓力；6. 擔心學生不會討論或過於吵雜；7. 教師同儕專業對話不足；8. 行政支持不夠；9. 擔心家長無法認同；10. 無法全校教師一起參與

【本章內容改寫自以下之文：吳俊憲（2014）。教師專業發展評鑑與學習共同體之評析。新竹縣教育研究集刊，14，39-60。經作者修訂後收錄於本書。】

第三篇

翻轉教學策略的課堂實踐案例

第七章　翻轉教室應用於國中英語教學案例

 本章摘要

　　本章旨在探討如何規劃及實施「翻轉教室」應用於英語教學，探究案例班級的整個教學實施歷程、面臨困境與因應及學生學習行為改變。研究設計採行動研究，研究結果如下：一、翻轉教室應用於國中英語教學實施的可行性高；二、教學實施會面臨到少數學生不預習，或少數學生未能積極參與教學活動的問題；三、教學實施有助於提高學生參與度，以及提升解決問題的能力。

壹 前言

　　教育部自 103 學年度起推動十二年國民基本教育（以下簡稱十二年國教），各界關心的焦點在於免試入學方案、就近入學方案、是否採計在校成績、超額比序辦法、國中教育會考、特色課程特色招生，關注的仍是「分數」與「排序」，卻忽略了如何完成「提升中小學教育品質」、「成就每一個孩子」、「厚植國家競爭力」的教育願景。令人深思的是：為了提升教育品質，教師教學方法勢必要創新，只是教師做好準備了嗎？為了成就每一個孩子，學生學習態度勢必要改變，只是學生做好準備了嗎？為了厚植國家競爭力，教育改革政策勢必要訂定配套措施，只是政策做好準備了嗎？

　　十二年國教課程綱要總綱於 2014 年 11 月頒布，其中揭櫫了課程發展本於全人教育的精神，以「自發」、「互動」及「共好」為理念，強調學生是「自發主動」的學習者，學校教育應善誘學生的學習動機與熱情，引導學生妥善開展與自我、與他人、與社會、與自然的各種「互動能力」，協助學生應用及實踐所學、體驗生命意義，願意致力社會、自然與文化的永續發展，共同謀求彼此的互惠與「共好」（教育部，2014a）。再者，在總綱內文「柒、實施要點」中提到關於教學模式與策略：「教師應依據核心素養、教學目標或學生學習表現，選用適合的教學模式，並就不同領域／群科／學程／科目的特性，採用經實踐檢驗有效的教學方法或教學策略，或針對不同性質的學習內容，如事實、概念、原則、技能和態度等，設計有效的教學活動，並適時融入數位學習資源與方法。」以及「為能使學生適性揚才，教師應依據學生多方面的差異，包括年齡、性別、學習程度、學習興趣、多元智能、身心特質、族群文化與社經背景等，規劃適性分組、採用多元教學模式及提供符合不同需求的學習材料與評量方式等。」（教育部，2014a）由上可知，此次教育改革重點在於如何

推動整體教育現場的「革新」，如何在課堂實踐「學習者中心」（learner-centered）的教學方式，進而培養學生自主學習、團體共學的素養。

　　只是身為一名中小學教師，要如何做到上述的教育理想？研究者（作者二為實際教學者）擔任國中英語教師已逾 11 年，經常發現在一個班級中，學生的英語能力差距愈來愈懸殊，呈現雙峰現象，也考驗教師教學能力。有些程度好的學生覺得課堂裡無聊枯燥，有些不喜歡英語的學生早就放棄學習，只好在課堂上放空思緒，或是和同學聊天、玩耍，干擾課堂的進行。每當問起學生為何放棄學習英語的理由，最常聽到的是：「老師說老師的，我還是聽不懂。」著實令人感慨。另外，教師以往大都採講述式教學，原因是可以快速達到教學目標，只是卻也陷入「教學」、「小考」、「檢討」、「再小考」、「再檢討」的循環教學模式。於是，令研究者開始反思：學生有必要每個單元的所有內容都需精熟嗎？教師「教完」等同於學生「學會」了嗎？

　　傳統的國中教室，是「上對下」的教學，教師是教學的主導者，所以只能「你聽，我說」。教師最重要的使命，就是每天去教室上課講給學生聽。這樣的情形長期下來演變成「一個班級，兩個世界」，教師說教師的，學生聽學生的，師生間缺乏互動，如果有學生跟不上進度就會發呆或從事和課程不相關的活動，更嚴重的甚至會干擾到教師教學進度。傳統的教室，是「填鴨式」的教學，教師給什麼課程內容，學生只能「被動」接收。因為是被動接收、單向學習，所以學生沒有選擇權，也不知為何而學，自然也就缺乏學習動機和興趣。長期下來，造成教師只須按照教學進度，關注學生學習是否達到精熟，結果讓學生停留在低層次學習（例如記憶和理解），而無法導向高層次學習（例如應用、分析、評鑑和創造）。

　　基於上述，研究者期許自己能將學習的主導權還給學生，將教師角色由知識的「教導者」轉型為學習的「引導者」，因此選擇「翻轉教室」理念與「英語教學」相結合並進行教學行動研究，希冀在行動中實踐理念。因此，本研究目的有三：

一、應用「翻轉教室」理念，規劃國中八年級英語教學之課程內容。

二、探討應用「翻轉教室」理念進行英語教學時，可能面臨之困境與因應方法。

三、探討應用「翻轉教室」理念進行英語教學時，學生課堂行為的改變情形。

貳　翻轉教室的意涵與發展

一、翻轉教室的意義

近年來，「翻轉」在教育界成為一個熱門的語詞，親子天下在2013年出版《翻轉教育：未來的學習，未來的學校，未來的孩子》，是國內第一本介紹翻轉教育的書籍，爾後在2014年出刊《翻轉教育2.0：動手做，啟動真實的學習》、《翻轉教育》特刊及《翻轉教育實戰指南》等，為國人引進翻轉教育的概念和參考作法（親子天下雜誌編輯部，2013，2015；何琦瑜等，2014）。

然而，「翻轉教室」的定義至今相當分歧，有的人稱它是翻轉課堂（flipping class）、翻轉方法（flipped approach）、翻轉模式（flipping model）、倒轉教學（reverse instruction）、翻轉學習（flipped learning）、反轉教室（inverted classroom）、反向教學（backwards classroom），有的人則稱為混合式學習模式（blended learning model）（黃政傑，2014）。為了避免理解上的困難或造成概念混淆，本研究通稱為「翻轉教室」。

所謂「翻轉」乃是有別於「傳統」的模式，傳統的上課模式大都是：教師在課堂中教授課程內容，學生回家再做作業，而翻轉教室則是：學生回家先預習教師在課前提供的教學內容，然後再到課堂上做討論或寫作業。換言之，翻轉教室逆轉了傳統課堂的教學運作模式；其次，翻轉教室改變了教學的「時間」與「空間」，教學時間可以延伸到放學的課後時

間，空間也從課堂延伸到學生家裡，讓學習不受「時間與空間」的限制。

　　翻轉教室的出現可以說是爲了解決傳統教室裡的教學困境。因爲傳統的課堂教學是學生帶著一張白紙到教室來聆聽教師講課，因此，教學運作經常是學生未做課前預習，在課堂中期待教師做逐步且精細的教學或演示，然後進行課堂中的練習及課後複習，以因應課後作業或考試；這可謂是以「教師爲中心」的教學模式，演講或獨白式的講述占據了大部分的教學時間，每堂課雖有固定的課程內容和進度，學生只是被動接收知識，師生缺乏足夠的互動，而且教師也無法關注每位學生的學習情形，更無法給予個別化的指導。

　　翻轉教室則是倒轉上述的教學模式，由教師事先預錄課程部分內容，讓學生於課前上網觀看做預習，學生進入教室後就針對預習的課程內容直接做提問與討論。在教室中，教師可以有更充足的時間去引導學生進行課本重點的深度討論，援引更多課外實例分析或補充教材，或從事需要花費較多時間去動手操作或合作性質的學習活動，甚至直接進行作業討論與實作練習。換句話說，實施翻轉教室的教師不進行課堂精細教學，而是引領學生於課前自主學習，等到學生進入教室後就可以進行討論練習或相關學習活動，進而培養學生具有問題解決、探究思考、協同合作、溝通表達等能力，尤其增進學生自主學習的積極性。下表 7-1 是傳統教室與翻轉教室的比較：

表 7-1　傳統教室與翻轉教室的比較

	傳統教室	翻轉教室
焦點	以教師為焦點 （我如何呈現資訊給學生）	以學生為焦點 （我如何幫助學習者獲得資訊）
重視	重視知識的學習	重視動機、參與、專注等情意
能力	較重視低層次認知能力的學習 （例如：記憶和理解）	較重高層次能力的學習 （例如：應用、分析、評鑑和創造）

	傳統教室	翻轉教室
課堂風景	內容驅動教學	活動驅動學習
	重結構及秩序	重彈性和動態
教師位置	教師在臺上講解	教師在學生旁邊指導
課堂時間	講解教學用掉大部分或全部課堂時間	全部或大部分課堂時間用在非聽講式的學習
上課內容	內容由教師決定	內容由師生決定
教師角色	教師是呈現資料者	教師是學習促進者
溝通方式	單向溝通方式	多向溝通方式
主、被動	教師主動，學生被動	師生雙方均主動
效率與效能	講求教學的效率	重視教學的效能
適性	教學未能適性	較能適性教學

資料來源：修改自黃政傑（2014）。翻轉教室的理念、問題與展望（頁168）。臺灣教育評論月刊，3（12）。

二、翻轉教室的發展

　　最早致力於發展翻轉教室（flipped classroom）研究工作的是美國哈佛大學的物理系教授 Mazur，他為了要解決傳統教學只注重知識傳遞而忽略知識吸收與內化的問題，在 1990 創立了同儕教學法（Peer Instruction），讓大學生在上課前先預習課程內容並在線上回答問題，然後返回課堂中和同學討論，最後使用行動載具再次回覆答案，Mazur 發現許多學生在經過同學討論後會選擇較正確的答案。累積多年的教學經驗後，Mazur 在 1997 年出版《同儕教學的使用者手冊》（*Peer Instruction: A User's Manual*），他將此法運用在物理教學，透過討論使學生參與課堂活動，成為積極的思考者，澈底解決傳統講述式教學的問題，讓知識的流動變成雙向的，增進

師生間的互動，也促進學生間的交流。Mazur 認為教師的角色可以從「演講者」變成「教練」，從「傳授者」變成「指導者」。教師的作用在於指導學生進行合作學習，促進學生對知識的吸收內化（Mazur, 1997）。

　　不過，翻轉教室廣為人知乃是因為 Salman Khan 的「可汗學院」（Khan Academy, 2009），當時他在美國讀書和工作，為了解決親戚子女的數學問題，他將解題過程及教學內容錄製下來放到 YouTube，讓他們能不受時空影響進行學習，他之後專職在 YouTube 並將教學錄影擴大至其他學科和教學內容，提供多達 4,000 部涵蓋數學、理化、生醫、金融、歷史、公民、天文學、美術史、經濟學、電腦科學等教學影片，影響到全球各地都有教室和學生在使用這些自學教材，也改變人們的學習方式。

　　而最典型的翻轉教室起源於 2007 年美國科羅拉多州洛磯山林地公園高中（Woodland Park High School, Colorado），化學教師 Bergmann 與 Sams 為了解決同學缺課的情形，開始使用螢幕擷取軟體錄製 PowerPoint 簡報與講解旁白。他們先將預錄好的影片上傳到 YouTube 網站，讓學生自行上網瀏覽學習。結果發現這種教學模式的效果相當好，於是開始改採讓學生先在家裡觀看影片講解，再設計課堂互動時間來完成作業，結果獲得學生極佳反應。兩位教師彙整多年的教學心得，證實在運用「翻轉教室」教學後，學生的課堂互動增加，教學時間管理更有彈性，不論是進度超前或是落後的同學都能得到適當的關注，遂將此教學模式定名為「flipped classroom」，自此翻轉教室模式迅速在美國的幼兒園至高等教育階段擴散開來（黃瑋琳譯，2016；Bergmann & Sams, 2012）。

　　綜合上述，翻轉教室重視課前的預習，學生在家自由運用時間，使用紙本、觀賞教學影片、聆聽課文朗讀 DVD 或線上查詢單字等不同形式的學習資源做個別化的學習。在課堂上，老師針對學習的迷思概念設計課程與學習任務，學生以小組合作的方式進行學習，教師則在各組巡視，回答學生的個別問題，緊接著對於教師提出的學習任務由小組共同發表、其他同學對於該組發表的成果給予回饋或是評價（鼓勵）。學習的焦點由教師

轉為「學生」，同時教師從在講臺上講解變成在學生旁邊指導，是學習的促進者，能提供較適性化的教學。在課堂後段，老師對課堂學習內容加以綜合整理，總結重點或提出建議後，指定下次上課的課前預習內容。

 ## 翻轉教室在美國和臺灣的實踐案例

一、翻轉教室在美國的實踐案例

美國科羅拉多州的林地公園高中堪稱是翻轉教室的起源地。2007 年該校兩名化學教師 Bergmann 和 Sams 想出為學生錄製線上教學影片的方法。起初，這只是為了一些耽誤上課的學生而準備的講解，但教師很快就意識到，用影片來複習和加強其課堂教學亦能讓所有學生受益。於是兩人就做出翻轉教室的開創性實踐案例。令人注意的是，這套翻轉教室的學習方法並不單單是影片起了什麼大的作用，而是可以讓教師有更多時間給予學生個別關注，並建立起更緊密的師生互動關係，進而更好地觸發了學生學習動機（Staff Writers, 2011）。

2011 年秋天，明尼蘇達州斯蒂爾沃特市石橋小學啟動了數學翻轉教室實驗計畫。五、六年級的學生可以按自己的學習進度在家裡觀看 10 到 15 分鐘的教學影片，之後會接受 3 到 5 個問題測驗，檢核他們是否理解教學內容，測驗結果會即時回饋。然後教師則使用 Moodle 數位平臺來追蹤學生在家學習的過程，以便了解哪些學生看完影片並做了測驗，並能及時對測驗結果給予回饋。參加此項計畫的教師相信不同程度學生都有個別化的學習需求，而翻轉教室適能幫助他們學得更好（Staff Writers, 2011）。

同一時間，德州高地村小學也有許多教師開始嘗試應用翻轉教室來教學，他們鼓勵學生攜帶科技工具進入教室，包括電子書、平板電腦和智慧型手機等。他們另外還設置「星巴克教室」，亦即傳統教室中排列整齊

的課桌椅消失了，取而代之的是圓桌、舒適的沙發和軟墊椅子及一整排電腦。校長談及這個構想來自學生，他們希望在教室中可以有更輕鬆的學習，希望擁有類似咖啡館的氛圍。這種新風格的教室是德州路易斯維爾學區努力設置創新學習環境的一部分，學生表示相當喜歡在這樣的環境中學習，而且學習表現也更佳（Staff Writers, 2011）。

　　柯林頓戴爾高中嘗試使用兩個班級進行了兩年的翻轉教室教學，由於成效頗佳，於是校長便在全校推廣翻轉教室教學模式。學生在家觀看教師錄製的 5 至 7 分鐘的教學影片，做筆記並寫下遇到的問題。然而回到課堂上，教師會重點講解多數學生有疑惑的概念，並把課堂上大部分時間用來輔導學生進行討論或練習，並針對學生作業給予及時回饋。另外，學校還解決了部分學生在家無法上網的問題，於課前、課後分別提供學生可以使用一個小時的校園電腦和網路，或是讓學生可以使用智慧型手機上網觀看影片。在實施一年後，學生的學業成績大幅提高，在 165 名高一新生中，只有 19% 的學生英語不及格，而原來不及格比率一直在 50% 以上。數學不及格比率從 44% 降至 13%；另外也發覺到學生學習減少了挫敗感，增加了自信心，行為違規事件也跟著大幅下降。這所底特律的郊區學校曾是聲譽最差的學校之一，卻因此而大大地翻身（Staff Writers, 2011）。

　　在馬里蘭州波托馬克市的布里斯學校實施 AP 課程（Advanced Placement，指的是大學先修課程），其中的 AP 微積分課程因為採用了翻轉教室教學而產生令人意想不到的教學效果，即學生提前一個月就完成課程，AP 考試得到滿分的學生人數明顯增加。此突顯以下特色：教師花時間在課堂上的講解很少，反而更加幫助學生輕鬆理解往常難以掌握的微積分核心概念，並完成學習更多的 AP 考試內容。老師會跟學生說：「最好是你能自己解答學習問題，如果不能，再向你的學習夥伴請教，最後才是向老師求教。」此外，學生利用教學影片來學習的優點是可以隨時暫停，以便有時間可以做筆記和思考，而概念混淆時還可以重播，考試之前能夠再重複觀看部分重點來進行複習（Staff Writers, 2011）。

　　密西根州的東急流城高中是一所大學預備學校，翻轉教室教學模式在該校相當盛行。採用這種教學方式的 AP 生物學課程讓教師有更多時間與學生在進行科學實驗時做互動，而不像以前在課堂上為了完成進度而忙碌講課。原本要花費 40 分鐘做的課堂講解，可以壓縮在 10 至 12 分鐘的教學影片中，讓學生在家裡先觀看教學影片後，寫一些簡要的學習重點，並進入 Google 平臺上做測驗、回答問題。老師再根據學生的作答情況來準備隔天上課所需的教學材料。不過，採用這種教學方式經常會遇到的問題是：教師要花費更多時間做備課，要想辦法讓學生在學習上有負責任的態度，例如若有學生在課前不觀看教學影片就會讓學習效果大打折扣（Staff Writers, 2011）。

　　在德克薩斯州達拉斯地區的一所生活學校，有位任教 13 年的老師在不同班級裡實施區別化的教學翻轉。這是因為他同時任教於普通班和資優班的化學課，他發現翻轉教室教學能讓不同程度的學生都受益良多，也為教學提供了多樣的可能性。實施下來的優點有：（一）師生有大量時間進行討論、實驗、互動等課堂學習活動，老師也有更多時間解說化學如何應用在日常生活中；（二）翻轉教室可以進行區別化教學，普通班學生可能會需要在基本知能上多加解說，而資優班學生則可以有更多時間操作實驗和自主學習；（三）翻轉教室還能幫助教師有效評估每個學生的學習結果，實現真正的個別化學習之目標（Staff Writers, 2011）。

　　加州河畔聯合學區推行的翻轉教室，其最大特色是採用 iPad 的數位化互動教材，融合了豐富的媒體材料，包括文字、圖片、3D 動畫和影片等，還可結合筆記、交流與分享功能。與其他地區教師透過自備影片和教學材料的翻轉教室教學相比較之下，互動式教材更能節省教師的備課時間，也更加吸引學生投入學習（Staff Writers, 2011）。

　　從上述美國學校的實踐案例中可知，翻轉教室教學是教師預先將課程的內容錄製成教學影片，並將學習重點規劃在 15 分鐘內加以呈現，讓學生在家先觀看影片，然後將有疑問的地方記錄下來，也可以接受線上測

驗。在課堂上，再由教師進行針對學習的迷思概念進行澄清、實驗和討論並給予回饋修正，實施效益讓學生學習有明顯的進步（黃瑋琳譯，2016；Baker, 2000；Bergmann & Sams, 2012, 2014；Khan Academy, 2009）。

二、翻轉教室在臺灣的實踐案例

　　2014 年 1 月 25 日在國立臺灣大學舉辦了一場「翻轉教室工作坊」，讓葉丙成與張輝誠成為臺灣推動翻轉教室的發靭者。同年 9 月 28 日在臺中市明德女中舉辦一場以翻轉教室為主題的教師研習，共有 2,236 位教師自主參與，使得翻轉教室成為重要的教育議題。

　　葉丙成現任教於國立臺灣大學，他是國際線上教育平臺 Coursera 第一位華文授課的大學老師。他所帶領的團隊自行開發多人線上競技遊戲「PAGAMO」，讓學生熱衷學習「機率課」，兩岸三地共有超過兩萬人選修這門課。而在國立臺灣大學的實體課程中，葉丙成採用翻轉教室的教學模式，大大地提升學生學習成效，其教學理念是「by the students, for the students, of the students」，因而讓他自創出 BTS 教學法（葉丙成，2015）。張輝誠現任教於臺北市立中山女子高級中學的國文科教師，他創發出「學思達教學法」來進行教學翻轉，製作以問題為導向的講義，採用小組間「既合作又競爭」的學習模式，將學習的主導權還給學生，教師轉型變成課堂裡的引導者。自 2013 年 9 月起，張輝誠每節課都開放教室讓其他教師觀課，影響許多教師加入翻轉教室的行列（張輝誠，2015）。

　　財團法人誠致教育基金會於 2012 年 10 月創建「均一教育平臺」，其目標是透過新科技——雲端線上教育平臺，結合翻轉教室教學來提供「均等、一流」的啟發式教育給每一位學生。均一教育平臺的四大特色是優質的教學短片、互動式練習題、徽章制度、完善的教練功能。至 2015年 4 月止，有超過 180,000 個使用者，使用的教育階段涵蓋小學到高中，每週約有 20,000 個使用者在線上進行學習，目前平臺上有 7,000 部影片與

10,000 個練習題，包含數學、自然（物理、化學、生物）、社會（公民、地理）、藝文科、英文等。均一教育平臺也是「中小學磨課師（MOOCs）試辦」唯一使用的一個免費、開放的平臺。全臺灣約有 1,000 個班級在使用，從都市型學校到偏鄉學校皆有教師利用其內容來進行教學翻轉。透過線上教學短片，可以讓學生按照自己的步調學習。在消化知識後透過互動式練習題可以獲得及時回饋，達到精熟學習。為了鼓勵學生，在觀看影片、回答練習題時，學生的能量點數會累積，然後就有機會獲得徽章作為獎勵。學校教師與家長亦可透過「教練功能」來了解學生的學習情形，在學生遇到學習困難時可以適時介入協助。

肆 課堂案例研究設計

一、採取行動研究的理由

　　行動研究主張研究者即教學者，從「實務」的觀點而言，研究者在真實的教育情境中發現問題，透過「行動」擬定問題解決策略，並進行「研究」，改進實務工作所面臨的困境。因此，教師就是研究者，經由計畫、執行、省思與調整的過程解決教育問題，達到專業成長，正是說明了「反省」和「專業」是行動研究和一般的研究不同之處。由於研究者（作者二為實際教學者）每天面臨實際的教育情境，發現班級中有待解決的教學問題，想要改善學生的學習情況，行動研究是最直接且最快速的方法，因此，本研究決定採用行動研究，一方面研究者能「教學專業自主」設計課程，並且在實施教學後進行檢討與省思；另方面藉由教學方式的改變可以增益研究者的教學知能，更進一步能解決教學實務問題，增進教師專業成長。

二、研究場域與對象

　　研究場域是教學者所任教的臺中市「陽光國中」（化名），成立至今已 55 年，全校共 62 班，學生數約 1,700 人，校風敦厚、辦學績效卓越，故常吸引到跨區就讀的學生，接近學生總數的三分之一。學區內家長社經地位雖有落差，但普遍來說都對子女的教育相當關注，對子女在學業上有很高的期望，對於學校事務也多能投入協助。只是，因為家長十分看重子女的成績，因此教師除了教學認真，也對學生學習上的要求偏高，容易導致學習壓力大。另外，由於教師教學多以「考試」為導向，以英語課為例，幾乎都是教師講述為主，學生學習目的就是為了應付考試、獲得高分，結果反而讓許多學生對於英語感到恐懼，導致有些學生乾脆放棄、逃離學習。

　　研究對象為陽光國中八年綠地班共有 28 名學生，男生 14 名，女生 14 名。該班學生的學業成績表現呈常態分配，沒有需要到資源班上課的學生，只有一名學生經鑑定結果接近學習障礙。教學者為該班導師與英語教師。學生在生活常規上有良好表現，在課業成績總排名也是同年級 20 個班級裡的第三、四名，家長對於導師的班級經營與教學能力都持肯定。

三、研究實施流程

　　研究期程為 2015 年 2 月至 12 月，在八年綠地班中存有英語學習的雙峰現象，學生程度差異大，教學者自省後發覺，自己慣用單向式的講述教學，造成知識強塞和灌輸，結果學習動機始終無法提升。為了改進上述情形，採取行動研究，規劃應用翻轉教室融入國中英語八年級上學期的課程，試圖改善學生課堂學習行為。課程實施過程分為前期與後期。前期目標在於引導學生能適應翻轉教室的學習方式，教導學生課前預習和配合預習的方式，在課堂上引導學生進行對話練習、文法練習，摘記課文重點句

或心得分享，課室觀察重點置於全班學習氛圍及小組合作學習的情形。後期目標在於持續進行翻轉教室教學，以觀察班級裡的四位焦點學生為主，並檢視焦點學生課堂行為的改變情形。

四、教學活動設計

班級裡有一位英語學系的教育實習生，實習生的教學演示日期排在11月，教學單元是第六課，為了幫助實習生累積教學經驗及培養其與學生間的默契，從第五課習作開始便交由實習生進行全英語教學，倘若學生遇到理解困難則改採20%的中文講課。由於學生第一次接觸全英語教學需要時間適應，所以第六課的教學時間為2週，其餘第四、五課為1週。另外，第六課與日本飲食文化相關，為了要增加學生的國際觀與文化素養，特別邀請靜宜大學外語教學中心主任、助教和8位外籍學生到課堂上來進行「文化交流」課程。由於課程實施期間安排許多課堂活動會造成時間不足，因此在進行第二次段考複習前加入一週的紙筆測驗，期能兼顧學生的學業成績，讓學生在活動後能靜心下來準備段考評量。研究進行7週的教學活動，教學進度規劃見表7-2。

表7-2　翻轉教室應用於國中英語教學進度表

週次	日期	課程名稱	教學重點
8	10/19～10/23	Lesson 4: I Was Sleeping When You Called	1. 藉由做夢的描述，進而認識與夢相關的世界兒童名著《愛麗絲夢遊仙境》 2. 會詢問並回答個人與他人過去特定時間正在進行的動作或活動 3. 學會使用過去進行式 4. 能使用連接詞 when 描述兩件同時發生的動作或活動

週次	日期	課程名稱	教學重點
9	10/26～10/30	Lesson 5: What Do You Plan to Do?	1. 體會助人、愛地球的重要性 2. 學會以不定詞作為特定動詞的受詞 3. 學會以不定詞作句子的主詞 4. 學會以虛主詞 It 代替不定詞開頭的句型 5. 熟習動詞 help 的用法
10	11/02～11/06	實習老師開始全英語教學 L5 習作 Lesson 6: My Mother Enjoys Baking	全英語授課 動名詞
11	11/09～11/13	Lesson 6: My Mother Enjoys Baking 11/11 進行「文化交流課程」 11/13 製作感謝函贈予「靜宜大學外語中心」	1. 了解不同國家的飲食文化 2. 學會使用含有動名詞為主詞或受詞的句型 3. 能熟習「介系詞 + V-ing」的用法 4. 文化交流 5. 感恩回饋
12	11/16～11/20	11/17 實習生教學演示 11/18 進行對實習生的回饋 11/20 Lesson 6 課程總結	
13	11/23～11/27	Lesson 4～6 段考範圍進行測驗卷評量	紙筆測驗
14	11/30～12/04	Review 2（Mid-term）	複習（第二次段考）

資料來源：康軒版國民中學英語第三冊備課用書（2015）。

　　整個教學活動設計流程包括：教學前準備及教學實施。教學者將每一課課程所需要的影片包含：對話動態短片、對話練習、文法講解、課文動態短片、跟讀練習、發音練習等部分事先燒錄成 DVD 光碟片（每課不超過 15 分鐘），每位學生發放一片，帶回家中觀看，在每節課上課前向學生說明需要預習的短片名稱，並抄寫聯絡簿，完成後請家長簽名。之所以製作教學影片 DVD 的原因有三：（一）光碟可以在電腦或電視播放，不受限於「電腦」這個單一播放器，可以為家中沒有電腦的學生準備備案；（二）不必在網路下載影片或是線上觀看，可以減少網路使用時間或是避免行觀看教學影片之名，實際上從事與學習無關的上網行為；（三）影片得以保存，以利日後的考試複習。為了確保學生在家中已觀賞過影片，教學者就課程內容設計 2 至 3 個問題，在每節進行正式課程前以發問形式，或是學習單形式進行檢核。

　　底下說明教學設計與實施的詳細作法：

（一）黏貼翻譯與指定小考內容

　　由於國中的學習評量大都仍是以紙筆測驗為主，所以教學者事先準備對話與課文的中文翻譯讓學生浮貼在課本裡，並已經將下次小考的句子畫線，學生必須對照中文翻譯的底線找出英文的句子並以螢光筆在課本畫線，藉此掌握重點並快速複習課程內容。

（二）對話與課文的單字學習單分享

　　學生在正式上課前必須透過紙本字典、線上字典或是任何介紹單字的工具書，事先完成對話與課文的單字學習單，並摘寫例句，讓學生模仿佳句並自行學習單字的使用方法。在課堂上以口說方式與同學分享學習單，並找出 5 個重點單字。

（三）以兩人一組或是四人一組進行對話練習或課文朗讀

教學者在課程進行中加強口說的訓練，以 2 人一組或 4 人一組進行練習，接著由教學者抽選組別上臺發表。

（四）進行提問與完成課堂活動

教學者針對不同的主題，請學生作摘要、準備 1 至 2 個問題進行提問，或是先回答相關問題等，其目的在於先了解學生可能的困難在哪裡，裨益於課堂上有效地進行解惑或加強，也可以確定學生是否預習準備才進入課堂學習。另外，學生雖已先觀看過影片內容，但教學者在課堂上仍進行重點複習，以問答方式增加師生互動並加深印象。對於較為困難或容易誤解的概念，設計一些問題或課堂作業（例如繪製心智圖、製作感謝函、課文重點繪圖等），透過小組方式進行討論及練習，讓學生透過與同儕的互動更深入思考以了解問題所在，並練習運用所學，讓知識不單純只停留於記憶與理解。

（五）綜合整理課程內容與指定回家作業

最後由教學者總結課程內容，進行重點提醒或是迷思概念的澄清與指定下次預習的課程內容或是準備小考。

五、資料蒐集與分析

本研究採行動研究蒐集多元來源的資料並予分析，檢視行動歷程並評定實施結果，省思後修正行動方案，然後發展新的策略再次行動，依此進行動態的循環歷程。研究過程採三角校正法，針對課堂的錄影、拍照提供研究者以第三者的角度審視自我的教學情形；其次透過教學札記與省思日誌以研究者觀點出發，反省自己的教學；最後透過相關文件客觀呈現學生

的學習成果。各項資料編碼詳見表 7-3。

表 7-3　資料編碼說明

資料來源	編碼代號	編碼說明
錄影	V	V-1041020，104 年 10 月 20 日的錄影
拍照	C	C-1041020，104 年 10 月 20 日的拍照
觀察紀錄	O	O-1041020，104 年 10 月 20 日的觀察紀錄
教學札記	T	T-1041020，104 年 10 月 20 日的教學札記
省思日誌	R	R-1041020，104 年 10 月 20 日的省思日誌
相關文件	D	D-1041020，104 年 10 月 20 日的相關文件

伍　案例實施與討論

一、第四課教學實施歷程與分析

（一）以提問方式啟動課程

　　教學者為確保學生在上課前已觀看預先錄製好的教學影片（DVD），採提問方式進行教學，讓學生自行寫下答案，於課程結束後繳交給教學者批閱。過程中教學者會向學生說明計分方式共分成 3 個等第：A（優秀）、B（普通）、C（加油）。課程實施下來，教學者發現有 3 位學生忘記了基本句型 was (were) + Ving，因此提供個別指導。由於教學者本身即擔任班級導師，故當發現學生需要協助時可以利用下課時間立即指導。教學者針對課程所做的提問設計是沒有標準答案的，學生可以根據自己的夢境試著用一個英文句子回答，所以批閱起來需要花費不少時間，比起過去給予「統一標準答案」來說更加費時，卻更具有「個別化」。

　　學生錯誤的地方不盡相同，研究者必須針對錯誤一一確認，令研究者感到開心的是有 4 位同學能自行訂正答案，這是一個很特別的經驗，不是老師告訴他們答案，是學生自己發現的。當學生能自行發現錯誤時，他們對學習是自信的，比老師直接告訴他們正確答案更有意義。（R-1041020）

（二）對話與課文的單字學習單分享

　　在對話與課文的單字學習單方面，針對教學者交代同學回家要先查閱的對話單字學習單，有 10 位學生沒有在家中完成，而是來學校抄襲同學的，有的則是自己亂寫英文句子，或直接抄錄對話內容。因此，教學者花時間和學生再次確認指定的回家作業必須在家裡完成，如此一來才能確保課程得以順利進行，雖然圈選 5 個重點單字非常容易，但如果不清楚單字如何運用，單字永遠是沒有辦法組合成句子。

（三）兩人一組的對話練習

　　以往的對話都是由教師領讀，學生再跟著讀過一次就算結束，這次的課程設計則是讓學生兩人一組（因為對話的人物只有 2 個），自己去找搭配的夥伴，對話練習完之後由教學者抽選組別上臺發表。過程中發現，程度好的自然配成一組，快速練習完對話，多出來的時間還能將對話塗鴉；而程度差的學生配成一組而無法唸完對話時，就需要教學者即時介入指導。對話練習的過程中，有兩位英語程度極差的學生剛好配成一組，他們試著把對話唸出來，雖然唸得不流暢，但教學者給予肯定，誇獎他們：「你們唸英語很好聽，老師終於聽到你們說英語了。」（V-1041020）這兩位學生以前上英語課時不是腦袋放空，就是連老師上到哪一頁都不知道，這次對話練習他們湊成一組唸唸英語、說說話，感覺他們兩人在課堂上終於「清醒」過來了。

（四）進行提問與完成課堂活動

在正式進入課文之前，研究者在課堂上先讓學生觀賞一段從 YouTube 下載的短片「Alice in Wonderland」，時間約 11 分鐘左右，因為都是英文字幕與發音，速度沒有刻意變慢，有學生認為較為吃力，需要配合動畫內容才能略知一二，因此研究者會立即提示較難的單字，藉由問題的引導來了解故事全貌。第四課教學重點在於教導並示範給學生知道如何將很長的文章找出關鍵字，並且繪製成心智圖。以往只有教導過主題句，所以學生還是習慣寫長句，因此研究者在黑板示範如何使用關鍵字繪製成心智圖。由於這是學生所做的第一次課堂練習，因此給予較多的時間完成愛麗絲夢遊仙境的學習單。

（五）綜合整理課程內容與指定回家作業

在課程實施最後的綜合歸納活動方面，教學者有事先掃描學生的學習單：「What were you doing in your dream?」、對話單字學習單、課文心智圖，透過實際的作品與學生說明評量的標準。

由於分享的同學作品都採匿名，因此學生的感受顯得很興奮，藉由觀摩同學作品以及說明評量的標準後，讓每週五接連上兩節英文課變得不再死氣沉沉或是昏昏欲睡了。」（T-1041023）

學生很喜歡觀摩彼此的作品，尤其是匿名的作品，只是研究者必須在課程進行之前將所有的作品一一掃描，需要花費大量的時間，所幸這部分有實習生的幫忙。後來研究者透過網路搜尋得知「實物投影機」在教學上非常方便使用，詢問學校行政單位後發覺沒有此種設備，教學者這才明白想要改變教學模式也必須有適當的硬體搭配才會事半功倍。（R-1041023）

二、第五課教學實施歷程與分析

（一）對話學習單與對話練習

10 月 27 日早自修時，教學者先檢查學生在家裡應該先完成的對話學習單，結果有 6 人未完成，教學者此舉乃是讓學生明白教師的期望是回家功課應該在家裡完成，所以後來學生在聯絡簿上寫道：「必交對話學習單。」（O-1041027）教學者針對未完成的 6 位，提供給他們紙本字典或是英語講義，並要求他們在指定時間內必須將學習單完成。

（二）觀賞校內讀者劇場的演出

陽光國中相當重視英語教學，教學者期許讓學生多方體驗不同形式的英語戲劇演出，因此，利用早自修時間讓學生觀賞校內讀者劇場的演出，讓學生體驗讀者劇場如何重視每個角色的臺詞和語調，如何運用聲音與肢體動作充滿戲劇張力。學生從來沒有聽過何謂讀者劇場，而且二年級當中只有 3 個班級到場進行觀摩，所以他們倍感新鮮，開始時因為選手的說話速度和語調都經過長時間的練習，學生聽起來覺得吃力，紛紛皺起眉頭，等結束後有學生表示不是聽得很懂，但藉由語調、道具和服裝他們能臆測內容是和國王的新衣有關，所以漸漸能知道戲劇演出的內容。教學者預計在第二段考後的第七課對話加入讀者劇場的元素，讓學生能學以致用。

（三）課文內容

本單元課文內容是感謝函，教學者提醒學生注意格式、標點、有禮貌的用詞與結尾的祝福語和署名，因應文化交流的課程，實際的感謝函書寫課程安排於 11 月 13 日，經由教學者指導後，讓學生可以在課堂完成。配合本課的感謝函，教師預告 11 月將會有靜宜大學的外籍學生來班上進行文化交流的活動課程，而且全校只有 2 個班級參加，這個消息讓他們感到

非常興奮，一直追問：「他們來自於哪個國家？有幾個人？有沒有帥哥美女？只有 1 節課嗎？可不可以 2 節課？」研究者自嘲說：「他們還真是有魅力，以後英語課都這樣好了。」（V-1041028）令教學者覺察到，學生心裡早就期待課程與教學可以有變化，一旦有了變化，學習就不會是死板板的。

（四）嘗試實施全英語教學

在本單元課程開始前，教學者曾詢問過同學實施全英語教學的意願，全班有 85% 同意全英語授課，因此這部分會由實習生擔任教學並採全英語授課，教學者則是幫忙觀課和記錄。令教學者訝異的是，同學的反應出乎意料的好，不論是按照指示唸讀英語句子或是回答問題，學生的反應都比平常好，聲音聽起來是有自信的，眼神和平時相當不同，當然，過程中還是有一些學生聽不懂，這時教師就要同學發揮同儕合作的力量，彼此互相幫忙，教學者則是進行教室走動並適時給予提示，當同學表現出不懂時，實習生會換句話說，或是藉由肢體動作讓學生明白，第一次的全英語教學相當成功，同學能按照指示完成，他們對自己的表現也相當滿意，經教學者評估後，決定第六課課程也讓實習生採全英語教學。

三、第六課的教學實施歷程與分析

（一）以提問方式啟動課程

學生逐漸習慣翻轉教室的教學方式後，大多數學生都已能在家裡做好預習，然後再到教室來進行課堂學習活動，故第六課的提問共設計了 7 個問題：

1. Why is Ted at Mr. and Mrs. Brown's house?

2. Whose mother enjoys baking?

3. What did Amanda's mom make for Ted?

4. What is Amanda's specialty?

5. Is Amanda good at using knives and forks?

6. When did Mr. Brown learn to use chopsticks?

7. What does "slurp" mean when Japanese people eat noodles?

　　教育實習生讓學生進行異質分組，每組 4 人，總共分成 7 組進行提問搶答，教學者觀察學生參與課堂活動相當投入，舉手相當踴躍，課堂氣氛活潑有反應。然而，第 3、5、6、7 組都各有一位組員的參與不熱絡或不夠積極，因此教師於課後會調整其分組座位，並於下次活動時再觀察其參與課堂的情形。這對教學者而言是一次新的教學嘗試，除了讓實習生主導課程外，幾乎整節課都是由學生與實習生互動，雖然一節課只能完成一個簡單的概念，但學生能小組共學並找出答案，也能依照進度完成，教學者覺得這是一個很好的轉變。

（二）四人一組對話練習

　　課堂中，4 人小組先在組內完成對話練習，因為對話人數剛好是 4 人（2 個男生和 2 個女生），每位同學分配角色後就開始練習。接著由實習生抽選組別並邀請同學站起來做對話練習，最後由一組同學上臺示範。教學者觀察到實習生抽 3 組學生在位置上做對話練習時，其他同學可以安靜地聆聽其他小組的對話練習，並給予掌聲。最後上臺示範後，和全班一起討論有沒有哪裡可以改進的地方，例如：課本拿高一點，就不用一直低著頭，也不要將整個臉遮住；此外，音量對於後面的同學來講稍有不足，必須再大聲一點。

（三）教師總結重點與完成課堂活動

實習生總結課程重點，並要求學生繳交學習單，學習單內容多以提問為主，學生可自行在課文中找到答案，題目如下：

1. Do Japanese people sit on chairs when they have meals in some restaurants?

2. Do Japanese people share dishes at the table?

3. Do Japanese people use spoons when they eat soup?

4. Do Japanese people keep their chopsticks on the chopsticks rests?

5. Do Japanese people eat sushi by their fingers?

四、「文化交流課程」教學實施歷程與分析

11 月 11 日下午第 7 節，靜宜大學外籍學生偕同外語教學中心主任及教學助理到綠地班進行文化交流活動課程。

（一）正式課程進行前的準備

1. 實施全英語教學

在自然的情境下讓學生習慣「聽」，第一次聽不懂沒關係，老師會換句話說，或者做示範以達到教學目標。第一次實施全英語教學是經由學生投票表決通過的，範圍是檢討第五課習作，藉由教師的肢體語言與提示，90% 的學生可以了解一些基本、固定的課室英語（classroom English），內容是他們已經學過並且是自己完成的習作，所以難度不高，課程結束後效果相當良好。以往教學者總是自我設限，認為學生程度沒有好到可以實施全英語教學，透過這次的嘗試有了以下心得：「改變，不一定會帶

來好的結果，但是不改變，永遠不知結果如何，所以，就改變吧。」（R-1041111）

2. 加強課堂的對話練習「說」

每位學生在課堂都有機會開口說英語，透過自我練習、小組練習、小組示範、教師從旁糾正共同的錯誤發音，經過多次練習可達流利之目標，這也證明學習語言沒有捷徑，就是要開口多說。對話練習首先是 2 人一組，這樣可以確保每人都有機會可以說到英語。接著是 4 人小組，透過扮演不同的角色可以練習語調，也讓對話過程更活潑有創意。以往教學者認為在上課期間讓學生練習口說是一件浪費時間的事，但現在則體會到藉由對話練習可以讓教師發覺學生共同的錯誤發音，有機會進行指導，相較以往的跟讀（repeat after me）來說，更能掌握學生沒學會的地方。

3. 實施分組教學

異質分組採每 4 人一組，全班共分成 7 組，遇到問題時學生能互相討論，課程進行期間不再是個人單打獨鬥，透過合作可以達到學習的目標。分組活動真正能改變課堂的風景，從以往只能「正面向前排排坐」到「小組共學」的模式，學生真正能體會到自己的不足之處可以藉由同組的組員來補足。聽得懂的同學可以幫忙翻譯，美術天分好的同學可以幫忙設計感謝函，文法強的同學可以發現句子裡的錯誤。透過小組的互助合作可以讓學習成果更完美，因為大家都有貢獻心力的機會。

（二）課程進行期間

首先，8 位外籍學生帶著自己國家的國旗，輔以自己國家的特色讓學生猜測自己來自於哪一個國家，藉以引起動機。其次，這 8 位外籍學生分派至各組進行文化交流活動課程，其中 2 名來自於越南的外籍生在同一組。第三，8 位外籍學生在課程的後半段進行交換組別，也就是每組有兩次認識不同國家的機會。

（三）課程結束後

課程結束後讓每位同學填寫課程的回饋單，於課程後進行反思與回饋。然後搭配「Lesson 5：Thank-you Notes」，學生利用一節課完成感謝函，教學者則再次提醒書寫感謝函應該要注意的格式與用語，並且要注意書寫的禮節，規定各組完成 2 張感謝函，每張感謝函的句子不得少於 5 句，最後並由 4 位組員簽名以表慎重。

五、焦點學生課堂行為分析

教學者從授課班級裡的 28 位學生當中，挑選出 4 位作為研究分析的焦點學生，小璉和小璇是屬於學習高成就的學生，而小丞和小雅則是屬於學習低成就的學生，透過觀察這兩組學生的課堂行為，藉以檢視教學者應用翻轉教室理念於英語教學上是否對學生產生學習改變。

（一）個案學生一：小璉

1. 個案的課堂學習行為

小璉在家中排行老大，有 3 個年幼的弟妹，從小就是父母親的好幫手，十分有責任感，寫功課或準備考試都能自動自發，完全不需要父母操心。她是班上的模範生，功課和行為都足以成為同學的典範，除了成績名列前茅之外，擔任班級幹部與小老師都十分稱職，處事相當勤敏，同時個性大而化之、活潑外向，與同學相處和睦，人緣極佳，領導力強，深受同學愛戴。小璉頭腦靈活，對於教學者所要進行的課程領悟力極佳，比同一組的同學更快進入狀況。此外，她的英語學習表現一直都很好，因此在小組的活動裡一直處於主導的地位，同學也樂於接受她的指導，在她的帶領下同學總是很快完成小組活動。

教師：你們這一組已經練習對話了？

整組：對呀！我們還唸兩遍了。

教師：怎麼可能？你們是怎麼辦到的？

組員：我們回家已經先預習過了。而且，小璉自願當 Amanda 的角色句子
　　　最長，她還按照我們的程度分配好角色了，所以我們很快就開始練
　　　習了。

教師：真是太好了，你們這麼自動自發真是老師的愛徒，等一下老師請你
　　　們示範對話內容給同學觀摩。

整組：（得意）好喔！（O-1041106）

　　在課文裡有一個片語「贏得人心」，教學者很快帶過「win people's
heart」，同時說明不要用複數。隔天，下課時，小璉很慎重地拿了一個資
料夾，跑來跟教學者說：

小璉：老師，這是我找的資料。

教師：這是什麼資料？

小璉：我找的「贏得人心」片語資料，有 8 個主要的網站都是用 win
　　　people's hearts，是用複數，連 BBC 新聞都這樣使用，所以我覺得
　　　課文應該要改成複數比較好。

教師：（將資料攤開，發現小璉閱讀完每一篇英文文章後，都用螢光筆將
　　　win people's hearts 畫線）妳好棒，怎麼會想到要去查詢其他的網站
　　　呢？而且還一次找到這麼多筆資料，重點是，還列印下來，並將關
　　　鍵字畫線。

小璉：老師上課說不要用複數 hearts，可是我覺得怪怪的，回家就用 win
　　　people's hearts 去搜尋，沒想到國外的用法都是複數，怕老師不相
　　　信，所以就把它們都印下來。

教師：妳的態度老師相當肯定，下次課本的編輯來學校，老師會把妳的資

料給出版商的編輯看，建議他將贏得人心的片語改成複數。老師
也會說這個資料是妳自己去搜尋的，整理得非常專業，有參考的
價值。

小璉：謝謝老師！（O-1041110）

2. 教學者課後省思與改進

小璉的學習狀況令教學者感到非常欣慰，教師改變了教學的習慣，
一定也讓學生有所覺察，如此一來，當教師將學習的責任還給學生，尊重
他們是一個能主動學習的個體，學生也就逐漸能當自己學習的主人，發現
問題後主動去尋找答案，而不是一味接受教師的指導而已！這令教學者深
思：教育不是要複製一堆一模一樣的人，培養思考的能力並且能尋找證據
去破除「框架」，這個結果是教學者從小璉身上得到最大的啟示。

（二）個案學生二：小璇

1. 個案的課堂學習行為

小璇只有一個哥哥，因為性別不同，所以從小她一直很文靜，也乖巧
聽話，對於父母和師長非常順從，是父母眼裡的乖孩子，教師眼中的好學
生，除了成績名列前茅，擔任班級幹部也非常稱職，會默默為同學付出，
在班上的聲音很少，和她要好的同學也都很文靜，小璇不算是頭腦機靈，
是屬於苦讀型的「書生」。小璇的英語成績很好，但不驕傲，在課程的小
組活動中，展現高度配合，雖然不是屬於領導的角色，但是她的配合和同
學能合作無間，順利完成小組任務。

組長：我們要來討論一下怎麼完成感謝函，先模仿一下課文，再改成我們
　　　想要的。

小璇：我這裡有筆記，老師說這個格式很重要，我也有寫其他的注意事

項。（小璇將筆記本打開都是密密麻麻，寫得非常整齊的重點，其
他組員非常讚嘆。）

組長：那我們大家一起討論，將想要寫的內容先打草稿，小璇妳的字比較
　　　漂亮，可以由妳寫在卡片上面嗎？

小璇：好！

組長：那小雅圖畫得很漂亮，再請小雅畫插圖。（O-1041113）

　　　由於小璇是屬於苦讀型的學生，在教學者指定要回家預先完成的查單
字學習單非常認真地書寫，不但字跡工整，摘寫的例句還自行加上中文翻
譯，每次都準時在家中完成，確實做到預習的功夫。

教師：（對全班說）老師批改了查單字學習單，全班小璇寫得最認真，還
　　　自己加上中文翻譯。

小璇：（非常不好意思地）老師，是因為我覺得自己運用單字的能力很差。

教師：就算是這樣老師還是要讚美妳，因為妳相當用心，妳一定花了很多
　　　時間。現在就請各組開始進行組內的單字學習單分享，同時，老師
　　　希望大家可以像小璇一樣，回家認真查單字，確實預習。

全班：好！儘量！（O-1041106）

　　　在與靜宜大學外籍學生的文化交流活動中，由於外籍學生說話的速度
非常快，小璇聽得一頭霧水，需要同學幫忙翻譯，因此她體會到自己英語
「聽」的能力非常不足，並於課後主動尋求解決之道。

小璇：真有人看電影就學會用英語嗎？

教師：是真的。

小璇：如果是真的，我要每天看一部電影，希望可以增進我的英語聽力。

教師：如果可以，慢慢地將字幕也用英語顯示。

小璇：那要看幾部電影？

教師：語言的習得要長期累積，只看一兩部電影沒有太明顯的成效。妳可
以用比較輕鬆的心態去看電影，長久下來聽力會進步的。

小璇：好，我知道了。謝謝老師！（O-1041112）

2. 教學者課後省思與改進

小璇在英語紙筆測驗的成績總是接近滿分，在背誦的部分她非常願意
花時間，同一個單元她可以寫 5 次不同的練習卷，直到所有的題目全對，
對自我的要求相當高，但是教學者知道，這都只停留在知識的記憶層次。
在教學者實施課程的期間要求學生回家先查字典，預習單字的用法，小璇
意識到自己對於單字的用法不是很熟練，所以每次她總是願意多花時間預
習，隔天在課堂上非常認真和同學分享，這是她第一次感受到單字除了用
來應付考試之外，竟然也可以應用出來。此外，在文化交流的課程中她意
識到自己英語聽力能力不足，能主動和研究者討論並尋求解決之道，這樣
的積極作為讓教學者意識到：學生真的要親身「經歷」後才知道自己在學
習上的「不足」，也因為知道「不足」，方能激發學習的動力！

（三）個案學生三：小丞

1. 個案的課堂學習行為

小丞有兩個姊姊，因為是家裡唯一的男丁而備受寵愛，單親家庭的緣
故，因此與父親、奶奶及姊姊同住，父親領有殘障手冊，教養工作都落在
奶奶身上，但奶奶年紀大又還要外出工作，所以幾乎沒有辦法管教小丞，
大都採放任的教養態度。小丞脾氣差，情緒容易衝動，升上國中後每天都
不交作業，上課時的學習態度不是搗蛋，就是發呆、擺臭臉給老師看，小
丞有時候還會捉弄脾氣好的老師，他在學習上最大的問題除了成績敬陪末
座之外，曾經攜帶電擊棒和 BB 槍來學校玩，因此經常到學務處報到，是

一個令教學者感到頭疼的人物。由於小丞很少把功課帶回家，就算帶回家也沒有寫，各科的作業常常都是午休時間教學者陪他一起寫完再補交。在研究課程的一開始需要回家預習的作業，小丞一樣也沒有寫，教學者只好動之以情，也邊帶強迫，後來讓他逐漸可以繳交作業。

教師：小丞，你第一次的預習作業全空白，第二次的作業寫了 1 句，第三
　　　次你打算寫幾句？

小丞：不知道！兩句吧！

教師：老師這裡有英語字典還有講義，我示範給你看，查字典不難，不
　　　然，看講義，從裡面挑出單字的用法將例句抄下來也可以。（示範
　　　查英語字典）

小丞：可以不要嗎？

教師：不可以！幾乎全班都交給老師了。而且，聯絡簿有抄「必交」查字
　　　典學習單，沒有寫完自習課不能出去打球，你不想出去是嗎？

小丞：沒差啦！

教師：你確定？這樣你的球伴少了你怎麼打球？

小丞：（想了幾秒鐘）喔，好啦，我寫。（O-1041028）

　　　在實施課程當中，教學者特別觀察小丞的學習情形，發現他的學習態度漸有改進，不再凡事擺爛，也能減少課堂中發呆的情形，也不會整堂課都趴在桌面上，逐漸願意參與課堂學習活動，當實習生在複習第六課文法的重點時，他已能非常完整地將筆記寫在課本上，連練習題都寫上答案，課本沒有再像之前一樣空白。

　　　小丞剛好被抽到要上臺寫文法練習的答案，他一改以往不配合的態度，雖然嘴巴唸著：「怎麼這麼倒楣！」但還是跟同學確定答案後到黑板上面寫了，沒有擺臭臉，他在這一節課的好表現令教學者驚訝不已。

2. 教學者課後省思與改進

小丞的轉變令教學者感到驚訝，也見識到國中的同儕影響力量遠比教師的影響力還大。小丞會爲了要和同學出去打球而勉爲其難地去完成他不想寫的功課，教學者要求幾次後，小丞漸漸能完成回家作業。在小組中同學也願意幫他，雖然他的英語成績都是 10 幾分，也沒有人會瞧不起他，還是很樂意和他完成小組的活動，有時候他會說一兩句玩笑話把同學逗得哈哈大笑，整個教室充滿生機，研究者也開始很少對小丞動怒了，只要交代同學就可以搞定小丞，這令教學者很欣慰能有此正向轉變。

（四）個案學生四：小雅

1. 個案的課堂學習行爲

小雅的媽媽是新住民，爸爸曾經因罪入獄，小雅和姊姊非常早熟，常常必須自己打理很多家事，兩人曾因爲奶奶受傷，輪流請一整個星期的事假在家裡照顧奶奶，算是很懂事的孩子。在課業方面小雅表現不是很理想，學習速度比較緩慢，同學花 5 分鐘能學會的，她需要 10 分鐘，甚至更久才能學會。小雅的脾氣很好，常常與同學爲善，人際關係良好，在小組中配合度很高，同學也很樂意教導她。在進行文化交流課程時，小雅這一組對一些未曾學習過的單字，產生說不出口的窘境，經過短暫討論後，他們決定用畫圖的方式讓來自於荷蘭的大姊姊可以看懂他們想要表達的意思，大姊姊看懂後再教他們要怎麼說。由於小雅擅長畫圖，經過她簡單畫幾筆之後，他們也學會了 windmill（風車）和 tulip（鬱金香）兩個單字。

小雅的英語聽力雖然不是很好，但她很主動和同學討論，同學也樂於當她的翻譯，整個小組的互動熱絡，他們體會到有同學擅長聽力，有同學樂於當翻譯，有同學表達流利，有同學會畫圖，用這樣的方式學習英語很新鮮，每位同學也都很有貢獻，缺一不可！例如在製作給外籍學生感謝函時，小雅這一組的大哥哥來自土耳其，因此他們想要畫土耳其的國旗，因此向教學者求助。

整組：老師，妳知道土耳其國旗的圖案嗎？

教師：不知道耶，要用手機查一下，可是手機不在身邊。那怎麼辦？你們
　　　真的都沒有印象嗎？

組員：沒有！

小雅：我們教室有世界地圖。

組員：對耶，下面說不定會有各國的國旗圖案。

小雅：老師，我可以離開座位去看一下嗎？

教師：當然可以。老師要讚美小雅，她腦筋動得真快，又有行動力，很棒
　　　喔。（O-1041113）

　　果然在很短的時間內，小雅在世界地圖下方找到了土耳其國旗的圖
案，她描在白紙上，回到座位後繼續和同學討論感謝函的內容，順利完成
了小組的作業。

2. 教學者課後省思與改進

　　學生具有問題解決的能力，前提在於教師要願意放手，相信他們可
以做到，教師應該從硬塞知識給學生漸漸轉變成引導，讓學生養成具有獨
立思考，能解決問題的學習者。教學者以提問啟動課程，其間穿插對話練
習、小組活動、小組發表、教師課程總結。這樣的課程設計，讓學生靠自
己的努力來學習，透過小組彼此的鷹架學習，達成教學目標。雖然小雅的
成績沒有明顯的進步，但在小組中能與同學討論、互動、共同解決問題，
看到她的自學能力和自信都能逐漸提升，是令人欣慰的事。

陸 結論與建議

一、結論

（一）課程規劃與調整

1. 課程設計應用翻轉教室理念

由於「翻轉教室」理念特別注重學生課前的預習，課程實施時能進行討論或其他的學習活動，因此課程的設計有別於一般的講述法，對教學者而言需要耗費許多時間，包含製作教學影片、對話與課文的中文翻譯、對話與課文單字的學習單、針對課程重點所設計的提問單、課堂活動的設計、學習單的批閱等。教學者透過以上的方法讓學生漸漸習慣翻轉教室的循環教學模式，提高學生預習的意願與增加學生課堂的參與度。

2. 研究課程由原本的三課再增加文化體驗課程

教學者原本的課程設計是第四課到第六課，並在段考前一週進行課程複習，準備第二次學習評量。但難得的是，有機會可以與靜宜大學外語中心的外籍學生進行文化體驗課程，也藉此機會測試學生是否能應用英語進行溝通，故加入文化體驗的課程。因應文化體驗課程，在第五課的習作和第六課的課程由實習生開始進行全英語教學，營造自然的全英語教學環境，並在課程中加強對話練習，不論是 2 人（或 4 人）一組的小組內練習、抽選組別的練習，或是小組上臺示範，都能確保學生在課堂中開口說英語，營造「說」的情境。

（二）課程實施困境與因應

1. 少數學生不預習

課程實施中遇到最大的問題是：縱使教師於課程開始前提供各樣的預習方式，但有學生不配合，回家沒有預習，隔天腦袋空空地進入教室，對

於課堂活動是沒有準備好的，無法與教師的課程規劃做緊密的配合並達成教學目標。由於教學者擔任該班導師，每天早自修時段檢查各科作業，未完成的學生必須利用下課時間完成，用半強迫的方式讓學生完成學習單，同時善用各科小老師，請他們將要繳交的功課和預習的範圍提前抄在聯絡簿提醒同學，並與學生約定完成「預習」，就能在每週唯一一次的自習課程不安排小考，到操場進行最愛的球類運動，「軟硬兼施」、「雙管齊下」最終還是期盼學生能養成預習的習慣。

2. 少數學生沒有積極參與課程活動

在課程實施中，教學者將大多數的課堂時間還給學生，讓他們可以進行對話練習、回答提問或完成學習任務。教學者觀察到仍有少數學生沒有積極參與課程活動，當其他同學融入課程活動時，他們顯得無所事事。故在小組活動中，教學者會將 4 人的任務做分配，以確保每位學生都能參與課程活動。以提問為例，一開始在每組當中，回答問題的總是英語成績最優異的學生，其參與度最高，但如此一來就會壓縮到其他同學答題的意願。於是教學者將每組的學生按能力編號，從 1 號到 4 號，每題的提問都是由小組討論後指定號碼將答案寫在小白板上面，這樣的方式讓小組成員能共同討論，每次又有一位同學要總結答案，讓答題的過程既「分工」又「合作」。

（三）學生課堂行為的改變

1. 提高課程參與度

教學者應用翻轉教室理念將學習的責任還給學生，讓學生成為課堂學習的主體並逐漸能為自己的學習負責。從教學者觀察幾個焦點學生在課堂的學習情形得知，他們的學習從被動慢慢變成主動，且能提高課程的參與度。以往課程單純由教師講述重點，學生被動接收，所以整節課呆板缺少變化。另外，在實施課程後，學生必須進行小組的活動、完成學習任務、

回答提問、進行發表或是製作感謝函等，學生的學習變得非常忙碌，也因此提高了課程參與度。

2. 具有解決問題的能力

實施課程的開始，教學者經常會遇到同學一有問題就直接找教師，期待教師立刻給予解答。但通常教師只提供思考的方向或是如何去尋找答案，幾次訓練下來學生會發現要靠自己去尋找解答，不會的就找同學幫忙，同一組要互助合作。後來教學者觀察到，不只在英語科，甚至在其他學科，只要一個學生有困難，其他同學就主動幫忙，自動變成一個小組就討論起來，具有解決問題的能力。

二、建議

（一）給教學者的建議

1. 教師同儕應組成教學團隊

教師應用翻轉教室理念在教學中需要花費比平常更多的時間。由於教學者先前沒有接觸過翻轉教室，是從文獻探討中吸收他人在這方面所做過的研究當基礎，再自行設計課程，將重點製作成影片，設計提問單、學習單等，以上都耗費許多時間和心力。若教師能組成教學團隊便不必再單打獨鬥，除了可以共享資源之外，也可以針對所遇到的問題深入討論，分享彼此的教學心得，並在心靈上擁有許多的「支持系統」，在遇到困難時能互相扶持，堅持自己的理念和擁有改變的決心。

2. 不需要每堂課都翻轉

教學者不需要為了翻轉而進行翻轉，而是應該深思課程設計是否能夠達成教學目標，不需要毫無目的追趕流行，因為翻轉教室理念只是眾多教學方式的一種，尤其是一開始嘗試時更應該量力而為才能得心應手，否則「畫虎不成反類犬」。

3. 不建議冒然實施全英語教學

因爲在常態分班裡學生的英語能力本身就存在差異，實施全英語教學對後面能力較差者容易打擊其信心及學習意願。建議可以先從簡單的「課室英語」開始，等待大多數的學生習慣以後，再依照學生的能力和師生的互動，漸漸提高「全英語」教學的比例。

（二）給學校的建議

1. 多鼓勵教師參與相關的研習

許多教師必須克服錄製影片的技術性問題後，才能從容應用翻轉教室理念，這樣的阻礙會影響教師投入嘗試的意願，最後不得不維持教學現況。所以學校應多鼓勵教師參與相關的研習，主動吸取他人成功的經驗爲自己的課堂帶來多一點的變化。

2. 建立支持環境

學校可以提供教師所需要的資源，如平板電腦、實物投影機、網路服務、軟體及平臺等。實質支持教師主動從事課程與教學方面的創新，同時也可以透過公開讚許以獲取家長的信任和支持。

【本章內容原出自作者二洪詩鈴的碩士學位論文，其後經作者一吳俊憲及作者三吳錦惠改寫並發表於以下之文：吳俊憲、洪詩鈴、吳錦惠（2016）。翻轉教室理念應用於國中英語教學之行動研究。論文載於靜宜大學教育研究所舉辦之「第 34 屆課程與教學論壇——偏鄉教育發展與創新」學術研討會論文集（頁196-224）。臺中市：靜宜大學。茲經作者一吳俊憲修訂後收錄於本書。】

第八章　MAPS 教學策略應用於國中國文教學案例

 本章摘要

　　本章旨在設計一套導入 MAPS 教學策略與合作學習的國中國文課程，探討實施之困境與因應辦法，並觀察學生在課堂上的學習行為改變情形。研究設計採行動研究。研究結果如下：一、導入合作學習與 MAPS 教學策略設計課程，裨益於豐富學生學習經驗，啟發多元智慧。二、實施之困境與因應：（一）小組成員排斥學習成就低的學生；（二）心智圖的海報繪製與發表，會壓縮到下一單元的教學活動時間；（三）小組討論不夠充分，師傅指導徒弟技巧不足；（四）學生不僅獲得正向經驗，也可能習得負向經驗。三、學生課堂行為之改變：（一）勇敢表達看法，樂於上臺發表；（二）學會專注、聆聽、尊重、合作及自動自發，追求小組學習能共好。

壹 前 言

　　遠見雜誌於 2015 年 8 月出刊《全臺熱血教師掀起教育的草根革命～0.1 的改變》，同年 7 月 13、14 日南投縣爽文國中主任王政忠號召全臺中小學教師在中正大學舉辦「偏鄉教師暑假教學專業成長研習」，透過教師共同激盪創意、具體實踐，期許未來的課堂能把學習主體還給學生，讓課堂上不再只是呈現老師教、學生抄黑板、被動學習的風景。在偏鄉奮鬥 17 年的王政忠說：「1 乘以無數次，還是 1；但只要多 0.1，1.1 只要乘七次，就大於 2，如果每個老師願意多做 0.1 的改變，臺灣的教育風景，絕對不一樣！」在教學成效上，王政忠（2015, 2016）指出：「今年畢業的 MAPS 課堂學生 20 位，在會考獲得 7A13B，其中兩位是 A++，3 位差一題可拿到 A。」「今年國二 MAPS 課堂學生在 2014 年 12 月的南投縣八年級閱讀理解普測，平均成績高於全縣平均 7.5 分。」可見 MAPS 教學策略除了可以引發學生學習興趣、增進學習動機，在學業表現上亦獲得具體的量化實證，有助於提升學生學習成效。

　　自 Johnson 和 Johnson（1994, 1999）在美國推行合作學習以來，國內外許多研究均已證明合作學習確實能提升學生的學習動機與學習成效。近年來因為面臨少子女化、減班及裁併校的危機，加上十二年國民基本教育期許教師活化教學和有效教學，教育部積極推動分組合作學習，希望營造教師、學生和家長成為學習共同體，努力成就每一位學生，並增進教師教學專業發展，實施下來已受到許多教師關注和應用。

　　研究者（作者二為實際教學者）本身是一名國中的國文教師，期許自己能跟上教育改革的新趨勢，也能翻轉自己的課堂教學，因此決定應用「MAPS 教學法」和合作學習法之「共同學習法」（Learning Together）的成功經驗來進行課堂實踐。

　　基於上述，本研究之研究目的如下：

　　一、MAPS 教學策略與合作學習導入國中一年級國文教學，探究如何設計及調整課程內容與教學方法。

　　二、MAPS 教學策略與合作學習導入國中一年級國文教學，探討可能會遇到的困境與因應。

　　三、MAPS 教學策略與合作學習導入國中一年級國文教學，探討學生課堂學習行為的改變情形。

貳　MAPS 教學策略的意涵

　　MAPS 教學策略是由南投縣爽文國中王政忠老師於 2010 年開始實驗教學，2014 年 1 月正式命名。MAPS 教學策略是融合心智繪圖（mind mapping）、深度提問（asking question）、上臺報告（presentation）、鷹架指導（scaffolding instruction）四個核心策略所構成的一套教學模式（王政忠，2015, 2016）。運用 MAPS 教學策略在進行分組學習時，依照能力將學生分為 A、B、C、D 咖，只要 D 咖學會，小組分數就愈高，因此程度好的學生會積極教導他人，程度不好的學生也能因為學會而為小組贏得更多的分數，獲得成就感，提升學習動機，一同培養共學精神。因此，在王政忠老師的課堂上，學生總是可以熱烈搶答、討論、站在講臺上侃侃而談，流露出的大方和自信，展現強烈的學習興趣與熱情。

　　MAPS 教學策略強調在課堂內利用課內文本學會如何學習，不同於目前部分翻轉課堂希望學生先自學，再於課堂進行討論對話的學習模式。王政忠相信，對於低能力、低動機的學生而言，只有先學會如何學習，包括學會能力與態度，課堂外與課堂前的自學才會發生。

　　另外，MAPS 教學策略並不強調科技的唯一和必要性，除了受限於偏鄉環境資源缺乏以及學生家庭支持系統的不足外，王政忠相信對於低成就、低動機的學生，教師的引導陪伴與關注支持，以及同儕學習的實體鷹

架搭建與競爭合作，才是對學生最有助益的支持與激發。MAPS 教學策略並不否定科技介入的必要與重要，如果環境與設備許可，心智繪圖和口說發表仍是可以搭配科技載具及媒體平臺的。

底下說明 MAPS 教學策略的詳細作法（王政忠，2016）。

一、心智繪圖

它用來協助學生理解文本，透過繪製心智圖的過程，解構文本，統整主題。MAPS 教學法的心智繪圖不僅用來解析文本，更利用挑戰題的設計引導學生對文意進行深究及情意產出延伸。MAPS 教學策略的心智繪圖包含兩個成分：「I see」及「I feel/I think」。「I see」是透過教師所設計的基礎題引導，對文本進行解構及主題統整，目的在協助學生學會如何閱讀理解文本脈絡。「I feel/I think」則是透過老師設計的挑戰題引導，在課後自學完成，目的在協助學生針對文意進行深入探究及情意延伸，並連結每課的寫作練習。

二、深度提問

良好的提問能引導學生在初學閱讀理解策略時加以澄清或釐清文本脈絡，針對不同的功能及使用時機，MAPS 教學策略的提問區分為三類：暖身題、基礎題、挑戰題。暖身題的目的在於促進及培養學生課前自學及預習的習慣，老師在課前發下希望學生事先閱讀的資料，並根據發下的資料設計暖身題。基礎題是根據教師對於文本結構及脈絡的理解，參考各家學習單設計而成，目的是為了引導學生繪製心智繪圖的「I see」部分。挑戰題又分為封閉題型、開放題型：封閉題型會在課堂上操作，可搶答亦可小組討論作答，再由教師總結補充；開放題型中關鍵的題目在課堂操作，其餘則交由學生課後自學，完成心智繪圖的「I feel/I think」部分。

三、上臺報告

　　口說發表不但提供學生表現舞臺以建立自信心，更可以協助學生以達到 60%～70% 學習效能的方式進行學習，在小組共學完成心智繪圖後，各組便依序發表，可以抽籤，也可以自願。在技術層面上，有以下幾個共同要求：（一）每組發表時間以 2 分鐘左右為限；（二）同學說話時要看著同學，所有的討論及練習在口說發表開始後就停止；（三）一開始上臺發表時，對儀態及音量採低標要求，避免造成過大壓力；（四）逐漸習慣發表後，儀態及音量開始提高標準；（五）從一開始發表就要求儘量不要看海報。

四、鷹架指導

　　其功能在透過同儕合作學習的力量喚醒學生潛在的學習動機。事實上，在不同的學生身上有不同的鷹架需求，愈是低起點的學生需要教師給予愈多的鷹架搭建，包括提問及講述引導。此外，組內同學之間的討論及指導也是重要的鷹架搭建。MAPS 教學策略的小組安排有其特色，採異質性分組，組內成員有四個角色：教練（A 咖，紅利倍數為 1 倍）、明星球員（B 咖，紅利倍數為 2 倍）、球隊老闆（C 咖，紅利倍數為 3 倍）、黑馬（D 咖，紅利倍數為 4 倍）。紅利倍數的目的是在鼓勵 A 咖或 B 咖成員願意協助 C 咖及 D 咖的成員，同樣的題目，當 D 咖成員答對，則可為全組成員獲得 4 倍的紅利積點，而這些點數，可以在學期末換取募集來的二手商品。此制度的施行，真正鼓勵到小組成員彼此互助合作，一同為小組爭取最高獎勵。

　　不過，MAPS 教學策略並不認為可以完整複製到所有課堂及領域，MAPS 教學策略特別被採行於國文領域及閱讀教學，在人文社會學科及綜

合領域的教學實務操作也受到許多教師認同和採用，但在藝文及數理領域則需要消化吸收 MAPS 教學策略後，進行修正調整，再根據教師自身教學需求進行調整與設計。

參 合作學習的要素與實施

合作學習發展至今，已被廣泛使用於各學習領域並成為重要的教學策略。黃政傑（1996）曾指出合作學習受到重視的原因有二：（一）透過合作學習可以提高學習成效，讓能力高的學生指導能力較差的學生，或讓經驗豐富的學生協助沒有經驗的學生進行學習；（二）經由合作學習可以增進人際互動機會，培養人際關係能力，解除社會隔離的現象。

合作學習目前已發展出相當多元的教學方法，例如：拼圖法（Jigsaw）、拼圖法第二代（Jigsaw II）、小組遊戲競賽法（Team Game Tournament, TGT）、學生小組成就區分法（Student Teams Achievement Division, STAD）、小組協力教學法（Team Assisted Instruction, TAI）、合作統整閱讀寫作法（Cooperative Integrated Reading and Composition, CIRC）、共同學習法（Learning Together, LT）、團體探究法（Group Investigation, GI）、協同合作法（Co-op Co-op）等（王金國、張新仁，2003；黃政傑、林佩璇，1996）。

一、合作學習的要素

合作學習主要有五項基本要素（王金國，2005；黃政傑、林佩璇，1996；Johnson & Johnson, 1999）：

（一）積極互賴

是指學生能知覺到自己與小組是休戚相關的，自己的成功有賴於整個

小組獲得成功，小組若失敗，自己也就失敗了，因此小組內每一個成員都應該共同努力，以完成任務。

（二）面對面助長性互動

是指組內學生可以相互助長彼此學習的成功，例如鼓勵組內其他同學努力完成任務、達成共同目標等。知識是社會的產物，是個體經由不斷地與周遭環境的互動過程發展出來的，因此，人際間的互動對個體的學習有著不可忽視的影響力。

（三）個別責任

是指小組的成功乃是界定於組內每個成員都成功學習，而不是以小組某一個成員的成功來代表全組，不顧其他成員的表現。因此，合作學習除了強調小組的整體表現外，同時也強調個人的績效。學生易於察覺到個人的努力攸關小組的命運，更會促使自己表現得更好。

（四）人際與小組技巧

合作學習小組的每一個成員必須進行兩方面的學習，其一是與學業有關的任務工作，其二為參與小組學習必備的人際技巧和小團體技巧。成員若有良好的協同工作技能，將會有高品質、高效率的學習效果。在分組合作學習互動中，爭議和衝突在所難免，因此要讓學生學會：相互認識、相互信任、清晰地溝通、相互接納和支援、化解衝突等。

（五）團體歷程

小組學習效能的展現有賴於每個小組能夠檢討其運作狀況和功能發揮程度，團體歷程辨識分析小組目標達成程度，小組學習中成員一起工作得多好，其行動表現是否有助於目標的達成，並決定何者宜繼續存在，何者宜調整，促使小組成員持續合作努力以達成小組目標。

二、合作學習的實施

本研究所採用的是共同學習法，它是由 Johnson 和 Johnson 於 1987 年所提出來的，強調積極互賴、面對面助長性互動、個別責任、人際與小組技巧、團體歷程五項基本要素，而其教學歷程可分為四大階段與 18 個步驟（王金國，2005；Johnson & Johnson, 1999；Johnson, Johnson & Holubec, 1994）。

（一）教學前的決定

1. 界定教學目標：依照學生的起點行為，選擇適當的教學主題、目標及作業內容。

2. 決定人數多寡：視教學目標、班上學生總人數、教室空間及教學資源等因素而定，典型的合作小組人數範圍大概在 2 至 6 人。

3. 分派學生到各組：將學生分組是合作學習的重要工作，因為分組的結果會直接影響小組運作及學生的學習結果。一般而言，異質性分組是最佳的分組方式，異質性分組可讓小組的想法更多元，有助於增進學生學習的深度與廣度。

4. 分派組員角色：教師可決定組員的角色，分派組員角色是增進小組和諧及有效運作的途徑之一。小組內的角色採輪流方式，讓所有組員均能扮演各角色，以提供學生不同的學習機會，但要讓學生清楚角色的職務。

5. 安排活動空間：在安排活動空間時，要注意彼此能面對面，才能有助於互動。另外，組和組的間隔要適當，以免互相干擾。

6. 安排所需材料：教師需事先安排教學中各組所需的材料及分配方式。

（二）合作學習前的說明

1. 解釋作業內容與方式：教師必須讓學生清楚整個作業的目標、活動

方式、程序及時間規定等，只有讓學生清楚該如何做，合作學習才能順利進行。

2. 解釋成功標準：在解釋完作業內容後，也需要解釋成功的標準。

3. 建構積極互賴的情境：說明成功標準後，教師必須再一次強調同組內的成員也必須成功，藉此增加小組團結合作、積極互賴的狀況。

4. 建構個別責任：教師要讓學生了解在合作學習中，不能我行我素，不參與其中。活動完成後，要隨機抽學生回答，藉以強調個別責任。

5. 建構組間合作：當一個小組完成作業後，教師可以鼓勵該組組員去協助尚未完成的組別，或到已完成作業的小組進行答案與解決策略的比較。

6. 說明教師期望行為：由於合作學習過程中，同儕之間的互動息息相關，因此教師應明確告知學生所期望的行為，讓學生能於活動中表現出來。

（三）學生進行合作學習時，老師巡視各組並適時介入

1. 觀察學生表現：當學生在小組進行合作學習時，教師必須有系統地監控學生互動狀況，並給予小組互動技巧上的指導。

2. 教師介入提供作業上的協助：教師若發現學生在完成作業上有困難，可以再次解說重要步驟或策略來協助學生。

3. 教師介入教導合作技巧：當教師發現學生在小組互動過程中有不當行為時，也可介入指導合作技巧，讓學生學習較佳的處理方式或技巧。

（四）合作學習後的評量與反省

1. 總結活動：學生在合作學習後，教師可請學生回憶並摘述他們在本節課學到了什麼，除了可為合作學習活動做一統整，也可讓學生練習摘述要點。

2. 評量學習活動的質與量：學習活動結束後，教師應評量學生的學習

狀況。評量的方式可以是小組書面報告、小組討論、小組成績或是達成成功標準的總人數。

3. 反省檢討：學習活動後，教師要安排反省與檢討活動，請小組針對活動過程進行檢討，以作為下次活動改善的基礎。

綜上所述，MAPS 教學策略與共同學習法在實施操作上有其共同點，本研究乃參酌兩項教學策略的設計流程，同時也考量班級學生特性之後加以修正調整，規劃出一套適合任教班級國中一年級的國文教學方式，過程中觀察學生的學習歷程，探討會遭遇到的困難與因應，並了解學生在課堂上的學習行為的改變情形。

肆 課堂案例研究設計

一、採取行動研究的理由

行動研究是結合行動與研究的研究方法，由實務工作者針對工作場域中遇到的困難，研擬解決辦法並付諸行動，且在行動過程中進行反思與修正，進而改善問題或再發現新的問題，是一不斷循環的行動歷程。有鑒於此，在教學者想要嘗試改變教學之際，為自身的教學與學生的學習做出新的改變，期待能讓學生更專注、更喜歡國文課，透過增加師生的互動、學生間的討論，活絡課堂的氣氛。因此，決定導入 MAPS 教學策略與合作學習進行國文教學，設計課程、發現困難、提出辦法、嘗試解決、反省修正，觀察學生的學習歷程，分析學生的課堂行為，進行教學行動之省思。

二、研究場域與對象

教學者任教於臺中市大地國中（化名），創校至今已有 47 年，由於

學校位於臺中市海線偏鄉地區，視野所及，盡是稻田、住家、工廠，交通不發達，家長普遍社經地位不高，人口外移嚴重，因此學校面臨很嚴重的少子女化問題。研究者於 2010 年申請調動進入大地國中服務，當時全校共有 13 班，至今已降爲 10 班，預估接下來仍會再減班，以致學校人力縮減、行政併組、業務加重、教師超鐘點與非專長領域授課等，也隨之影響到學生學習，導致部分家長將子女送到鄰近規模較大的學校就讀，尤其是一些學業成就較高的學生更是如此，這是因爲家長相信都會區的學校會比較有競爭力。學校爲了挽救危機，也爲了吸引優秀學生留校就學，近幾年廣設各項獎學金，也開設多元社團、技藝學程、社區生活營等，然而，學區內的生育率卻始終不見起色，減班問題仍是無法避免。

研究對象爲大地國中一年級太陽班（化名）共 22 人，是研究者於 104 學年度新任教的班級，此班學生上課反應主動活躍，對國文的學習較有興趣，整體素質較佳。另外，由於初升上國中階段，對於國中國文的教學方式是完全陌生與新鮮，因此很適合教學者在傳統式講述、合作學習、MAPS 等教學策略之間作不同的結合應用。

三、研究實施流程

研究期程自 2015 年 8 月至 2016 年 1 月。研究實施共分三個階段：準備期、發展期和綜合期。

（一）準備期

首先，教學者針對課文文本設計適當的教學目標及作業內容，規劃每節課的教學活動設計。其次，考量班級學生特質，以及期待每位學生皆能投入課堂學習，共同分擔小組任務、互助合作，因此每組人數採 4 人爲原則，共分 5 組，實際的分組人數是：4 人、4 人、4 人、5 人、5 人。第三，採異質分組和各組男女人數平均分配的作法，並依照學生第一次國文段考

成績作爲標準，按照成績高低採 S 型分配學生至各組，以期達到鷹架學習，讓高成就學生可以從協助同儕中精熟學習，低成就學生可以在同儕幫助下完成學習。

第四，分派組員角色與任務。考量班級學生低成就的學生相對較多，因此每組選取兩名成績較佳的學生，分別爲師傅、教練，其餘 2 至 3 位學生爲徒弟，由師傅與教練共同協助徒弟完成小組任務。而且不同的角色擔負不同的小組任務，以期達到合作學習的最佳效果，小組角色與任務分配如表 8-1。

表 8-1　小組角色與任務分配表

角色	人數	負責小組任務
師傅	1 人	帶領小組討論與發表、分配組內工作、指導徒弟
教練	1 人	協助師傅、指導徒弟、檢查作業
徒弟	2 至 3 人	收發作業、領取活動教材

第五是安排學習情境，一方面要讓小組成員能面對面互動討論，另方面是小組和小組之間隔要適當，以免互相干擾。座位安排見圖 8-1。

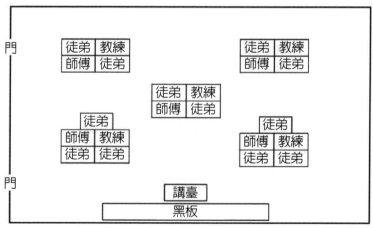

圖 8-1　學生座位安排示意圖

　　第六，教學者事先準備教學所需的預習單、提問單、學習單、海報紙
（繪製心智圖）等，並請各小組準備繪圖用的彩色筆。第七是說明活動規
則，細節說明如下：

1. 解釋成功標準

　　在進行教學活動前，先向全班學生詳細說明小組與個人計分的方
式。當小組完成任務時，小組分數即為個人分數，而每一份學習作業，亦
為個人表現成績。

2. 建構積極互賴的情境

　　說明成功標準後，再一次強調同組內的成員必須共同參與討論、一起
完成小組任務，藉以增進小組團結合作、積極互賴的狀況。

3. 建構個別責任

　　為了讓學生了解沒有人可以置身事外，因此在活動完成後，會收回每
一位小組成員的學習作業，全部收齊並確實完成的小組，可為小組加分，
藉以強調個別責任。

4. 說明教師期望行為

明確告知學生教師期望的學習行為，讓學生能於活動中展現出來。

（二）發展期

這個階段的活動設計如下：

1. 小組於教學活動前完成預習單

　　每一單元活動前，叮嚀學生先行閱讀課文文本。此外，每位學生皆會
拿到一張預習單，請師傅帶領小組利用課餘時間討論完成。

2. 教師帶領小組進行結構式提問

　　課堂上發給每位學生一張提問單，由老師帶領小組閱讀課文文本，一
次以一段落為範疇，依照提問單內容，進行結構式提問，再由師傅帶領小

組討論、發表，最後完成提問單填寫。

3. 教師帶領小組繪製心智圖

每完成一個段落的結構式提問和小組討論後，教師立即帶領小組在提問單背面繪製心智圖，因此當提問完畢後，心智圖草稿亦將近完成。

4. 小組用海報繪製心智圖

發給各小組一張海報，由師傅帶領小組成員用彩色筆進行心智圖繪製，請師傅分配成員負責繪製範圍，而此範圍亦是小組成員上臺發表的部分。

5. 小組進行心智圖演練與發表

以海報繪製心智圖完成後，給予各小組 10 分鐘進行心智圖演練，規定每一位小組成員皆要上臺發表，先由師傅帶領成員在小組裡練習發表，小組成員彼此互相回饋與修正，待練習完畢後，請各小組輪流上臺發表。

6. 票選優秀心智圖與小組回饋

各小組發表完成後，請小組成員再次向全班同學展示海報，每位學生 2 票，舉手投票給自己心中最優秀的心智圖，而自己組別最多只能投 1 票。票選完成後，請小組成員說明投票的原因，是喜歡心智圖的架構清晰、文字美觀、主旨明確或是創意插圖等，藉此給予各小組鼓勵與再進步的動力。

7. 小組於教學活動後完成學習單

課堂上由老師帶領小組討論完成，其餘則請師傅利用課餘時間帶領小組成員一同完成，規定於此單元教學活動後收回學習單，進行小組與個人評分。

（三）綜合期

1. 評量學習活動

學習活動結束後，評量學生的學習狀況，評量的方式爲預習單、學習單、提問單、心智圖、上臺發表、小組成績等。

2. 反省與檢討

學習活動後，請各小組針對活動過程進行反省與檢討。以小組爲單位，推派一人做口頭分享，教師立即給予小組回饋，最後表揚優秀的小組或努力的個人，以此激勵表現良好的小組或個人，並讓各組學生有學習的對象。

四、教學活動設計

研究規劃採第二次段考範圍作爲教學行動研究的文本教材，教材共有白話文三篇、文言文一篇與語文常識一單元。在授課過程中，教學者一來考量到語文常識教學的內容主要在於教導學生認識標點符號的種類、特點及用法，二來考量到比較適合的教學方式是採講述法來幫助學生直接了解重要概念，並輔以反覆操作演練來釐清概念之間的差異，因此刪減語文常識此單元，不納入本次行動研究。也就是說，教學者改以三篇白話文與一篇文言文，作爲行動研究的文本教材範圍。此外，12 月 2～3 日爲第二次段考。〈差不多先生傳〉爲小組成員第一次合作畫心智圖，並嘗試上臺做成果發表，需要較多討論、演練的時間，故實際教學活動爲兩週。〈賣油翁〉爲文言文體，考量學生對文言文的語法與文意理解上先備經驗較不足，故安排兩週進行教學活動。教學進度規劃表見表 8-2。

表 8-2　MAPS 教學策略應用於國中國文教學進度表

觀察階段	週次	時間	教學進度	文體	課文主旨
第一階段	8	10/19～ 10/23	L5 不要怕失敗	形式：應用文 （書信） 內容：論說文	說明失敗雖然痛苦，卻能累積經驗、增長智慧
第二階段	9	10/26～ 10/30	L6 差不多先生傳	記敘文	反映國人苟且敷衍的通病，期望國人以認真求實的態度做事
第二階段	10	11/02～ 11/06	L6 差不多先生傳	記敘文	反映國人苟且敷衍的通病，期望國人以認真求實的態度做事
第三階段	11	11/09～ 11/13	L7 賣油翁	記敘文	藉由射箭、注油的技術，說明熟能生巧的道理
第三階段	12	11/16～ 11/20	L7 賣油翁	記敘文	藉由射箭、注油的技術，說明熟能生巧的道理
第四階段	13	11/23～ 11/27	L8 音樂家與職籃巨星	形式：應用文 （書信） 內容：記敘兼論說文	成功是由無數苦練造就出來的
段考	14	11/30～ 12/04	語文常識二： 標點符號使用法		認識標點符號的種類、名稱及用法

資料來源：南一版國民中學國文第一冊備課用書（2015）。

　　最後，教學者採用「結構式提問」，針對文本教材設計出引領全文發展的關鍵問題，並讓學生據此進行鷹架指導、心智繪圖、上臺發表。因

此，教學者先閱讀分析各課文內容後，再針對各文本設計結構式提問，茲說明如下：

【第五課：不要怕失敗】

（一）課文分析

　　本文共十三段，可分為四部分。第一部分（第一至四段）由櫻櫻考試成績欠佳、情緒低落談起，帶出「人人都喜歡成功，都怕失敗」的體會。第二部分（第五至七段）論述失敗雖然讓人產生痛苦，卻也可以使人增長智慧和經驗，提醒女兒要正面看待失敗，是文章的主旨。第三部分（第八至十一段）舉自己第一次教書的經驗為例，說明失敗並不可怕，只要能檢討改進，成功會隨之而來，為主旨提供有力的實證。第四部分（第十二、十三段）以「失敗越多，學習越多，進步更快」來總結全文，也使主旨更為鮮明。

（二）結構式提問

　　1. 櫻櫻遭遇到什麼失敗？
　　2. 作者從哪些方面觀察出櫻櫻的難過情緒（請從表情、動作、時機、請求加以分析）？
　　3. 每當櫻櫻遭遇失敗，作者會有什麼反應？
　　4. 失敗和成功時各有哪些自然的情緒反應？
　　5. 失敗為何是「冷靜的專家」？
　　6. 作者分享自己的人生遭遇到什麼慘痛的失敗？
　　7. 作者找出自己失敗的原因為何？
　　8. 作者如何從失敗中站起來？
　　9. 為何「失敗是走上完美的臺階」？

10. 從櫻櫻、作者和我們自身的失敗經驗來看，失敗帶給我們什麼正向價值？

【第六課：差不多先生傳】

（一）課文分析

本文共十一段，可分為三部分。第一部分（第一至三段）總述，介紹差不多先生的姓名、籍貫、長相及觀念，並點出他是中國全國人的代表。第二部分（第四至九段）舉事例分述，依時間順序敘述差不多先生從小到大的事蹟，事件由輕到重，描述由略至詳。第三部分（第十、十一段）結局，以明褒暗貶的方式，寫差不多先生死後，眾人對他的推崇，可見「差不多心態」已深入人心、根深柢固。

（二）結構式提問

1. 差不多先生的籍貫是？
2. 差不多先生的長相、特質是（請從五官及頭腦來看）？
3. 在一、二段中，哪些文句暗諷出：人人都是差不多先生？
4. 差不多先生的觀念是？
5. 文中舉紅、白糖之例，說明差不多先生不分什麼？
6. 文中舉陝西、山西之例，說明差不多先生不分什麼？
7. 文中舉十字、千字之例，說明差不多先生不分什麼？
8. 文中舉搭火車遲到之例，說明差不多先生缺乏什麼？
9. 差不多先生生病時，不分什麼？
10. 從差不多先生的遺言中，可以知道他一生的處事態度是？
11. 為何死後差不多先生的法號叫做「圓通大師」？
12. 差不多先生死後對後代的影響是？

13. 在讀完差不多先生一生的故事後，你有什麼啟發（請從生活習慣、學習態度、人生規劃做分享）？

【第七課：賣油翁】

（一）課文分析

本文共三段，第一段從陳堯咨「善射」而「自矜」說起，為下文做了伏筆。第二段帶出故事主角賣油翁對陳堯咨的箭術不以為然，其中「睨之」、「頷之」的動作，再引出下段兩人的對話與交鋒。第三段藉賣油翁展示「以杓酌油瀝之」的技術，點出「熟能生巧」的意旨。

（二）結構式提問

1. 陳康肅公的專長是？
2. 陳康肅公的缺點是？
3. 賣油翁在哪裡看到陳康肅公在射箭？
4. 從哪些敘述可以看出賣油翁對陳康肅公的箭術不以為然？
5. 陳康肅公對賣油翁不以為然的反應是？
6. 面對陳康肅公的質疑，賣油翁如何回答？
7. 賣油翁以「手熟」來回覆陳康肅公，陳康肅公的反應是？
8. 賣油翁展示什麼技術，說明「熟能生巧」的道理？
9. 陳康肅公在看完賣油翁展示的技術後，有何反應？
10. 全文陳康肅公的情緒轉變是？

【第八課：音樂家與職籃巨星】

（一）課文分析

本文共十段，可分為四部分。第一部分（第一、二段）從魯賓斯坦和樂迷的對話，點出「苦練」二字是成功的不二法門。第二部分（第三、四段）先論述苦練的重要性，再指出很多人認為苦練之前，必須先衡量投資報酬率，這種看法，其實只有部分的真實性。第三部分（第五至九段）以麥可‧喬丹成功的歷程，說明平時苦練，才可以把握機會，獲得成功。第四部分（第十段）總結全文，強調即使天分再好，仍必須苦練，如果資質不足，只要以勤補拙，也能讓人在情勢有利時，脫穎而出。

（二）結構式提問

1. 文章如何描述魯賓斯坦在音樂上的成就？
2. 魯賓斯坦是如何達到這個音樂成就？
3. 成功來自天分與苦練，這兩者的比重是？
4. 但是有很多人質疑什麼？
5. 前四段的寫作手法是？
6. 喬丹雖熱愛籃球，但他遇到什麼困難？
7. 喬丹如何克服困難（請分點敘述）？
8. 在喬丹身上，你可以看到天分跟努力的比重是？
9. 如果要等到擁有成功的條件（長夠高）才努力，會有何結果？
10. 天生擁有好條件（長夠高），卻不努力，會有何結果？

五、資料蒐集與分析方式

本研究採行動研究，蒐集來自教學觀察紀錄、省思日誌、錄影、拍

照及學生學習成果等資料，然後進行資料分析。在行動研究中，資料的蒐
集、分析與詮釋是一個持續不斷進行的歷程，以此作為下一個教學行動修
正與調整的依據。資料編碼方式見表 8-3。

表 8-3　資料編碼說明

資料來源	代碼	舉例	說明
觀察紀錄	O	O-1041012	104 年 10 月 12 日的觀察紀錄
省思日誌	R	R-1041012	104 年 10 月 12 日的省思日誌
錄影	V	V-1041012	104 年 10 月 12 日的錄影
拍照	P	P-1041012	104 年 10 月 12 日的拍照
學習成果	L	L-1041012	104 年 10 月 12 日的學習成果

伍　案例實施與討論

一、第五課教學實施歷程與分析

（一）分配小組成員

　　教學者依據學生第一次國文科段考成績作 S 型的小組分配，並依據
各組男女生人數平均分配的原則，做些微的調整。在分組之前，先跟學生
說明接下來在課堂上進行 MAPS 教學與合作學習的模式。接著說明分組
的方式，在全班學生皆了解分組規則的情況下，在黑板依據成績與男女平
均分配的原則做分組。學生對於即將進行合作學習的教學模式與分配小組
的結果，多是表露出新鮮與期待的心情。

（二）說明組員角色與任務

分配學生至各組後，隨即向學生說明各組成員的角色、任務、加分機制，分別為師傅1位、教練1位、徒弟2至3位。第一次段考成績最高者為師傅，負責帶領小組成員進行討論並指導徒弟，若答對問題可為小組加1分；成績次高者為教練，負責協助師傅指導另一位徒弟，若答對問題亦可為小組加1分；其餘2至3位成員為徒弟，協助收發作業、領取海報、學習單等，若答對問題則可為小組加3分，且要配合師傅、教練的指示，認真聽取師傅、教練的指導，才能為小組贏得好成績。當學生在聽到小組成員的稱謂時，感到新奇而笑出聲來，對於即將進行的合作學習，躍躍欲試！

小哲：師傅、教練、徒弟，這些稱呼好有趣喔！
小勤：我們這組的師傅是小瑄，（轉頭向小瑄說）師傅好！（O-1041019）

（三）活動流程說明

接著教師向學生說明接下來每一單元皆有課前預習單，請各小組利用時間自行討論完成，師傅與教練必須指導徒弟完成。課堂上會有提問單與學習單，老師會帶領各小組一起討論完成，也會給予各小組討論的時間與加分的機會，師傅、教練也要協助徒弟完成指定作業。接著，這一課老師會逐步教導同學繪製心智圖，下一課就要請各組自行完成心智繪圖，並上臺作發表。

（四）結構式提問並繪製心智圖

教學者先請學生預習課文並填寫課前預習單，在上課時，每位學生一張提問單，帶領學生逐段閱讀課文，並給予小組討論時間，完成提問單

上這段落的結構式提問，再請小組成員舉手發表答案或看法。在每完成一段落的結構式提問，便請學生翻到提問單的背面，帶領學生逐段繪製心智圖。因此，結構式提問、小組成員鷹架指導、心智繪圖，在教學者的課堂上，是帶領各小組同時交錯進行與完成。

（五）課後省思

在進行第五課的教學過程中，學生對第一次用分組的分式進行教學、討論，感到非常新鮮有趣，因為可以跟不同的同學坐在一起，也會常常聽到教師喊師傅、教練、徒弟，使學生感到趣味十足。在討論的過程中，由於還不熟悉新的上課方式，需要教師更多的引導，各組的討論狀況還不夠熱烈投入，常有徒弟在等待師傅告訴答案的情況出現。而不同的加分方式，讓各小組更踴躍舉手回答，也使小組成員會鼓勵徒弟舉手回答，讓上課氣氛更加活躍、學生反應更加熱烈。在教導學生繪製心智圖的過程中，教學者會帶領全部學生一起學習如何繪製，但也同時鼓勵學生可以自行再加以改變，不必跟教師完全一樣。而在繪製過程中，一再重複強調繪製心智圖的功用、對於學習的好處，學生也能欣然接受、認真繪製心智圖。

二、第六課教學實施歷程與分析

（一）討論過程

在第六課的討論過程中，由於課文是講述「差不多先生」一生的經歷故事，較有結構、條理，因此在討論提問單的內容時，各組很容易就能抓住重點、發表看法。而一旦完成一個段落的提問單，就讓學生立即繪製此段落的心智圖在紙張背面。只是，教師會先交代各組在用海報繪製心智圖前，先完成心智圖的草稿，讓學生正式繪製時更易上手。

小昌：老師！心智圖的中間一定要用圓形嗎？

小順：可以塗鴉嗎？

教師：心智圖不一定都要用圓形的，你也可以用其他形狀表示。各組在繪製心智圖時，可以自行發揮創意，看怎樣的形式、圖樣可以將課文的內容做有條理、摘要的呈現。（O-1041026）

　　第六課是第一次請學生自備彩色筆，將心智圖繪製在海報上，因為是第一次用彩色筆、海報繪製，學生都感到很新奇有趣。在繪製之前，請學生先將各組桌子完全合併在一起，而為了使學生可以更有效率地完成，因此限制在 30 分鐘內完成並讓教師拍合照的小組可以加分，學生因而更加積極認真。在海報繪製完成後，接著給各組 10 分鐘的時間演練上臺發表心智圖，規定每一組的所有成員都要上臺進行發表，師傅須協調上臺發表的次序、成員負責的範圍，可以先訓練徒弟負責簡單的部分。

　　同學在發表的時候，教師規定其他小組要專心聆聽、不可以講話，若有干擾的聲音，會扣小組的秩序成績。上臺的小組，要先介紹自己是第幾小組，向大家鞠躬敬禮後再行發表，發表結束時，也要一起行鞠躬禮再下臺，而聆聽的小組要給予他們掌聲，表示鼓勵。每一組發表完成後，教學者皆會給予口頭上的稱讚與講評，期許下次上臺發表能更進步。

第一組：表現很平穩，但同學多盯著海報在講，希望下次可以學習多看著臺下的同學發表。

第二組：組員之間接續得很流暢，也能儘量不看著海報講，很不錯！

第三組：除了徒弟能侃侃而談外，師傅、教練也能說出文章的旨意，很棒喔！

第四組：忘記下臺也要敬禮了喔！整體發表得很流暢。

第五組：海報的差不多先生畫得很傳神喔！音量夠大聲，也能將文章的寓意表達出來，表現得很好！（O-1041106）

（二）課後省思

　　教學者發現，導入 MAPS 教學與合作學習進行國文教學，並加入結構式提問、繪製心智圖、上臺發表，的確可以讓教學更加生動有趣，學生也會變得期待上課，上課氣氛變得活潑生動，師生間的互動更加活躍，同學間的關係更加緊密。時常可以聽到師傅在喊徒弟「趕快寫！」「快一點！」「不要讓我們這組被扣分！」在收發作業、檢查訂正時，因為師傅、教練協助徒弟完成，也讓教學者頓時覺得輕鬆又有效率。

　　而學生之後也常來問：「老師！今天有要分組嗎？」「有要併桌嗎？」如果因為要進行隨堂測驗而回答無法施行分組共學，學生還會因此感到失落！可見學生是真的喜愛這種新的學習方式，或許正是因為可以與不同的同學在一起討論，可以有師傅、教練的指導，可以有加分獎勵的機會，也可以舉手搶答、繪畫、上臺發表等。小組一起共存共榮的相依關係，也讓學生在課堂上多了一份自我存在的價值感！

三、第七課教學實施歷程與分析

（一）討論過程

　　由於第七課是一篇文言文，因此教學者先請學生將原文抄寫在黑板，逐字逐行詳細講解，再輔以提問單請各小組進行討論，並互助合作寫下每段落的翻譯，經由教師講授與提問、學生討論、一起翻譯，學生對於課文的意涵皆能掌握。

　　而課文最後一小段落，教學者完全授權給各組師傅、教練帶領徒弟一同討論翻譯，遇到艱澀的字詞各組也能主動詢問，最後請各組推派組員上臺作翻譯發表，因為徒弟可以為小組加較多的分數，因次各組皆由徒弟上臺發表，而此方式徒弟既可以學會翻譯，也可以為小組爭取加分，得到同學們的稱讚與掌聲，徒弟都很喜悅，充滿成就感。

　　有了第七課繪製心智圖的經驗，這次各組分工繪製的效率更快了，除了能在時間內完成，也能在海報上強調文章的重點、主角的情緒轉折，或是畫一些可愛的插圖。

　　繪製完海報後，給予各組 5 分鐘的時間排練，請學生試著在小組裡說給組員們聽，學生也能快速地完成演練。而此次的上臺發表，學生因為有了前次上臺的經驗，教學者也再次強調上次需再改進的地方，各小組都能比上次的上臺更加熟練大方，以下為教學者在各小組發表後給予的講評與鼓勵。

第一組：表現得比上次要好喔！發表的時候，除了皆能將眼睛看向老師、同學，也能用手指著心智圖上的重點，而徒弟也很厲害，說得超流暢。

第二組：除了維持上次的水準外，對於課文主角的情緒轉折也能特別強調，將心智圖的功用表現出來了喔！

第三組：老師真的要給第三組的徒弟特別稱讚一下，講的時候笑咪咪的，也能不看著海報，真厲害啊！其他同學表現也很大方有自信。

第四組：表現很穩健，組員接續得很流暢，也能不看著海報講，進步很多喔！

第五組：心智圖的插圖依然很豐富！但要注意不要用太淡的顏色寫，後面同學會看不太清楚。講解也很流暢通順，師傅也能強調文章的旨意，很棒！（O-1041120）

（二）課後省思

　　由於有第六課在海報分工繪製心智圖與上臺發表的經驗，這一次各小組都能在規定的時間內準時完成，也有一定的成果水準，可以看到學生樂在其中，甚至希望可以將海報帶回家給家長看，還要研究者將照片及錄影

的畫面播給他們看！眞正看到學生正在進步且快樂學習。

　　不過，第一組因爲有一位徒弟的作業和訂正常常無法在時間內完成繳交，造成第一組常常被扣分，師傅反應帶領這位同學感到很吃力，甚至都看不到他的進步，教學者除了特別嚴厲告誡此位徒弟，並將他留在辦公室完成作業外，也勉勵師傅不要氣餒，若是很無力很累，可以改換教練負責教導此位徒弟，等到可以協助指導了，再繼續負責。

四、第八課教學實施歷程與分析

（一）討論過程

　　由於在預定教導第八課的過程中，遇到學校國文課文背誦比賽、學藝競試，因此在課堂上安排許多時間讓小組先做國文課文背誦的加分競賽，也協助學生複習前面所學以準備學藝競試，再加上檢討學藝競試考卷，花費不少時間。而在有限的時間下，再考量到第八課爲一篇現代白話文，學生對於課文較易理解把握，因此，便將教學重點放在提問單的討論、發表與完成。

（二）課後省思

　　雖然學生只完成提問單的討論，但由於此篇課文本身就很淺白易懂，因此學生經過一系列的結構式提問與討論，對於課文的意涵已能掌握。但少了繪製心智圖與上臺發表，還是減少了課堂上師生與小組成員的互動，變得不夠生動、熱絡、有趣。而少了心智圖的重點摘要與上臺發表的重複演練，學生在課堂上對於課文的閱讀、練習不夠，相對熟練度也降低不少。由上可知，繪製心智圖與上臺發表，除了可以熱絡課堂氣氛、強化師生互動、親近組員關係外，也能增進學生對於文本的閱讀理解程度。

五、焦點學生課堂行為分析

教學者爲了解學生在課堂上的行爲改變情形，從班上選取小馨與小羚兩位高學習成就的學生，以及小昌與小勤兩位低學習成就的學生，記錄及分析四位焦點學生的課堂行爲。

（一）個案學生一：小馨

1. 個案的課堂學習行為

小馨資質好，國文造詣佳，擔任國文小老師，亦是學校代表參加臺中市字音字形比賽的種子選手，可見識字能力和記憶力皆較突出優異，在接手此班的國文課時，暑期輔導的老師就提及小馨的國文成績特別優秀。在班上，小馨亦屬於領導型的人物，常能聽到小馨大聲叮嚀同學要注意的事項、需繳交的作業與日期等，若對同學有何不滿，亦會直白地說出來，是一位學業優異、個性爽朗的學生。

小馨在小組擔任師傅的角色，總是樂在合作學習的角色裡，很願意去指導徒弟、分配組內工作、管控組員的秩序等，爭取小組能贏得積分第一。在帶領小組進行討論、繪製心智圖、上臺發表時，總能以最快的速度、找到最佳的答案，並指導小組成員一同完成，由於指導他人時態度開朗大方，組員也都很信服她，只是小馨能力強，往往她一人的答案便是全組的答案，如此一來，少了小組一起腦力激盪的過程，令教學者感到惋惜。

徒弟：老師！我們這組有五個人，比起其他組才四個人，我們完成一定比較慢，沒有多加到分，這樣對我們不公平啊！

小馨：（對徒弟說）老師說過，加分的機會對各組有好有壞，你們兩個不要害我們被扣分就好了！（小組一片笑聲）

教師：沒錯！你們五個人一組也有好的地方啊！像作業完成、背書加分，

你們有五個人可以加分，還有兩位徒弟一次可加 3 分，馬上就加比其他組多了。（O-1041020）

　　小馨在課堂上遇到不會的、不清楚的地方，總是會勇於將問題大聲說出來，將問題釐清後，做事更有效率，也更確實。而每當教學者向全班提出問題時，小馨也常第一時間舉手回答，尤其是詢問成語的意思時，小馨常能將成語的故事源由從頭至尾向全班說一遍，可見其國文底子良好。此外，在繪製心智圖時，因小馨在國小時曾有繪製過的經驗，總會以更清楚明瞭的方式將文本架構呈現出來，也會詢問老師的意思，可否依照她的構想繪製，學習態度良好。

2. 課後省思與改進

　　觀察小馨在學習過程中，覺得她是個不可多得的師傅人才，除了很樂意指導協助同學外，在與老師、同學的應答過程中，總是會很開朗地把問題說出來、把事情交代清楚，臉上總是掛著微笑，讓人更樂於與她相處。而小馨在學習上表現的良好態度，教學者可以在教學過程中常找機會在全班同學面前加以稱讚，具體說出小馨值得讓人效法的地方，讓同學可以多向她學習。不過，因為小馨能力好，小組成員常會以她的答案作為答案，或是直接拿給徒弟抄，教學者發覺有需要再多指導小馨如何帶領組員討論的技巧，例如會請她在討論中一定要詢問組員：「你的看法是」、「你同意嗎」、「如果是你，你會怎麼做」等，先不說出自己的答案，多給予小組成員發表的機會，學習耐心等待與傾聽，讓小組的討論更加活躍。

（二）個案學生二：小羚

1. 個案的課堂學習行為

　　小羚成績優異，學習能力強，上課反應靈敏，總是一個人就能把老師交代的任務完成，並且做得很好。在心智圖的發表上，對於教師給予的建議，總是一下子就能抓住要領，讓自己的表現更加出色，時時都能看到她

的進步。小羚在課堂上表現亮眼，總是睜著圓滾滾的眼睛盯著老師看，期待老師給予更多新的知識，小羚的學習能力相當好，很容易就理解老師講授的要領是什麼，提點他們這一組的重點是什麼，對於組內較有難度的任務，也能勇於承擔，讓小組的表現更好。

在心智圖的發表上表現極為出色，當老師提醒全班在發表時不要看著海報講，要用自己的話把故事串連起來，讓心智圖更有連貫性，並且帶出這一課的主旨，小羚也能應允會做到，足見她對學習、上臺發表非常有自信，正式發表的時候，也總能侃侃而談，大聲地說出故事，並帶出旨意，是班上同學上臺發表的好楷模。

小羚擔任師傅，負責指導徒弟完成任務，如果遇到徒弟三番兩次都說不聽、教不會，就會沒耐心地斥責他，讓小組的學習氣氛低迷，使得徒弟反而畏縮。而若遇到徒弟作業缺交，讓小組被扣分，多次提醒徒弟也未見改善，小羚更是氣餒，更向教師反應：「可以讓這位徒弟自己一組嗎？我實在是不喜歡這種分組的方式。」（O-1041109）

小羚：老師！小哲（徒弟）一直不寫作業，跟他說很多次了，下課還跑出
　　　去玩。
教師：既然小哲沒辦法準時完成作業，也不聽師傅的話，那下課時間就到
　　　辦公室寫，下課一分鐘內準時報到。
小羚：老師！小哲一直害我們被扣分，可不可以讓他自己一組啊？這樣很
　　　不喜歡分組的上課方式。
教師：大家能夠在同一組也是有緣分，老師希望大家可以學會珍惜與互相
　　　協助，遇到問題可以向老師反應，不可以說不想跟誰同一組。而且
　　　第二次段考後，我們就會再換組了，每位同學我們都可能會遇到，
　　　要從中學習包容、互助和珍惜。
教師：有些同學常因作業缺交被扣分，可見還需要我們更多的幫助，所以
　　　老師打算讓小勤晉升為「小徒弟」、小哲晉升為「小小徒弟」，當

他們發言時、表現好時就幫他們加較多的分數來鼓勵他們，「小徒弟」加 4 分、「小小徒弟」加 5 分，你們同意嗎？（在和全班同學一陣討論後，最後以舉手表決的方式，過半數通過。）

教師：好。那以後最需要幫助的同學，我們就晉升爲「小徒弟」、「小小徒弟」，各自只能一個人。（O-1041109）

2. 課後省思與改進

在合作學習的過程中，若是遇到小組因爲某位成員常被扣分，讓全組成員覺得挫折無力感，導致整組學習變得氣餒、互相責怪，甚而放棄追求榮譽，分組合作學習就變得沒有意義了。因此教學者很感謝小羚能把問題說出來，可以讓教學者跟學生們一起思考如何解決的辦法。後來當全班同學票選通過實施「小徒弟」、「小小徒弟」後，教學者發現，不只組內的學習氣氛變好了，班級的氣氛也變得更正向了，學生對於「小徒弟」、「小小徒弟」的稱呼也覺得很有趣。而變成「小徒弟」、「小小徒弟」的小勤與小哲，也因爲不再成爲小組的害群之馬，能爲小組加到更多的分數，變得更喜歡舉手發言，進而得到小組成員的稱讚與喜歡，贏得成就感，作業反而會主動積極地去完成，學習變得更加快樂，小組氣氛也變得更加融洽了。

（三）個案學生三：小昌

1. 個案的課堂學習行為

小昌是一位安靜含蓄、笑得很靦腆、很認真抄寫筆記的男孩，但後來隨著教學者改採 MAPS 教學與合作學習進行國文教學後，小昌在課堂上變得開朗活潑、主動幫忙，對學習有自信、有成就感。教學者逐漸發現，小昌因爲課堂中小組同儕之間的討論，說話的機會變多了。因爲擔任徒弟會翻譯、會背書可爲小組加更多的分數，發覺他的笑容也變多了。也因爲

他能自發地在心智圖草稿上繪出可愛的插圖，得到教師、同學的稱讚，所以他也更有成就感。另外，因爲他創作的插圖得到組員的認同，得以用彩色筆畫在大張海報上，可以明顯感受他有更多的自信心，不只學習時發覺神情變得快樂、積極、有光彩，也會主動幫助教師擦黑板、發學習單、指導另一位徒弟，每天上課都可以看到小昌開朗的笑容！

因爲心智圖的繪製，讓小昌在國文課能發揮自己擅長畫畫的本領，讓教師、同學都發現到小昌的長處，而得到滿滿讚賞的小昌也因此更喜歡畫畫，總是能爲自己小組的心智圖海報加入更多的創意巧思，讓組員們一起聯想跟主題有關的圖樣，再由小昌繪製出來。在一次全班票選優秀心智圖的活動中，小昌這一組贏得冠軍的原因，就是他們這組海報上的插圖無人能比！

2. 課後省思與改進

因爲小昌課堂上的轉變，以及發覺到小昌畫畫的長才，讓教學者深覺合作學習施行起來的好處眞是不少，不只讓師生的互動增多、小組的討論活絡，使教室的氣氛變得生動自然，也幫助學生更快速地成長，敢於說出己見、敢於面向全班發表，還能啓發學生的多元智慧，讓國文課不只是學會生難字詞、考注釋、背翻譯等呆板的學習，而是可以讓學生用自己的圖案、表格、創意，有條理地把課文大綱整理出來，並且練習靠自己把它說出來，學到的不是「背多分」的能力，而是未來出社會最需要的獨立思考、邏輯表達等「帶得走的能力」。

（四）個案學生四：小勤

1. 個案的課堂學習行為

小勤是一位很調皮愛玩的學生，在剛開學接手這個班級的國文課時，就聽暑期輔導的國文老師說起，小勤曾攜帶違禁品至學校，在早修時間拿出來把玩並向同學炫耀，雖然事發後勇於道歉、承擔過錯、本質不壞，但是唐突違規的事情卻是層出不窮。而觀察小勤在課堂上的表現，若

是教師有嚴格督促，就能按時寫好筆記、完成功課，並不是一位可以自發學習、樂在其中的學生。

　　在導入 MAPS 教學與合作學習進行國文教學之前，教學者在課堂上總是要盯緊小勤的筆記、功課，如果沒有完成就要求至辦公室寫完，耗費許多額外的時間與心力。自從實施新的教學方式之後，小勤從一開始需要由師傅提醒要寫作業、補交作業，到後來已不用任何人叮嚀，就可以靠自己按時完成功課，為小組爭取加分機會，還會提醒教師還沒有檢查作業！

　　自從小勤由「小徒弟」（可加 3 分）晉身為「小小徒弟」（可加 5 分）後，上課變得很喜歡舉手、很喜歡發言，常常都可以在討論後發言時，聽到小勤說：「老師！我啦！」「叫我啦！」樂在學習中的可愛行為，令人欣喜。在心智圖繪製時，也能看到小勤認真討論、專心繪製的身影，上臺發表時，更會舉手搶先說：「老師！我們第三組先啦！」（O-1041120）

2. 課後省思與改進

　　在課程實施歷程中，小勤由一個需要老師緊盯、耗費心力的學生，變成自動自發、準時完成作業，也會積極爭取發言、上臺機會的學生，看到學生進步並且喜歡上課，教學者不禁有所感慨，有時候不是學生不喜歡上課、不樂在學習，而是教師沒有提供學生良好的學習環境。在傳統的課堂上，教師講、學生寫，學生沒有自主學習、發揮創意的空間，而此次導入 MAPS 教學策略與合作學習恰好能給予學生發揮自我、動手操作的機會，同時學生可以討論、指導別人、分享看法、上臺發表、得到老師同學的稱讚與掌聲、發揮創意、繪製心智圖等，也許一開始會害羞膽怯，可是在一次又一次的操作演練後，真的可以發覺到學生的發言和討論愈來愈主動，現在往往只要教學者說：「誰要來說說想法」、「誰想要針對票選的心智圖發表看法」，不需要特別提到會加分，學生就能習慣性、自發地紛紛舉手，每當看到學生如此踴躍發表的課堂風景，而學生表達又能頭頭是道、言之有物，就會激起內心的教學熱情和成就感。

陸 結論與建議

一、結論

（一）課程設計與調整

　　教學者過去皆採講述法進行國文教學，教師講、學生聽、老師說、學生寫，課堂上除了偶爾的提問和學生回答之外，都是教師一人滔滔不絕的講授聲，而今，嘗試導入 MAPS 教學策略與合作學習設計國文課程，課堂上不再只是教師一人的獨角戲，還有同儕之間的指導協助、小組之間的提問競賽、教師即時的鼓勵與回饋等。此外，師生互動的機會變多了，教師時時給予小組與個人加分，立即稱讚與講評，上課的氣氛變得活潑有趣，而學生不再只是用心聽、動筆寫，還有小組合作、組間競賽、提問搶答、歸納重點、繪製心智圖、上臺發表、組間回饋等，既豐富學生的學習經驗，也啟發學生的多元智慧。

（二）實施之困境與因應

1. 小組成員排斥學習成就低的學生

　　在分組合作學習的過程中，若遇到小組成員總是無法確實完成作業、跟不上小組的腳步，進而影響到小組的學習成績，就會導致組員心生不滿、互相責怪，分組的討論學習方式就沒有意義了。而此次研究歷程中，就發生第一組師傅不滿徒弟不配合、不交作業以致常被扣分的狀況，導致師傅變得沒有耐心、徒弟變得畏縮、組內氣氛僵持。教學者的處理方式是，再次重申小組成員間的角色職責與分組的意義，利用下課時間將習慣拖欠作業的徒弟叫至辦公室完成作業，並與全班討論將此位徒弟晉身為小小徒弟，表現優良時從原本一次可加 3 分改為加 5 分，另一位徒弟則晉身為小徒弟，改為加 4 分。實驗之後，不僅徒弟找到成就感、變得有榮譽

心，師傅也歡喜接受他們的小徒弟、小小徒弟了。

2. 心智圖的海報繪製與發表，會壓縮到下一單元的教學活動時間

從第六課開始，教學者指導學生先在提問單背面繪製心智圖草稿，再請小組一起用彩色筆在海報繪製心智圖，並在小組互相演練，最後各組輪流上臺發表。如此操作下來，學生對於課文文本的理解更臻精熟，既能練習到口說、上臺的技巧，也能發揮自己創作繪圖的長才，且在發表完成後，教師立即回饋與加分、小組成員互相票選優秀心智圖，皆是讓學生喜歡繪製心智圖、上臺發表的原因。只是，此活動需要許多時間進行，導致壓縮到下一單元的教學活動時間。而教學者的解決方法是，如果時間不夠，可以嘗試使用其他的口說發表方式，例如：小組間互相發表（如第一組和第二組彼此互相發表），或指定師傅、教練或徒弟至下一組發表，或者將各組海報依照組別傳下去，讓各組都能觀摩學習他組優秀之處。如此一來，既可縮減時間，又可時時改變教學活動形式，讓課堂展現不同的學習景致。

3. 小組討論不夠充分，師傅指導徒弟技巧不足

在課程實施歷程中，教學者發現小組成員間常有討論不足的現象，師傅和教練程度較好，往往未經由討論就直接將答案說出來或寫下來，而徒弟也被動地等待答案，未能看到預期的討論互動過程。而教學者的因應方式是，再次提醒學生填答之前要經過小組的討論，並利用下課時間指導師傅引導成員討論與問話的技巧；而為了確實達到討論的過程，教學者要求小組內成員的學習單答案要寫一樣，如此一來，小組成員為了取得一致的答案，勢必會經過溝通討論以取得全組成員一致的答案；此外，在小組討論完指定的範圍後，教學者會立即至各組評分，口頭上給予回饋，以此鼓勵小組成員確實做到溝通討論。

4. 學生不僅獲得正向經驗，也可能習得負向經驗

在課程實施歷程中，學生可以獲得溝通、聆聽、專注、口說發表、互

相協助、鼓勵等正向經驗，但學生也有可能會習得未預期的負向經驗，例如：被排斥、互相責罵、畏懼上臺、被標籤化（師傅、教練、徒弟）等，因此教學者必須謹慎觀察各組學生的互動學習情形，即時發現問題，並提出解決辦法，或者經由與全班同學一起討論溝通，付諸行動，反省修正，直至問題解決。

（三）學生課堂行為之改變

1. 勇敢表達看法，樂於上臺發表

在研究觀察歷程中發現，學生逐漸喜歡舉手回答、上臺發表，從一開始多是程度佳的學生舉手回答提問，到現在，當教學者一提問，超過一半以上的學生都會舉手表達己見，且言之有物，有時還需要限制此題每一組只能 1 至 2 位學生發表，以此來控制時間。此外，心智繪圖成果的發表，學生也一次比一次演練得更快速，在師傅分配組員負責繪製的部分時，學生一邊繪製一邊演練，發表時也能察覺學生已從原本害羞膽怯、說話太小聲、臉看海報，到現在已能大方面對前方學生、手指海報並侃侃而談。

2. 學會專注、聆聽、尊重、合作、自動自發，追求小組共生共榮

在研究歷程中，教學者常以小組加分來引發小組的學習動機，累積第一名的小組能得到抽獎的機會，因此各組學生皆能專注在課堂活動上，透過完成小組任務、舉手發表等方式為小組創造好成績，而也在小組合作學習的過程中，學生習得專注、聆聽、尊重、合作、自動自發，知道個人的表現是與小組共生共榮的，唯有更加團結努力，才能為小組贏得最佳的表現。

二、建議

（一）給教學者的建議

1. 充實 MAPS 教學策略與合作學習的實際操作技巧

現今各種合作學習、翻轉教室等教學方法層出不窮，各種教學策略皆有其突出之處，如何找出最適合自己任教科目與班級學生特質的教學方法，在於對各種教學方法的操作技巧是否純熟，因此，擴充合作學習與 MAPS 教學策略的實際操作技巧，是教學者嘗試改變教學可否成功的關鍵。

2. 使用 MAPS 教學策略增進學生文本理解分析能力

MAPS 教學法由王政忠老師提出，實施在其國文教學上有成功的先例可循，而探究 MAPS 教學策略的成功因素，使用結構式提問帶出文本的關鍵問題，經由小組討論問題的完成，同時繪製出心智圖，再練習上臺口說發表，此一連串的學習活動，對於學生的課文理解分析大有助益，因此，建議教學者可多運用 MAPS 教學策略於文本理解分析。

3. 配合教學時間與學生特質，活用 MAPS 教學策略

在嘗試操作 MAPS 教學策略、帶領學生進行小組討論、深度提問、心智繪圖、上臺發表此一連串活動時，常會面臨學校既有的考試、活動接踵而至，而感到教學活動時間不足的問題。因此，建議教學者不一定要在同一文本即完成 MAPS 所有教學策略，應自行配合教學時間與學生特質，活用 MAPS 教學策略。

4. 建立教學團隊，尋求專業對話

在嘗試新教學方法時，遇到問題是在所難免的事，只是如何找出解決之道才是教學能否繼續進行的關鍵，若是孤軍奮戰，更容易在面對教學瓶頸時打退堂鼓。因此，應在學校尋找志同道合的夥伴，彼此協調時間，提

出問題，共同腦力激盪，尋求專業對話，一起在教學路上再接再厲、精益求精。

（二）給學校行政單位的建議

1. 推廣並舉辦 MAPS 教學策略與合作學習的相關知能研習

很多教師若未被指派參加校外的相關知能研習，是不知道當前合作學習與 MAPS 教學策略已蔚為盛行，因此學校可定期在校網更新相關的校外研習資訊，並利用領域時間推廣相關教學知能，或者邀請專家教師至校內分享成功經驗，透過優秀教師的課堂經驗分享，更具有說服力，更能引發教師嘗試改變教學的動機。

2. 全力支援與提供教學活動所需的設備

在教學者實施研究課程時，深感活動中所需的設備不足，例如各小組的白板、白板筆、板擦、發表用的海報、錄影器材等，如果學校能主動擴增足夠的教學設備，不僅教師能更專注在課堂的引導上，不再需要擔憂設備器材的不足，也能讓學生更便利於討論學習，亦能鼓勵更多教師嘗試改變教學。

3. 培養校內種子教師，開放教室觀課，增進教師的教學效能

建議學校可以先在校內培養優秀的種子教師，開放課室觀課，讓其他教師進行觀摩學習，學習其成功經驗，如此既可讓教師有途徑學習嘗試改變教學，亦可增進校內教師的教學效能。

【本章內容原出自作者二王婉怡的碩士學位論文，其後經作者一吳俊憲及作者三吳錦惠改寫並發表於以下之文：吳俊憲、王婉怡、吳錦惠（2016）。合作學習與 MAPS 教學策略導入國中國文教學之行動研究。論文載於靜宜大學教育研究所舉辦之「第 34 屆課程與教學論壇──偏鄉教育發展與創新」學術研討會論文集（頁 225-253）。臺中市：靜宜大學。茲經作者一吳俊憲修訂後收錄於本書。】

第九章　分組合作學習應用於國中英語教學案例

 本章摘要

　　本章旨在探討運用合作學習策略提升國中學生英語學習成效，了解在實施合作學習的過程中，遭遇的困難與解決策略，並且藉由行動研究來修正問題並進行教學反思，以增進教學專業成長。研究設計採行動研究，研究結果如下：一、合作學習對於學生英語學習動機與態度及合作技巧皆有提升；二、實施合作學習的過程中，遭遇的困難有：人際問題、討論不確實、秩序不佳、職務角色執行不確實等；三、提出的解決策略為：社會技巧教學、時間控制、競賽方式、計算個人進步分數等；四、根據學生學習評量結果顯示，實施合作學習後，學生的英語學習成效有顯著差異；五、合作學習有助於提升教師教學專業成長。

壹 前 言

目前國中常態編班方式下，學生的英文能力差異很大，教師很難在課堂上兼顧到每位學生的學習，也很容易因為升學而忽略程度較差的學生，導致愈來愈多的學生在英文課中因缺乏興趣而放棄學習。在實際教學現場中，可能是因為學生開始學習英語的年齡及時間長短不同，導致升上國中後，程度好的學生對於已學過的內容感到枯燥無味，程度差的學生則根本聽不懂教師在講什麼。臺灣推動九年一貫課程改革，將英語學習的年限向下延伸後，學生程度參差的問題愈來愈顯著，造成學生英語能力呈現兩極化，尤其是剛入學的七年級新生即出現相當大的落差，不少學生對英語學習產生負面態度，更甚者缺乏學習動機，這種情形隨著學生年級增加而愈明顯。學生升上八年級後隨著教材難度的加深，喪失學習興趣的比例相對大幅提高。到了九年級，整個班級就呈現更大的差距，前段學生能自我學習，中段學生只有一半在聽課，後段學生則是上課睡覺、傳紙條，容易令教師感到無奈。

因此，研究者（作者二為實際教學者）思索如何讓學習能力及程度不一的學生都能專注於學習，並且增加其課堂的參與感與提高學習動機，另外也期望兼顧到教學進度，又能讓學生願意主動思考，對學習產生興趣。教學者現在擔任七年級導師並且教授英文科，決定嘗試改變自己的教學方式，應用合作學習策略，並透過行動研究，對教學進行觀察、行動、省思及修正，期許引發學生對英文的學習興趣且激發學生潛能。

回顧過往的研究文獻可以發現，在常態分班的班級內要解決上述英語學習的問題，應用合作學習策略具有正面成效。早有許多研究結果證實，合作學習與競賽（competitive）學習或個別式（individualistic）學習相較起來，更能提升學生學習動機、學業成就及合作技巧的表現（Johnson & Johnson, 1986；Slavin, 1985）。同時也有相關研究顯示，合作學習應用在

「以英語爲第二語言」（English as a Second Language，簡稱 ESL）或「以英語爲外語」（English as a Foreign Language，簡稱 EFL）的教學，對學生學習態度與學習結果具有正面效益（Ghazi, 2001；Honer, 2000；Kagan, 1995；Phyllis, 1989）。在這個多元化的時代下，每個學生都需要學習如何與他人合作的能力，學習不應只是在單打獨鬥的過程中完成，而是需要透過同儕間的互助合作，建立共同目標並一起完成任務。

　　合作學習乃是引導學生透過合作歷程，教導學生分享及協助他人，讓學生一起完成學習的目標。一方面可以促進學生學習進步，另方面可以培養學習生活的技能，增進良好互動的人際關係（單小琳，2000），在合作學習的過程中，也能進一步讓學生體會到互助的態度和價值觀。因此，教學者採用 104 學年度翰林版國中七年級英語教材作爲教學內容，應用合作學習當中的「學生小組成就區分法」，運用班／週會及導師時間教導學生合作學習技巧，透過行動研究來蒐集授課過程中的觀察紀錄、訪談紀錄、省思札記、攝影拍照及學習成果等文件，探討合作學習對學生學習英語的影響、面臨問題及因應策略。

　　基於上述，本研究之研究目的如下：

　　一、探討合作學習應用於國中七年級英語教學之影響或效益。

　　二、分析合作學習應用於國中七年級英語教學，可能遭遇到的問題及因應策略。

貳　合作學習的實施困境與因應

　　合作學習（cooperative learning）乃自古以來便有學者開始提倡其觀念。孔子曰：「獨學而無友，則孤陋而寡聞。」另曰：「三人行，必有我師焉。」西方學者坤體良（Quintilina）與康米紐斯（Comenius）都曾主張學生可以藉由和同儕互學而獲益（Johnson & Johnson, 1987）。十八世紀

末，Lancaster 與 Bell 在英國倡導採用合作學習施教，其後美國學者 Parker 和 Dewey 等人也非常重視合作學習在教學上的運用。Johnson 在 1966 年創立合作學習中心（Cooperative Learning Center），其後關於合作學習的相關研究便逐漸開展。進入 1970 年代，合作學習開始廣為提倡並成為有效的教學方式（于富雲，2001），而許多學者也開始針對合作學習理論作為基礎，發展出多樣化的小組合作學習策略（周立勳，1994），至 1980 年代以後，相關的實徵研究與發展依然持續進行（黃政傑、吳俊憲，2006）。

合作學習的教學方式中，基本結構與活動不盡相同，但內容上大致都包含異質分組、積極互賴、個人績效責任、面對面積極的互動、社會技能、團體歷程等基本要素（黃政傑、林佩璇，1996；劉新等，2006；Johnson, Johnson & Holubec, 1994；Putnam, 1993）。

一、實施困境

合作學習是否確實能提高學習動機，增進學習成就，促進學習社會技巧，並促使學生在將來進入社會時便已具備批判思考及解決問題的能力？實施過程中是否會遭遇某些問題或困境？王金國和孫台鼎（2014）指出，當教師在實施合作學習之前，要先了解合作學習可能遇到的問題，然後儘量避免或尋求解決之道。Johnson 與 Johnson（1994）提出實施合作學習可能遭遇以下問題：（一）小組成員的成熟度不夠；（二）容易在小組裡產生一些遊手好閒、混水摸魚的人；（三）當出現不公平的問題時，成員可能會喪失學習動機；（四）缺乏真正異質分組；（五）缺乏協同合作的技巧；（六）有些人會養成「搭便車」的習慣；（七）分組人數不恰當，小組人數過多，會使參與度降低，或是個人貢獻沒有受到重視；（八）避免尋求與他人一致的答案，否則容易造成團體迷思。

二、因應策略

承上述，教師進行分組合作學習時，最常會遇到時間掌控、秩序管理及工作分配等問題。因此，可能的解決之道有三方面：

（一）活動時間掌控方面

分組合作學習於課堂中必須透過討論、發表、競賽、實作與提問等互動方式進行，需要較多時間，因此常會感到時間不足的問題（邱麗娟，2010；時新英，2005）。如何有效做好時間掌控，教師可以將部分前置工作在課前指定學生要先完成，或是延後至課後再完成。教師也可於活動進行前，加強組內成員對自己的角色任務要熟悉，始能更有效率地掌握課堂時間運用（朱玉婷，2011）。

（二）課堂秩序管理方面

分組合作學習與講述法最大的不同在於小組討論，討論時的課堂秩序管理最容易出現問題（邱裕惠，2002；邱麗娟，2010）。小組討論與活動進行時，教師可藉由合作技巧指導，例如傾聽、專注來控制並要求音量與品質，亦可利用小組分數的提醒和要求小組秩序。另外，小組討論時，教師可經常進行組間巡視與走動，適時處罰不當行為，培養學生自律，並維持良好的課堂秩序。

（三）組員任務分配方面

小組活動時，容易發生「搭便車現象」。能力高的學生一手包辦，而其他成員則無所事事、坐享其成（邱麗娟，2010）。良好的分組合作學習，組員依據個人特質，互相分工合作，才能避免工作分配不均的問題（時新英，2005）。分組合作學習強調學生怎麼「學」，而不是怎麼「教」，教師應加強合作技巧訓練，確實督導分工，強調個人績效責任，

表揚不同能力的貢獻，以減少過度依賴某些組員，達成有效的團隊合作。

參 學生小組成就區分法的實施歷程

　　學者（黃政傑、林佩璇，1996；Slavin, 1978, 1985）提出許多不同的合作學習類型，但歸納其實施步驟大致如下：準備教材、說明學習任務、進行分組學習、安排座位空間、學習評量、成就表揚（林寶山，1998）。教師可依學生程度、年級、班級特質、課程教材採取不同設計，加以靈活運用合作學習的方式。經常使用的四種合作學習類型如下：學生小組成就區分法、共同學習法、小組遊戲競賽法、團體探究法。

　　本章案例採用學生小組成就區分法，它是 Slavin（1978）所發展出來的一種合作學習方式，其實施流程如下：

一、全班授課

　　開始大都以全班授課的方式介紹教材，然後，教師必須跟學生強調最主要學習目標與意義，而非教材內容的記憶背誦。

二、分組學習

　　教師必須依據學生的能力水準、性別或社經背景及心理特質等，將學生分成 4 至 6 人的異質小組。在全班授課後，教師會提供學習單或學習材料，讓小組成員一起學習以精熟教材內容，並利用合作的方式討論學習單或教材，當成員發生錯誤學習時互相訂正，以建立正確的觀念，共同完成學習目標。

三、學習評量

教師藉由個別小考檢核學生的學習成果。在分組討論後，每位學生必須參加測驗或評量，以評估學習成果。

四、計算個人進步分數

評分方式是以學生合作學習前的小考成績紀錄作爲基本分數，再由他們每次小考分數減基本分數，換算成進步分數，換算表如下表 9-1，每個人能爲小組爭取多少進步分數，視爲個人進步分數，而小組分數即是每位成員進步分數總和除以小組人數。特別的是，進步積分的換算沒有負數，例如即使個人退步了 10 分以上，在進步積分當中也只是爲零，強調的是個人與自己競爭而非與他人比較。

表 9-1　進步分數轉換表

小考得分減基本分數	進步積分
完全正確	30
進步 > 10	30
0 < 進步 < 10	20
退步 < 10	10
退步 > 10	0

五、小組表揚

小組的分數如果超過原定標準，可獲得加分或其他獎勵，藉以表揚學習表現優秀、學習進步的學生或進步的小組。小組成就區分的計算方式，

除了以小組成員進步分數平均比較外，也可將各組最好的和最好的比較，次好的與次好的比較，構成幾個區分，每區分組的第一名可為小組得 10 分，次高的 8 分，依此類推。

肆 案例研究設計

一、採取行動研究的理由

本研究採行動研究，教學者試圖進行課程與教學革新，一方面診斷教學情境中的實務問題，另方面尋求改進之道，同時也增進教師解決問題能力，提升教學專業（蔡清田，2000）。研究對象為教學者任教的導師班學生，藉由合作學習的方式，期許讓學生對於學習能更積極主動。合作學習乃是運用小組成員間的分工合作、共同蒐集資料，互相切磋、分享經驗，共同完成學習目標並增進學習成效。其目的在於創造主動學習的情境，促使每位小組成員得以積極參與學習活動，培養聆聽取他人意見，尊重他人想法，同時，也培養討論和發表等能力（黃政傑、林佩璇，1996）。因此，教學者考量教學現場的實際狀況後，決定採用「學生小組成就區分法」的合作學習方式，流程為教師全班授課後，進行分組學習，以異質分組讓學生討論學習，然後做學習評量並計算個人進步分數，重點著重在強調自己的進步分數，最後做小組表揚，以激發學生學習動機。在行動研究中，教學者扮演的角色為「教師及研究者」，負責規劃教學活動，進行教學、蒐集小組討論內容、晤談學生並整理相關資料。過程中，從蒐集資料進行反省及改進教學，並與合作夥伴討論，找出個人的盲點並設法解決教學上所遭遇的困難，進而在下次課堂中作為改進的參考依據。

二、研究場域與對象

　　教學者任教於臺中市一所私立中學，國中部七、八、九年級班級數各為 7 班，其中有外語班 2 班及藝才班 1 班，包含高中部則全校學生總數約 1,785 人，教職員工約 80 人；其中七年級 316 人，校內學生入學時設有基本的篩選門檻，除了特殊藝才班外，均採常態編班。學校設備完善，每間教室皆有電視、投影機、布幕、電腦及網路等數位教學設備，教師視課堂需要，皆可使用數位資源輔助教學，讓學生的學習更多元豐富。私校學生的家長在經濟狀況和教育程度乃比一般公立學校偏高，家長社經背景大都為公教醫療階層，整體素質較鄰近學校高，且對子女的期待也高，除了品行外，更是期望子女的成績有所突破。另外，因為新生入學後，每位導師的家庭訪問、每學期的親師座談會以及學校各項活動的參與，家長與教師間的接觸相當頻繁，因此，所有教師面對學生課業及家長要求的壓力是極大的挑戰。

　　研究對象為七年級學生，該班男生 28 人（包含學習障礙學生 1 位）、女生 16 人，全班共 44 人。雖然是七年級，但班上學生有四分之一是從小學部升上國中部就讀的學生，對於學校環境以及同學間都有相當程度的了解，又因教學者為該班的導師，對於學生學習狀況很快就能掌握了解，觀察一段時間後，發現班上學生大都勇於表達自己的想法，男、女學生的相處融洽，有利於男女混合分組。教學者統計學生於 104 學年度第一學期之英語科第一次定期評量成績分布情形，以了解班上學生英語程度落差情形。於新生入學後，教學者上課時觀察到此班級多數學生在課堂上的練習參與度很高，與各科老師的互動良好，但是低分群的學生對於讀書則比較被動，作業的完成度低，上課時常漫不經心，學習態度不積極，教學者需要更花費心思於低分群的學生（59 分以下）。因此，教學者期望應用合作學習來提升學生的學習興趣，更希望進一步培養學生責任感、主動求知的學習精神，讓每位學生都有更積極的學習態度。

三、研究實施流程

　　本研究的教學範圍是翰林版國中英語第一冊第四到七單元，教學者重新進行教學設計，透過學生課堂表現與回饋資料的蒐集，觀察學生學習動機及學業成就的改變，並依實際教學情況進行適當調整。教學者自 2015年 8 月開始進行準備研究工作，由於研究對象為七年級學生，考量學生剛進入班級，對於同儕之間的熟悉度不高，因此先採用傳統講述式教學。當適應學校環境及同儕後，再向同學說明合作學習的概念及精神，漸漸加入合作學習進行討論，運用第一次定期評量後的試題檢討讓學生練習合作學習。另外，等學生熟悉合作技巧後，再正式實施合作學習，每週英語課有5 堂，每節課 50 分鐘，實施階段將全班 44 人做異質性分組，分成 7 組，每組 6 至 7 人，在教學過程中隨時注意可能產生的問題，蒐集研究資料且隨時反省評估，並修正教學活動，以利課程進行。

　　本研究分成三個階段：第一階段為準備階段，期間 2015 年 8 月至 10月，構想研究目標並確定方向、蒐集並閱讀相關文獻；第二階段為實施階段，期間 2015 年 10 月至 12 月，觀察且蒐集相關問題並調整教學內容；第三階段為資料分析階段，期間 2016 年 1 月至 6 月（見表 9-2）。

四、教學活動設計

　　以下說明教學者如何進行教學活動設計。

（一）訂定基本分數及安排小組座位

　　教學者以 104 學年度第一學期第一次英語段考成績，作為每人基本分數及分組依據，最高分者為 1 號，最低分者為 44 號，將能力不同學生以S 型方式進行異質分組，分成 7 組，每組 6 至 7 人，再依據學生特質、性別及特殊狀況微調。以後每次小考成績與自己做比較，將分數轉換成進步

表 9-2　分組合作學習應用於國中英語教學進度表

研究階段	實施時間	重點內容
準備階段	2015/08/01～2015/10/13	・構想研究主題 ・蒐集相關資料與文獻 ・採用傳統教學法
實施階段	2015/10/19～2015/10/23	・採用傳統教學法授課，並逐漸導入合作學習 ・在第一次定期評量後，試卷檢討時進行合作學習，讓學生可以適應
	2015/10/26～2016/01/07	・運用學生小組成就區分法，將學生做異質分組，採 6 至 7 人一組，共分 7 組 ・教學流程：全班授課→分組討論→小組發表→實施評量→計算個人進步分數→小組及個人表揚 ・逐漸減少教師講授時間，增加時間至小組討論 ・分析學生回饋資料，修正調整後再行動
資料分析階段	2016/01～2016/06	・分析蒐集的資料，並撰寫行動研究成果

分數，整組的個人成績進步積分總和為整組團體成績，因此，每位組員都有機會為自己的組別爭取加分機會。

（二）小組角色分派及任務說明

　　教學者和學生確認組別後，分配每人不同角色及工作任務，角色包含組長、教學長、觀察記錄長、風紀長及作業檢查長等。組內每位成員都須努力並且積極參與，才能為小組爭取最佳成績。

（三）合作學習的討論練習

為了營造討論的學習情境，教學者利用第一次定期評量後的英語試卷檢討，加入分組討論，讓學生分組訂正考卷，再由各組上臺寫出試卷中需要檢討的題目之討論結果，由全班一同給予回饋，藉此讓學生對合作學習的概念及異質分組的特性具有初略認識，並且練習各項表單的填寫。

（四）教學設計與實施

研究實施時間自 2015 年 10 月 26 日至 2016 年 1 月 7 日，每週最多 5 節，一節課時間為 50 分鐘，採學生小組成就區分法。為了讓學生清楚了解課程的安排及時間，教學者於實施前，將課堂流程公布於黑板上並解說，每單元的教學流程包括全班授課、課堂練習、分組討論、小組上臺發表、歸納統整與表揚小組與個人。如下圖 9-1 所示：

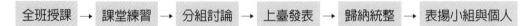

全班授課 → 課堂練習 → 分組討論 → 上臺發表 → 歸納統整 → 表揚小組與個人

圖 9-1　STAD 教學流程

每堂課時間分成五大項目並確實掌控時間。

1. 全班授課
由教師講解課文內容、文法觀念，讓學生了解學習內容及重點。

2. 課堂演練
學生就該單元做題型練習。

3. 分組討論
小組確實掌握時間完成學習單，或課本對話、角色扮演等的討論及練習。在小組討論過程中，教師進行組間巡視，了解小組討論狀況，提供適當協助，並於必要時介入小組，鼓勵組員促進整組互動，達到有效互動的

社會技巧並完成學習目標。

4. 上臺發表

請各組上臺發表討論結果，了解各組討論及學習成效。

5. 歸納統整

教師針對該單元內容統整概念，公布各組表現分數，進行團體歷程，各組針對小組評估表檢討小組間實施合作學習的優缺點，並提出改進方式，也加強學習態度及信心。此外，也讓教學者更加掌握學生學習狀況並據以修正及調整教學。

五、資料蒐集與分析

本研究蒐集的資料主要包含觀察、訪談以及文件分析。觀察是依據教學者在課堂中的攝影紀錄，以及學生討論、分享時的現場紀錄，並對學生課後的反應進行觀察記錄。訪談則是包括合作夥伴在小組合作學習時的意見及想法，訪談學生分組學習時所遇到的困難。文件分析則包括前測、教學紀錄、作業及評量等方式。資料編碼如表 9-3。

表 9-3　資料編碼說明

代碼		代碼說明
人員	R	研究者／教學者
	S1、S2……	學生 1 號、學生 2 號
	T1	合作夥伴 T1 老師
	T2	合作夥伴 T2 老師
資料	晤 S11041023	於 2015 年 10 月 23 日與學生晤談
	觀 S11041023	於 2015 年 10 月 23 日觀察學生
	省 1041023	於 2015 年 10 月 23 日記錄自省表
	訪 T11041023	於 2015 年 10 月 23 日訪談合作夥伴 T1 老師

伍 案例實施與討論

一、建立正向的「積極互賴」關係的歷程

建立正向的「積極互賴」關係是合作學習中最重要的關鍵，學生從合作學習的過程，感受到自己與小組是生命共同體，每位成員都應共同努力，互相幫助以完成任務。

（一）課堂實施面臨的困境

1. 同儕相處問題

有的學生人際關係不佳或程度較差，組員不願與其同組。學生一開始還未習慣分組合作的概念，無法接納程度較差或人際關係差的同學，認為他們學習動機低，或是擾亂秩序，於是寧願靠自己完成學習任務，也不願與他們共同討論，甚至直接表示不想與他們同組。

2. 討論不確實

程度較低的學生無法加入討論，於是在上課時開始塗鴉或做自己的事。另外在進行小組討論時，有些學生因為想要盡快完成，而沒有確實地完成小組討論，反而是由程度佳的同學獨自完成，讓其他組員無法充分加入討論。

3. 各組角色任務不明

各組討論時，角色任務無法落實。進行角色分配時，已針對小組每位成員角色作說明，並強調每一個角色的重要性，每一位成員都須努力積極參與，才能為小組爭取最佳成績。

（二）解決困境所採取的策略

1. 解決同儕相處的策略

剛開始實施小組討論時，學生對於組內人際關係不佳又不認真參與的組員感到非常無力，學生 S42 在教師行間巡視時才會顯得比較積極主動，教學者發現這樣的情形後，在課堂上再次對全班進行合作技巧之引導，也藉由組間巡視來適時提醒打混的同學如何一起合作，主動建構互動的人際關係，以增進良好的團體效能。對於人際關係較差的學生，則是安排在包容力較高的組別，透過與同儕的合作以及教師引導，相信能夠慢慢改變自己，使自己逐漸被同學接納。

2. 解決討論不確實的策略

教學者看到低成就學生無法參與討論，甚至對自己否定及標籤化，因此，教學者要求全組輪流發表。剛開始學生知道必須輪流發表時的反應很大，尤其低成就學生表示無法勝任，因為英文不好，怕拖累整組；經過教學者在課堂上不斷的鼓勵，進行加分及口頭鼓勵給予信心，雖然低成就學生在發表時總會頻頻回頭看著組員，擔心自己會講得不好，但經過數次的發表及獲得稱讚後，學生發現沒有想像中的困難。

3. 解決角色任務不明的策略

雖然教學者於第一次定期評量後的早自習時間已教導學生合作學習的概念，並促使學生了解其在小組的角色任務，但正式實施後，學生仍然未確實執行，尤其是風紀長在進行小組討論時，常常忘記提醒自己及組員討論的禮貌，教學者依據小組評估表所填寫「需改進」部分，利用下課時間輪流和各組進行討論並指導學生，並且於之後的課堂上，表揚認真討論的組別並進行加分。

綜言之，在實施合作學習歷程中，除了指導學生互助合作、積極參與，給予鼓勵和回饋也是非常重要的，透過互相鼓勵可以增進彼此的互助

行為。因此，只要學生有好的學習表現，教學者應給予口頭讚美或加分，增進小組的凝聚力，強調個人角色所賦予的責任，並利用個人及小組進步分數肯定自己及小組間的合作關係。慢慢地，當組員有良好表現時，同組的組員都會給予稱讚，藉以促進積極互賴的關係，進而為小組的共同利益及目標而努力。

二、培養面對面互動的歷程

傳統式教學法讓學生面對黑板排排坐，不鼓勵學生互動交談，學習乃屬於個人任務。本研究以 6 到 7 人一組的小組座位進行面對面互動，良好的互動非僅是坐在一起討論，需要配合其他策略的實施，有效的刺激學生進行更高層次的認知思考活動，以產生有意義的學習。

（一）課堂實施面臨的困境

主要是小組討論的秩序問題。國中階段學生的自我控制能力有限，加上容易受到同儕影響，因此，進行小組討論時常常會忘了自我要求，而產生秩序失控的情形。

（二）解決困境所採取的策略

1. 隨時提醒合作技巧，強調維持教室秩序，尊重他人意見，維持適當音量，有效率的完成討論。

2. 老師加強組間巡視，除了聆聽各組討論內容，也適時提供協助，並有效維持秩序。對於認真討論且秩序優良的小組給予稱讚並予加分，立即提供回饋增強正向行為，鼓勵小組積極投入討論活動。

3. 為有效掌控學習活動進行，使用計時器提醒學生在有限時間內完成討論，避免討論時間過長而產生學生聊天的情形。

4. 小組積分競賽：小組分配任務（如練習唸單字、句型、填寫學習

單等），並限時完成，採用競賽方式回答，藉以提高緊張感，改善聊天狀況。

綜言之，合作學習成效的關鍵在於是否營造正向面對面的互動，產生有意義的學習，透過以上策略，協助小組討論，完成學習任務並達成個人及團體的目標。教學者在進行合作學習時，蒐集相關文獻並檢討分析，期許提升小組討論的品質，透過不同的策略，進行反省、修正，以增進面對面的互動關係。

三、落實個人績效責任的歷程

合作學習中，團體目標的達成，必須倚賴團體所有人都成功學習，避免「搭便車現象」（free-rider effect），團體中不能有人什麼都不參與，因此，評量時須強調個人績效，肯定鼓勵每位成員的付出與貢獻。

（一）課堂實施面臨的困境

主要是出現部分學生會抄答案和投機取巧的問題。良好的合作學習運作，依照個人特質不同，相互協助分工，避免勞逸不均而產生抱怨的情形。但是因為少數學生程度不佳，無法獨自完成，加上時間不足，於是產生抄襲的情形。

（二）解決困境所採取的策略

教學者採取的策略是改善抄襲狀況，並且落實個人績效責任。

1. 學習單的設計需考量學生程度做調整，難易度及題數須適中。

2. 隨堂小考（單字）記點：依照個人不同程度而有標準的差異，每組程度較差的學生答對一題可獲得兩倍的點數，讓低成就的學生感受自己在小組的貢獻也很大，不夠努力就會影響整組成績，強調小組共同合作以落

實個人績效責任。

3. 個人進步分數轉換表及實施小組總分：教學者於正式實施合作教學前，依據第一次定期評量成績訂定個人的基本分數，可依據學習狀況做適當調整。每一單元結束後，教學者安排單元測驗卷，測驗分數轉換成進步積分，各人進步分數列入小組得分，希望學生明白每個人在小組的地位都相當重要，而進步分數是和自己比較，表現優異的個人及小組均可得到具體獎勵。

綜言之，學生一開始對於合作學習的精神並不熟悉，程度低的學生無法很快改變依賴他人及搭便車的情況。因此，教學者除了調整學習單的設計，利用隨堂小考單字記點數、個人進步分數轉換及小組總分計算的方式，讓學生更加投注個人努力。此外，教師也鼓勵不同程度學生在組內的貢獻，確實督導分工，減少過度依賴某些組員，讓每位組員皆有所貢獻，如此便不會有抱怨，也才能增進有效的團隊合作。

四、培養學生團體互動的歷程

傳統教學法強調個人主義與競爭，合作學習重視團體內每位程度不同組員的付出，彼此互助、倚賴，學習溝通的技巧與欣賞他人，以組間競爭的方式取代個人競爭，為了達成個人與團體的成功而努力。

（一）課堂實施面臨的困境

學生人際關係會影響組內合作之效果。國中階段，在班級中總有少數學生會因為情緒管理問題及人際關係不佳而影響班級秩序，造成班級管理不易，而這也是合作學習的一大挑戰。例如：

S 8 ：老師，可不可以把 S42 換走，我們不想跟他同一組，他真的很吵，
　　　都不跟我們配合。（S42 開始為自己行為辯護，同組組員也齊口向
　　　老師抱怨 S42 的行為。）

S 16：老師，S24 一直發出聲音干擾我們討論，還會亂罵人。

　　S42 和 S24 此兩位學生喜歡捉弄別人、自以為是、人際關係差及學業
成績低落，對於學習有些抗拒與排斥，對於團體活動參與度也不高，每當
要進行分組時，學生總有排斥的聲音出現。因此在分組時，所分配的組員
雖已是教學者挑選過且在個性上較包容、有同理心的學生，但是部分學生
還是有排斥的現象。

（二）解決困境所採取的策略

　　1. 同儕監控：教學者不斷提醒學生在合作學習過程中，不只要做好自
己的任務，且要協助組員，互相學習和監控，藉由同儕監控增進良好的團
體效能。

　　2. 教師以身作則，立即給予鼓勵、口頭稱讚與整組加分，並引導學生
練習合作。開始進行合作學習時，學生對於合作技巧尚未熟練，在討論的
過程常常會有情緒化的字眼脫口而出，例如：「笨喔！」「快點啦！耍憨
喔！」「吼！動作很慢！白痴喔！」或是為了爭論一個答案而產生口角，
導致小組討論拖延時間。教學者為了增進各組團結，常會立即給予口頭稱
讚，讓同學在鼓勵的學習氛圍中，產生較高的合作精神。當整組的討論表
現良好，教學者會給予整組加分機會，讓學生感受到立即的效果。良好的
氣氛才能促使討論更加順利，因此，教學者利用班會課讓學生寫下對組員
的感謝，練習表達如何轉換說話的方式，營造良好的氣氛增進小組的互
動，並公開分享。例如：

S12：今天我們這一組每個人都很認真在討論，每位組員都認真做好負責的事，很棒！

S34：我的英文不好，但是 S39 還是很耐心地教我，你真的很聰明，謝謝你！

S37：我常常會忍不住一直講話，謝謝 S32 常常提醒我不要講話。

S 9：每次 S22 都會讓我們生氣，但是他都會一直幫我們爭取積分的機會，謝謝他！

透過班會課的分享，同學可以知道自己在組員心中的看法，也能感受到同學的感謝，進而學習轉換說話語氣，讓小組討論氣氛更和諧。

綜言之，合作學習除了課業的學習，學會人際技巧更是重要，學生必須與其他組員有正向的互動，使用正面、溫和及肯定的語氣進行討論和溝通，共同完成學習活動並解決問題。在過程中，教學者利用班／週會時間及處理班級事務時間，適時的處理學生學習問題，並運用合作技巧語言來引導學生，同時也教導學生學習如何稱讚他人，以落實培養學生團隊互動的歷程，讓合作學習在實施上更具效能。

五、學生對於合作學習的感受

不同於傳統教學法，學生對於合作學習的上課方式感到比較輕鬆、有趣，學生可以透過互相討論，共同解決問題。茲教學者整理學生對於合作學習的感受如下：

（一）可以互相討論，提高學習興趣

傳統教學法總是要求學生上課不可互相交談，即使學生有問題也不敢發問，分組學習後，學生可以互相討論，學習過程會變得比較有趣，上課也不容易打瞌睡。由此可知，學生喜歡合作學習的原因包含：同學間互相

討論、提問問題、上課更有趣及促進人際關係。此外，分組討論可以讓學生立即得到解答，會有更強的學習動機，也逐漸建立起學生的自信心。

（二）小組競賽，上臺發表很有成就感

小組競賽讓學生體會學習英語的趣味性，大家為了團隊榮譽會更加努力，也讓學習活動更有效率；透過競賽，讓學生上臺發表，除了訓練表達能力以外，更可以讓學生在發表的過程中，從同儕和教師的回饋得到成就感。由此可知，學生受到小組競賽帶來的緊張感，加上時間壓力，使得討論變得更加專注，而組員為了替自己小組爭取分數，也使得彼此更「積極互賴」，提高團隊合作的精神。學生上臺發表對於平常較不擅於表達的同學，教師一開始顯得有些擔心，經過多次的練習與同儕、教師的鼓勵下，慢慢對自己更具有自信。

（三）教學相長，提升學習動機與態度

根據教學者以往的教學經驗發現，班級裡中、高成就的學生，對於已經學會的課程內容感到枯燥乏味，有時候會表現出不積極參與課堂活動。透過分組合作學習，這些中、高成就的學生必須幫助同組組員共同成長、達成任務，教學相長的過程使他們有了動力，甚至激發出更多想法。由此可知，學生學習的態度與動機改變後，也開始懂得要求自己，對於程度較低落的學生，也不再是懶散的被動學習。看到如此改變，教學者除了欣慰，亦希望透過分組合作學習讓學生在學習英文時可以持續更加主動積極。

陸 結論與建議

一、結論

（一）學生對於合作學習的感受及學習成效差異性

1. 學生對於上課方式轉變為分組討論和小組競賽感到有趣和喜愛，為了整組的分數認真參與，課堂氣氛變得快樂、緊湊。大多數學生因為有趣的學習方式，提升學習的動機與興趣，顯示學生的英語學習態度已有正向的改變。

2. 透過合作技巧訓練，在討論及發表的過程中學習說出自己的意見，也學著傾聽、接納別人的想法，因此，學生也比較願意主動開口說英語。英語教學的目標是培養學生聽、說、讀、寫的英語學習能力，教學者於訪談學生的過程中，大部分的學生肯定合作學習的方式，除了討論之外，還必須學習歸納重點，並且在全班面前發表，裨益於提升學生的表達能力和自信心。

3. 在課堂中，學生愈來愈熟練合作學習方式，程度佳的學生在教導組員的過程感到成就感，而程度較差的學生在遇到困難時，也能用積極的心態主動尋求解決問題的方法，大部分學生在學習態度上有明顯的轉變。

4. 教學者依據學生於 104 學年度第一學期期末定期評量成績，以實施合作學習的 44 位學生為母群體計算其平均數、標準差，並與未實施合作學習前的第一次定期評量的平均數、標準差進行成對樣本 T 檢定。結果顯示，在經過合作學習之後，學生整體表現的平均分數提高，標準差縮小，並且具有顯著差異（$p < 0.5$），表示合作學習對學生學習來說是有正向助益的。

（二）在實施合作學習的過程中，學生可能遭遇的問題

1. 同儕人際問題

面對班上少數人際關係差及特殊學生，於分組活動時總是受到同儕異樣的眼光及排斥，因此在團體互動時容易產生爭執或遭到忽略。

2. 角色職務執行不確實

學生角色分為組長、教學長、觀察記錄長、風紀長、作業檢察長等，一開始組員對於自己的職務沒有確實達成，或是一人分飾多角色，造成討論品質不佳的情形。

3. 討論不確實

因為採取異質性分組，程度較差的學生因為學習動機較低或是懶得思考，無法加入討論，於是開始聊天，產生投機取巧心態，等待抄答案，產生搭便車的現象。小組成員沒有積極參與的情況下，無法體會整組共同完成目標的互賴關係。

4. 課堂秩序問題

學生在討論的過程中，常常因為自我約束力不足而造成音量愈來愈大，或是討論完的組別就開始閒聊其他話題，導致討論品質不佳，甚至影響課堂秩序。

（三）針對學生遭遇的問題，教學者提出可行的解決策略

1. 國中生個性衝動、自我中心、同理心不足是造成團體互動不佳的主因。因此，如何教導學生彼此合作，首先要養成接納他人及說好話的習慣，從稱讚及肯定兩項技巧著手，一旦有同學出言不遜或攻擊他人時，組員必須提醒更正，以正向的語言溝通。

2. 由於角色職務的難易度不同，在設計上應該評估每位學生程度、個人特質進行安排，事前需要教導並用清楚簡單的概念完成，教學者利用班

／週會時，藉由討論班級事務的過程，再次進行角色扮演及職務的教導。

3. 利用競賽方式增強每位組員討論積極度，整組接力輪流上臺，強調個人角色所賦予責任，在分數計算上，實施個人及組別兩類，最快完成的組別除了整組加分，也可累積個人積分，如此一來，程度較差的學生就會更積極且有成就感。

4. 教學者欲改善學生因為討論不確實或是邊討論邊聊天的情形，因此在進行討論時，先在黑板上寫上時間，前 5 分鐘請學生先安靜且不做討論地完成個人的學習單，然後進行 5 分鐘分組合作討論時間。教學者發現改變討論策略後，學生發現時間變得緊湊，因而改變了閒聊及秩序不佳的狀況。

（四）在實施合作學習過程中，教學者遭遇的問題與解決策略

1. 教學者對分組合作學習缺乏實務經驗

教學者初次進行分組合作學習教學，透過文獻探討、參與研習以熟悉相關理論基礎及教學策略，蒐集許多教師在網路社群分享的教學心得及教案設計，並於校內英語科領域時間的專業社群討論與同事相互分享初期實施經驗，再向其他教師請益改進之處，讓教學者不斷激發更多想法，但在實務上仍需累積更多運作經驗。

2. 教學進度壓力及課堂時間緊湊

教學者以往採用講述法，認為只要把進度上完，再透過不斷練習題目，學生就能精熟教材內容。但研究後發現，對於學習成就低的學生，教完並不代表學會。教師在教學前需要把每一堂課做好完整規劃，引導學生在合作學習中學會主動學習，如此一來，教師也就不用擔心進度壓力及時間不足的問題。

二、建議

（一）教師實施合作學習前，須做好教學規劃及設計

　　教學方法的改變仍需考慮教學進度壓力，因此，教師在實施前，對於分組合作學習的教學流程、討論時間、學習單設計等，都應有充分的規劃與設計，才能讓學生從中體會合作學習的樂趣，而不至於因為沒有充足的準備而影響了教學進度及學習效果。

（二）加強學生合作技巧訓練

　　學生並非天生就知道如何合作，學習如何合作是合作學習的重要任務，因此，在實施合作學習之前，教師須從班級經營中引導學生，教導學生學習尊重、溝通、表達及解決問題等，課程正式實施時，才能順利推展。

（三）嘗試加入其他合作學習方式搭配進行

　　合作學習的方法有很多，本研究採用學生小組成就區分法是最容易實施的一種方法，考量學生對於合作學習模式並不熟悉，待實施一段時間後，可以針對教材不同單元，加入其他不同合作學習模式的優點來設計課程，相信必能引導學生有更多元有效的學習。

（四）教師彼此互相觀課，力求精進及改善自我教學盲點

　　建議教師進行合作學習時，可透過同儕觀課的方式，檢視自己實施的過程及狀況，有助於教師更清楚了解教學需要修正或改進之處，使教師在實施合作學習過程能更加順暢，更有效促進學生學習成效。

【本章內容原出自作者二陳佩旻的碩士學位論文，其後經作者一吳俊憲改寫並發表於以下之文：吳俊憲、陳佩旻（2016）。論文載於靜宜大學教育研究所舉辦之「第34屆課程與教學論壇——偏鄉教育發展與創新」學術研討會論文集（頁254-279）。臺中市：靜宜大學。茲經作者一吳俊憲修訂後收錄於本書。】

第十章 分組合作學習應用於國小閱讀教學案例

本章摘要

　　本章旨在運用合作學習中的共同學習法，結合閱讀理解策略，進行國小國語文領域之課文本位的閱讀教學，探討合作學習與閱讀理解策略應用於國語文閱讀教學的成果、面臨困境和解決之道。研究設計採行動研究，研究結果如下：一、學生對於分組合作學習的意見歧異，雖有應用小組競賽和加分等增強作用，仍有少數學生會藉機會聊天或玩鬧；二、學生課堂行為的改變方面，能促使學生懂得聆聽、尊重及合作的重要性，而且大多數學生主動探討問題的意願也獲得提升。

壹 前 言

　　教育部在 2007 年公布「促進國際閱讀素養研究」（PIRLS）的研究報告指出，香港學生的閱讀能力從過去的第 14 名躍升到全球第 2，遠遠領先臺灣的第 22 名（天下教育基金會，2008），引發研究者的好奇心，為何香港學生的閱讀能力會有如此驚人的進步？反思國內的教學現場中，課堂學習方式大都以考試為導向，經常可見到教師總是滔滔不絕講述國語文的教材內容，學生等待教師給答案，然後記憶背誦下來。即使有部分嘗試使用「提問法」來提升學生學習動機，但是在「一對多」的提問教學下，也只有少數學生在回答問題，其他學生仍多是沉默以對。久而久之，學習變得枯燥無味，學生失去探究、合作、表達和思考的能力，令人擔心的是，會造成學生對於國語課產生害怕，甚至逃離學習。

　　為改變上述現象，教師必須轉變傳統以來偏重單向講述、學生被動聽講的教學模式，轉而依據學生差異需求來選用多元且適性的教學模式和策略，以達成適性揚才之教育目標。分組合作學習被當前教育改革視為活化教學的重要途徑之一。詳細來說，合作學習是一種小組成員之間彼此互相協助、共同合作，以提高個人學習成效，並達成團體目標的學習活動（Johnson & Johnson, 1999）。Slavin（1995）認為團體目標和個別責任是提高學生學習成就的關鍵要素，因為它會引起學生學習與助人的動機。國外和國內已經累積許多研究都證明合作學習確能提升學習成效，而且適用於各年級和各學科的教學，甚至從基本的技能到複雜的問題解決也很適用（黃政傑、吳俊憲，2006）。而這正與九年一貫課程改革納入「表達、分享、溝通與團隊合作」作為學生的基本能力指標是相契合的。

　　另一個值得重視的課題是，現今社會快速變化、資訊科技日新月異，人們在這個資訊爆炸的時代下，如何找對方法吸收新的知識和技能，並能面對困難、解決問題，閱讀理解能力成為重要的學習途徑。當學生愈能掌握個人組織和管理資訊的效能，就愈能克服學習困難，邁向成功學習

之境（洪碧霞、林素微、吳裕益，2011）。因此，近年來國內由上到下都
致力於推動閱讀教育，培養學生理解、評鑑和判斷所聽到和讀到的訊息，
或傳達複雜的想法，進一步從閱讀文本中獲取意義並提升批判思考能力
（鄒慧英、黃秀霜、陳昌明，2011）。

　　研究者（作者三為實際教學者）在 101 學年度轉調至天使國小（化名）
服務，擔任國小二年級陽光班（化名）的班級導師，原班級導師因故調往
他校服務。由於每位教師都有自己班級經營的規範和教學風格，甫一接觸
學生便發覺有適應上的問題，另一項問題是研究者發覺學生相當不喜歡上
國語課，於是引發研究者試圖找出其中原因並尋求解決之道。

　　基於上述，研究者從國語課的教學問題和困境作為出發點，本研究採
行動研究法，強調循環、反思和修改的過程，研究對象為教學者授課班級
（二年級）的全體學生。研究設計採「課文為本位」的閱讀理解教學，也
就是以現行教科書為文本，融入國小二年級相對應學習策略的教學方式，
試圖了解教學實施後是否加強學生的閱讀理解能力。其次，應用合作學習
中的共同學習法，透過分組同儕的互搭鷹架和共同學習，希冀增進學生學
習效果和社會技巧。

　　基於上述研究背景和動機，本研究目的分述如下：

　　一、探討合作學習與閱讀理解應用於國小二年級國語文領域教學的實
施結果、面臨困境和因應之道。

　　二、探討合作學習與閱讀理解應用於國小二年級國語文領域教學
時，了解學生課堂行為改變的情形。

貳　合作學習的理論與教學方式

　　探討合作學習的理論依據主要有：學習的鷹架理論、社會建構理論、
社會互賴理論及社會學習理論。鷹架（scaffolding）一詞是由俄國學者

Vygotsky 提出的「近側發展區」（The zone of proximal development）概念所衍生而來。他認為學生要發展新的能力，是藉由成人或其他有能力的同儕相互合作或互動，再內化為自身的知識結構，一旦遇到問題時就能加以應用並解決問題（谷瑞勉譯，1999；Vygotsky, 1978, 1986）。他進一步認為教育是「引導」發展的工作，在近側發展區提供給學生的作業是學生無法獨自完成的，須透過與教師和父母的引導，或是安排小組合作的情境，讓能力強的學生協助能力較弱的學生，經由合作學習、互動理解和解決問題，以促進學生可以建構新的心智能力（王明傑、陳玉玲譯，2002；張春興，1994），這個過程就是「鷹架」。

社會建構理論強調學生的知識學習與其所處的社會文化脈絡有關，包括了個人的成長背景、經驗和興趣，也與學習環境、學習活動及學習同儕等有關聯（Watson et al., 1998）。社會建構理論應用於教學上，主張學習是個人主動建構知識的過程，過程中須以學生的先備知識和經驗作為基礎，然後鼓勵學生主動探究新知識。因此，教師角色除了是知識的傳遞者，也是學習環境的設計者，提供給學生一個適合探索學習的環境，引導學生從被動接受知識者，變成主動參與學習和建構知識者（張新仁，2002）。

社會互賴理論源於完形心理學派創始人 Kurt Koffka，他提出團體是一個動態的整體，各團體中成員的互賴有差異性。Kurt Lewin 則主張團體的形成是因其成員有共同目標，此一互賴性促使團體成為一個整體，若團體中任何成員的狀態改變，就會影響其他成員跟著改變（黃政傑、林佩璇，1996）。此一理論影響了 Johnson 和 Johnson，他們認為合作學習可以營造積極互賴的情境，有助於學生間的互助並提升學習效果（Johnson & Johnson, 1999）。

Bandura 於 1977 年提出社會學習理論，他著力於探討個人的認知、行為與環境因素三者及其交互作用對人類行為的影響。他指出人們有許多行為是通過觀察他人而學到的。以此來說明合作學習之所以能提高學習效

果，主要是因為合作學習情境提供了觀察和模仿學習的機會（張春興，1994；Johnson & Johnson, 1999）。

藉由分析上述理論可知，學生透過合作學習可以發揮團隊精神，在互助中建立相互的尊重和信任，也賦予每位學生都要對學習負責任，一方面可藉以發展學生的社會技巧，另方面也可增進學生對知識學習有深層理解，培養高層次的思考能力、批判能力和解決問題能力。由此可進一步獲知，合作學習之所以能促進學生學習成效的主要原因有三：其一，合作學習善用學生互助能力，可以促進每個學生的學習效果；其二，合作學習有助於促進學生的思考能力、解決問題的能力及統整應用的能力；其三，合作學習有利於促進不同背景學生間的人際關係，培養出合宜的社會技能（黃政傑、吳俊憲，2006）。

在實務應用上，學者提出合作學習的類型相當多，比較常被應用在教學上的方法有：學生小組成就區分法、小組遊戲競賽法、拼圖法第二代、合作統整閱讀寫作法、團體探究法和共同學習法等。由於本研究中的教學對象是國小二年級學生，考量常規管理、小組競賽加分具有鼓勵作用，因此採行共同學習法，將學生分成每 6 人一組的異質性分組，除了可增進學生間的想法更加多元外，也可以增加教室空間移動的流暢性（王金國，2003；王金國、張新仁，2003；Johnson, Johnson & Holubec, 1994）。

參　課文本位的閱讀理解教學策略

閱讀是一個複雜的歷程，需要統整和轉化成為可接受的訊息，柯華葳（2009）指出閱讀歷程有「認字」與「理解」兩項成分，認字是基本條件，理解則是目標。閱讀理解是指讀者運用過去的經驗和知識，從閱讀材料中許多相關的訊息來建構意義的過程（陳海泓，2004）。教育部為協助教師增進閱讀教學專業成長，近年推動「課文本位的閱讀理解教學策略計畫」，所謂「以課文為本位」是指教師不用額外設計補充教材，也不需要

花費額外時間教學，而是以現行的各版本教科書為文本，融入各年級相應學習策略的教學主張。

課文本位的閱讀理解教學策略可分為識字、預測、課文大意、推論、自我提問及理解監控六大項。茲分述如下（教育部，2010，2012）：

一、識字

是指學習辨識文字的字形，並建立與字音和字義的連結。有效的識字學習策略包括了解文字部件的結構與功能，遇到有相同部件的文字時，能運用已學到的文字知識，更有效率地學習新字並擴充詞彙。

二、預測

是指讀者閱讀時，會根據讀過的訊息以及和訊息相關的背景知識去推測文章內容的發展，包括作者或主角的情感、想法和行動。讀者根據自己的經驗與先備知識（或稱背景知識）針對閱讀文本的線索，對文本內容發展形成假設，並不斷檢證自己的假設，它有助於喚醒大腦主動閱讀，並能在閱讀中證實自己的預測而產生成就感。

三、課文大意

針對課文大意所使用的閱讀理解策略有三項：首先是「重述故事重點」，讓學生在閱讀後可以說出、聆聽、組織、評估及修正自己對故事的了解，建構出有共識的文章意義。其次是「刪除／歸納／主題句」，讓學生透過刪除、歸納、找主題句三個步驟，可以擷取文章重要的訊息。第三是「以文章結構寫大意」，讓學生根據標題及概略的閱讀，讀出段落與段落間的關係，判斷文章結構。

四、推論策略

　　主要有四個類型：首先是「連結線索」，讀者必須從不同的句子中找出相互對應的詞彙或概念，形成有意義且連貫的心理表徵。其次是「找連結文本的因果關係」，讀者必須能從文章的脈絡中找出造成某事件發生的前因後果。第三是「由文本找支持的理由」，讓讀者從文本內容提出某些想法或觀點，這樣有助於讀者閱讀後的理解與記憶。第四是「找不同觀點（或反證）」，當文章對某一事物有不同的觀點時，讀者要能夠先整理出特定觀點，再全文比較觀點間的不同之處。

五、自我提問策略

　　提問有助於引起學生學習動機，提供學生參與討論和發表意見的機會，也能幫助澄清概念和啟發思考。常見的自我提問策略有三種：一是「六何法」，是指採用 5W1H 的方法（when、where、who、what、why、how）作為引導學生對於文章內容的理解。二是「有層次的提問」，當讀者能問出「不同層次的問題」（包含事實性、推論性、評論性的問題），表示已經了解文章意義，並具有統整文章概念和高層次思考的能力。三是「詰問作者」，當讀者遇到所讀到的訊息與預期有差異，或是閱讀後會有想法或疑問時，可以把問題提出來詢問作者，或與作者對談，藉以澄清想法或疑問。

六、理解監控

　　是指閱讀者能自我評估理解文章的狀況，當讀者覺察自己沒有讀懂文章，也知道遇到什麼閱讀上的困難，然後能夠採取適當的方法來解決困

難，就能增進自閱讀理解能力。

　　研究者認為增進學生閱讀理解能力，也等於是培養學生的思考能力。研究者根據班級學生的年齡、認知發展和學習特性，除了為學生布置合適的閱讀環境，培養學生對於閱讀的正向態度，也從上述六項的閱讀理解教學策略中，選擇識字策略、預測策略、推論策略（連結線索）、六何法和重述故事重點作為本研究施行的閱讀理解教學策略。較特別的是，研究者另外指導學生繪製心智圖作為重述故事重點的基礎，讓學生以小組或個別方式把文章重點繪製出心智圖。

肆 案例研究設計

一、採取行動研究的理由與實施流程

　　由於教學者有意圖地想要改善班級學生學習國語文動機低落的情形，行動研究適能提供教育現場的教師一個教學自主和反省改進的方式，讓教師能根據實務工作上所遭遇的困難，研擬問題的解決途徑及策略後付諸行動，並在行動研究中進行反省及修正，進而對問題情境做最適切的改善（蔡清田，2000；潘世尊，2005；Noffke & Somekh, 2009）。因此，教師即研究者，透過行動研究進行教材設計、教學實施、觀察記錄、教學省思、資料分析和修正教學的循環歷程，探討合作學習與閱讀理解策略應用於國語文教學的成果、面臨困境和解決之道。

　　本研究實施期程分三階段，研究流程詳見圖 10-1。第一階段為準備期（2012 年 9～12 月），研究工作主要為蒐集文獻和設計課程。第二階段為實施期（2013 年 3～6 月），為了改變學生學習國語文的課堂行為，教學者結合合作學習與閱讀理解教學策略重新設計國語文教學活動。此階段再細分兩個時期：實施前期（上課第 3～8 週）觀察學生小組合作學習

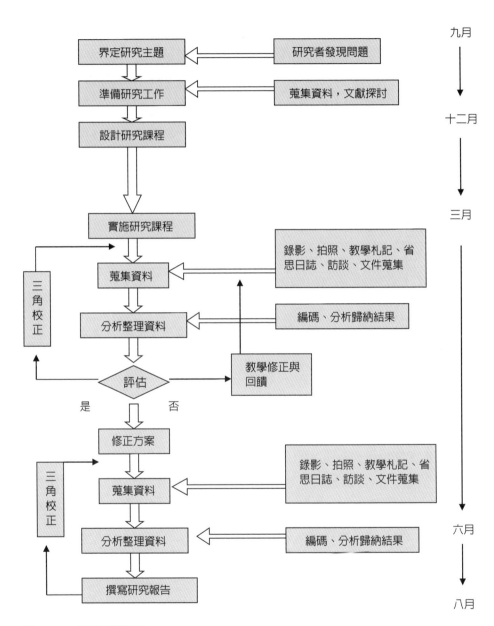

圖 10-1　研究流程圖

的情形為主；實施後期（上課第 13～18 週）改採觀察四位焦點學生的課堂行為改變情形為主。同時也撰寫教學札記和省思日誌、觀察學生課堂討論紀錄和蒐集學生學習文件（例如學習單），除了豐富研究資料外，也藉由不同來源的資料進行交叉檢證，以提高研究的可信賴度。各項資料的編碼詳見表 10-1。第三階段為結束期（2013 年 7～8 月），進行資料分析和撰寫研究成果。

表 10-1　資料編碼說明

資料來源	編碼代號	編碼說明
教學札記	T	T-1020305，於 102 年 3 月 5 日的教學札記
觀察紀錄	O	O-1020305，於 102 年 3 月 5 日的觀察紀錄
省思日誌	R	R-1020320，研究者於 102 年 3 月 20 日的省思日誌
文件資料	OT	OT-1020320，研究者於 102 年 3 月 20 日的相關資料

二、研究場域和對象

研究實施場域為研究者任教的「天使國小」（化名），該校成立 10 餘年，全校共有 62 班，將近 2,000 人。因學校辦理英語教學特色相當有名，故每年吸引許多學生越區就讀。該校家長的社經背景多為中上階層，對於學生的學習表現和課業成就十分在意，因此學校也極為重視學生課業表現，班級教師在課業要求上相對於鄰近其他學校自然也高出許多。

教學者於 2012 年因原任教學校面臨教師超額而調任天使國小，擔任二年級陽光班（化名）級任導師，學生數共 29 人。班上學生的家長社經背景均在中等水準以上，家長十分重視子女學業成績，班級同學的資質程度普遍優於同學年的其他班級，班上並未有需要到資源班或是其他特殊身分的學生。不過，仔細觀察到班級裡有少部分的學生在行為上比較內向害

羞，不擅於表達自己的意見，如何引領這群學生主動學習，以及如何應用合作學習來增進學生互助合作和學習成效，乃是本研究的焦點課題。

三、合作學習活動實施流程

本研究採合作學習法中的共同學習法應用於國語文閱讀理解教學，研究者依據實際教學情況調整為 16 個教學步驟，可區分為教學前準備、正式教學實施和教學後的學習評量共三個階段來說明。

（一）教學前準備

1. 教師敘述教學目標
教師要在上課前先明確告訴學生，當教師提問問題後，所有同學要一起討論和發表，才能達到教師設定的目標。

2. 決定小組人數多寡
考量班級人數眾多，教室空間較為狹隘，若採 4 人一組會造成教室空間動線受阻。再考量到低年級學生的學習需要和教師維持較緊密的引導和互動，如果組別過多，教師教學分身乏術。因此決定採 6 人一組的座位方式進行活動。

3. 採異質分派學生到各組
分組採男女混合，此外，由教師衡量學生的學業成績、上課專注情形、是否會干擾他人學習等標準加以分組，目的是希望儘量將容易會干擾他人學習的學生分散到各組，以利合作學習和討論的進行。

4. 安排學習活動空間
教師會安排讓學生容易面對面討論的座位方式，另外，組和組的間隔距離也要適當，避免互相干擾，班級實施合作學習的座位安排詳見圖10-2。

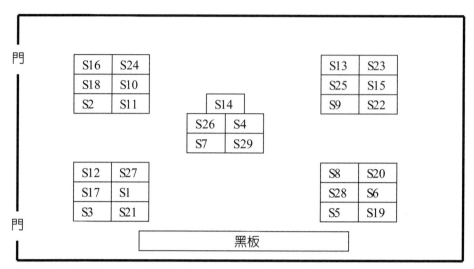

圖 10-2 班級實施合作學習的座位安排

5. 安排所需學習材料

各組由教師幫忙準備白板筆，另外，各組會分配到一個大白板，以方便討論後書寫答案。

6. 分派組員角色和任務

各組於每一課都要分配由一位組員負責書寫大白板，負責書寫的同學要輪流擔任，其他同學則要幫忙檢查書寫內容是否正確。

（二）正式教學實施

1. 解釋作業內容與方式

教師在提問問題後會視問題的困難度，給予每組足夠的時間進行討論，時間截止前，各組必須將討論後的答案書寫於白板上。

2. 解釋成功學習的標準

只要能夠共同討論並完成書寫答案的組別，教師會給予各組加分。

3. 建構積極互賴的情境

說明加分標準後，教師會再一次強調同組內的每一個成員也必須參與討論，若有組員沒有參與，則其他組員要提醒未參與的組員。

4. 建立個別責任

教師針對不參與的組員去了解不想參與的狀況，若無正當理由而不參與，則教師會給予個人扣分。另外，教師在討論結束後，會隨機抽取學生回答，藉以強調個別責任。

5. 說明教師期望

由於合作學習的過程中，同儕之間的互動息息相關，因此教師會明確告知學生所期望的行為，讓學生能於活動中表現出來。

6. 監控學生表現

當學生在進行小組合作學習時，教師會巡視各組以監控學生互動狀況，當各組在討論上遇到困難時會主動給予協助。

7. 教師介入提供必要的協助

教師若發現學生對於提問的問題不清楚或是不知該如何著手，會再次解說重要步驟或採舉例方式協助學生。

8. 學生合作學習的總結活動

學生在合作學習後，必須形成概念架構並且摘述要點，學生如果能透過口語表達說明概念，表示學生的學習狀況已符合教師所設定的目標。

（三）教學後學習評量

1. 評量學習的結果

學習活動結束後，小組要將討論出來的答案書寫於白板上，教師也會點選各組的成員來說明討論重點。

2. 評估小組合作表現

　　學習活動結束後，教師會請小組針對活動過程進行自我檢核和同儕檢核，作為下次教學活動改進之依據。

四、教材文本結合閱讀理解策略

　　教學者採南一版國語文領域教科書作為上課教材，原先設定文本教材的第 3 課到第 10 課作為教學範疇，但考量到第 11 課到第 16 課多為記敘文，對於施行閱讀理解教學策略會有更大的發揮空間，因此決定將教學範疇擴及第 16 課。其中，因為第 9 課和第 10 課的童詩體材較難施行閱讀理解策略，故不納入本研究之教學範疇。文本教材的實施週次、課程單元名稱、文章體材、課文內容大要、結合的閱讀理解教學策略和教師觀察學生課堂行為的焦點，詳見表 10-2。

表 10-2　分組合作學習應用於國小閱讀教學進度表

觀察重點	週次	課名	文體	內容大要	閱讀理解策略
第 1 次合作學習──觀察小組	第 3 週	種子的旅行	童詩	蒲公英、鬼針草、指甲花用不同的方法傳播種子，讓種子四處旅行	預測、課文大意（重述故事重點）、課文大意（歸納）、推論（連結線索）
第 2 次合作學習──觀察小組	第 4 週	我想去的地方	記敘文	寫出大自然一年四季都有不同的美麗景色，也都有作者想去的地方	課文大意（重述故事重點）、推論（連結線索）

觀察重點	週次	課名	文體	內容大要	閱讀理解策略
第 3 次合作學習—觀察小組	第5週	盒子裡的寶貝	記敘文	作者有一個盒子，裡面放的都是朋友送的禮物，每一樣都代表溫馨的友情	預測、推論（指示代名詞）、課文大意（重述故事重點）
第 4 次合作學習—觀察小組	第6週	好朋友	童詩	大自然裡，風和雲、樹和鳥、花和蝴蝶是好朋友，他們彼此照顧，共度歡樂的時光	推論（指示代名詞）、推論（連結文本因果關係）
第 5 次合作學習—觀察小組	第7週	點一盞燈	記敘文	林爺爺每天晚上都會打開門口的燈照亮小路，這小小的舉動，溫暖了作者的心	推論（指示代名詞）、自我提問（六何法）、推論（連結文本的因果關係）
第 6 次合作學習—觀察小組	第8週	小布熊的悄悄話	應用文（書信）	小布熊感謝小主人的愛和照顧，以書信的方式闡述希望永遠陪伴主人的心情	課文大意（重述故事重點）
觀察焦點學生	第13週	賞鳥	應用文（日記）	作者以日記的格式，寫下全家去賞鳥的過程，並體會出賞鳥的樂趣	課文大意（重述故事重點）
觀察焦點學生	第14週	我的借書證	記敘文	敘述作者第一次使用借書證借書，以及回家後和家人分享閱讀樂趣的情形	自我提問（六何法）、推論（連結文本的因果關係）
觀察焦點學生	第15週	救救小蝌蚪	記敘文	敘述少雨季節，動物們幫青蛙媽媽挖水道，拯救小青蛙的故事，點出團結在一起，問題好解決	課文大意（重述故事重點）

觀察重點	週次	課名	文體	內容大要	閱讀理解策略
觀察焦點學生	第16週	猴子撈月亮	記敘文	猴子看到月亮的倒影，以為月亮掉進井裡了，便急忙想撈起月亮，最後才發現月亮還在天上	自我提問（六何法）、推論（連結文本的因果關係）
觀察焦點學生	第17週	一起玩玩具	記敘文	藉由小熊的行為說明和朋友相處的態度與方法，點出「分享」的重要與溫馨	自我提問（六何法）、推論（連結文本的因果關係）
觀察焦點學生	第18週	角和腳	記敘文	花鹿喜歡頭上美麗的角，卻害他差點沒命，反而是四隻不起眼的腳，救了自己一命	自我提問（六何法）、推論（連結文本的因果關係）

伍 案例實施與討論

一、教學實施歷程與分析

（一）第一次實施合作學習

1. 分組和討論過程

　　教學者依據設定的教學目標，將學生按照能力和學習狀況，平均分配到各組中。在組別中，有些學生的人際關係不佳，因此在當其他組員知道要和這些學生同一組時，便會露出不太認同的表情，教學者會立即施予機會教育，告知他們這是教學者的安排，希望每個人都要學習如何去接納別人。在分配組內工作方面，教師會讓各組都要推派一名學生擔任小組長，小組長負責領取和收回物品，小組長並非由組內能力強的同學擔任，而是每個小組成員都有機會輪流當小組長。另外，每次討論都會有一位負責書

寫答案的同學，也是採輪流負責，由小組自行推派。可能是第一次在班上採行合作學習，上課沒多久就出現小組成員內訌的爭執情形。

小岑：（對小玲說）你不要寫白板，給小俞寫就好。
小玲：爲什麼我不可以寫？你又不是老師。（O-1020305）

正式上課後，教學者在本次課程中運用預測策略，座位安排調整成小組合作學習方式，讓學生方便討論和發表，結果學生情緒變得興奮起來，甚至還有些脫序的行爲出現。

（對於鬼針草一詞又稱恰查某【臺語】……）
小睿：小迺老師（一年級老師）就是恰查某！
教師：小睿，這是不禮貌的行爲，不可以這樣稱呼老師。（O-1020306）

接下來由教學者先示範如何繪製心智圖，然後讓學生進行小組討論並完成心智圖。可能這是學生第一次進行這樣的學習活動，除了花費很多時間討論外，各組書寫的答案大都必須再修正。其中，第 5 組負責書寫的小皓一直寫了又擦，以致時間結束後沒有完成課堂討論作業。

從準備活動到進行預測活動和討論心智圖已經用掉兩節課時間，歸納和推論未及時完成，於是教師必須借用到後面的綜合活動課程時間。進行歸納策略時還算順利，但進行推論策略時卻讓學生陷入苦思。

由於教學者先講解第一種植物的歸納方法，所以學生在找其他兩種植物的歸納方法時都很順利。但是當教學者要學生找出各段之間的關係時，學生陷入了苦思。教學者認爲學生找不出答案的原因可能有二：(1) 這樣的題目完全沒有接觸過，所以學生會較無所適從；(2) 學生已經習慣回答低層次的問題，當遇到需要思考的高層次問題時，就面臨窘境。

2. 課後省思與改進

教學者在課後有三點自我省思：首先，教學者一開始以為讓學生自己分配組內工作是一件很簡單的事，但沒想到由於學生缺乏經驗，小組在討論準備分工內容花費了很多時間，甚至還要借用到下一堂課繼續討論。其次，因為是第一次安排學生以小組討論的座位進行課堂活動，造成學生非常興奮，除了討論外也一直出現聊天狀況，造成教學者必須不斷提醒學生要把握時間。第三，在第三課中導入預測活動，很多學生都能踴躍發表，不過，許多學生無法安靜聆聽他人說話，教學者只好提醒一直提醒學生要懂得尊重他人。第四，在學生發表過程中，有一些學生會說出與題目不相關的答案，有些學生也隨之起舞或哄堂大笑，造成課堂秩序一直很混亂，教學者必須一方面要鼓勵不願開口的學生發表，一方面又要制止學生失序的行為，於是教學者透過小組加分和扣分來掌控這些行為。

（二）第二次實施合作學習

1. 分組和討論過程

學生雖然在前次已練習寫過心智圖，但到了本次課程仍然遇到問題，例如：有的小組誤以為要解釋文章各段的意義；有些小組無法取捨重點，反而把整段課文抄寫於白板上；有些小組是由一人完成討論作業，沒有符應合作學習。

2. 課後省思與改進

在這兩次課程結束後，教學者發現日後需要教學改進的幾個地方。首先，學習活動前應該將進行方式再解說得更清楚，除了告訴學生心智圖乃是針對課文內容做重點整理，教學者最好要先舉例和示範，也要讓學生多做練習。其次，小組討論很花費時間，尤其二年級學生需要更多時間去摸索，在本次小組討論中仍然出現有的小組遇到困難，有的小組出現爭執，但是竟然有一個小組（第 5 組）完全沒有討論，原因是只有程度好的學生

知道如何寫出答案，其他人只能當旁觀者，這些問題是教學者接下來要克服的課題。

（三）第三次實施合作學習

1. 分組和討論過程

在本次課程討論中，學生在運用預測策略進行學習活動時大都能踴躍發表，在「推論─指示代名詞」的判斷上，學生也大都能清楚知道課文中代名詞所指涉的對象是誰。但是在「課文大意─重述故事重點」的部分，只有第 4 組能夠達到教學目標，其他各組都出現了各種學習問題，教師只好到各組逐一解決問題。

同學：（對教師說）老師，小睿都不參與討論，還在一旁搗蛋。

教師：（對小睿說）小睿，你要一起討論才會學到你所不知道的知識，如果你不參與討論還要在一旁搗蛋，老師要在你的座號表下打 X 了。
（O-1020322）

同學：（對教師說）老師，小皓一直離開座位跑到我們這組，想要偷看我們的答案。

教師：（對小皓說）小皓，別組的答案是透過他們辛苦的討論才得到的成果，你不應該用這種不勞而獲的方法去得到答案。（O-1020322）

2. 課後省思與改進

首先，教學者明瞭自己應該針對學生討論時間掌控要再加強，因為每堂課原先設定的討論時間和進度幾乎都無法如期完成。其次，教學者原以為在推論─指示代名詞這個部分會比較困難，沒想到學生卻很快完成，反倒是對於文章段落的界定概念產生模糊不清，促使教學者必須額外花費時間去教導學生段落概念。第三，過程中，當教學者宣告討論時間終止時，

第 3 組仍繼續討論並想要完成未寫完成的部分，教學者一方面扣了第 3 組的分數，以符應遵守討論規則；另一方面也提醒各組，一旦討論停止就要專心聆聽別組同學的報告，這樣才是尊重他人的行為。

（四）第四次實施合作學習

1. 分組和討論過程

本次結合閱讀策略採推論去連結文本的因果關係，並透過問題的三層次去導引出教師要讓學生思索的內容。在第一層次的問題，多數學生總是能很快的找到答案。在第二層次的問題，學生雖然可以從文章中找到答案，但對於冗長的答案卻不知如何擷取。在第三層次的聯想問題，學生在剛開始進行時並不順利，後來透過教師的舉例和引導後，學生便開始有了討論方向。雖然有些小組討論的答案並不十分切合本次討論主題，但基於合作學習精神所重視的不只是結果，因此教學者仍然肯定討論的歷程。

第一組的聯想：橡皮擦和鉛筆是好朋友，這個聯想值得稱讚。但是另一個
　　　聯想：貓熊和箭竹，就比較不佳。老師解釋因為箭竹是被貓熊吃
　　　掉，這樣應該沒有互惠關係，應該稱不上好朋友。
第二組的聯想：蚯蚓和泥土是好朋友，這個聯想很棒，雖然他們只寫出
　　　蚯蚓住在泥土裡，泥土保護蚯蚓。其實，蚯蚓也在幫泥土鬆土。
　　（O-1020329）

2. 課後省思與改進

首先，第一層問題的答案較為簡單，不需要花費太多時間討論，教學者不採齊聲回答的方式，而是讓每個學生拿小白板的方式去回答問題，這樣可以更清楚學生是否知道正確答案。到了第二層問題，教學者就必須逐步引導，先例舉第一個問題要如何找到答案，再讓學生做學習遷移和應用。對於第三層次需要聯想的問題，教學者先舉例說明，讓學生有例可

循，學生才不會浪費太多時間在摸索上面。

（五）第五次實施合作學習

1. 分組和討論過程

本次結合「六何法」以增進學生更加了解文章概念，各組在「何人、何時、何地」這三個簡答題都能快速找到答案，但是在「何事、爲何、如何」這三個題目則花費許多時間討論。當學生在描述「何事」（事情發生的經過）而找不到重點時，教學者就會介入引導說明。另外，學生也對「爲何」（爲何故事的主角要這樣做）和「如何」（主角的舉動有什麼樣的結果）這兩個問題上一直無法掌握重點而苦思許久。經過教學者引導說明後，再讓學生進一步討論，結果大都能找到答案。

教師：你們爲什麼都沒有開始討論呢？
同學：老師，我們不知道要怎麼寫。
教師：沒關係，我們先來看看文章的重點在哪裡，等一下再把重點用條列式的方式簡單寫下來，這樣就是事情的經過了。（O-1020408）

2. 課後省思與改進

首先，小組合作討論雖然很花費時間，但是看到學生大都能認眞討論，他們寫出來的答案也大致能符合教學者原先設定的教學目標，令教學者感到欣慰。但是學生討論時的音量一直無法降低，有時是小組內的人互相爭辯，有時是各組的音量互相干擾而導致音量加大，結果是教學者採小組扣分才把音量壓低下來。

（六）第六次實施合作學習

1. 分組和討論過程

本次討論依舊採心智圖來引導學生對文章重新思索，並加深對文章的印象，進一步明瞭文章內容。實施下來，因為此篇文章並不是故事體材的內容，而是以書信方式呈現，所以會發現學生在討論心智圖時較難掌握文章重點。

教師：（看完學生所寫的答案）你們這樣的寫法，幾乎是將課文全部抄上去了，並沒有針對重點去書寫。

同學：老師，我們不知道要怎麼寫。

教師：沒關係，我們先來看看各段的重點在哪裡，待會你們再決定心智圖上要寫什麼。（O-1020415）

2. 課後省思與改進

因為教學者沒有先跟學生講解文章結構的分層概念，如果可以先將各段依照「開頭」、「相處情形」及「結尾」去作分析，相信日後學生在討論時應該會更容易找出重點。

綜合以上，教學者在實施 6 週的教學後可以發現小組在討論時，已經漸漸學會如何去聆聽他人的想法和互相尊重，這對陽光班的學生來說是一項明顯的進步。透過合作學習，可以讓多數學生學會如何團隊合作，也能試著主動思索教學者拋出的問題和解決問題，進而達到閱讀理解的目標，這是第二項顯著的進步。不過，仍有少數學生無法透過這樣的方式而有所成長，成為教學者日後必須積極關注的部分。

二、學生課堂行為的分析

教學實施期程的第二階段，教學者從全班中挑選出 4 位焦點學生，小軒和小晴是屬於高學習成就的學生，小峰和小芯是屬於低學習成就的學生，希望透過觀察這兩組學生的課堂行為來檢視學生課堂行為改變情形。

（一）個案學生一：小軒

1. 個案的課堂學習行為

小軒是一個主動學習的學生，平時父母工作雖忙而無法指導課業，他也大都能完成功課，在班上的行為表現一直都是楷模，成績名列前茅，擔任幹部也十分稱職，與同學相處十分和睦。此外，因為小軒的思路清晰，對於上課內容總是很快就能領悟，加上他一直以來都擔任班級幹部，所以當學習活動進行時，小軒會主導小組討論，也會一個人把所有的答案寫完，導致其他同組學生還來不及思考就只好接受小軒的答案。

教師：為什麼你們這一組都是小軒在寫答案呢？其他同學也要一起想一想呀！

組員：老師，我們還在想，小軒就開始寫，因為他擔心時間不夠。

教師：就算時間不夠，小軒你也不可以只有一個人寫，因為老師進行這項活動是要大家一起針對問題想想看，透過討論大家一起合作把答案呈現出來，如果只有你一個在寫，那怎麼能稱得上是合作呢？

（O-1020619）

另外，小軒在與他人合作討論時屬於「獨善其身」類型者，教學者原本都是讓各組在討論後用心智圖方式把答案書寫在一張大白板上，但到了第 12 課時，教學者想要了解每一位同學運用心智圖學習的情形如何，後來改採每人一張學習單去完成心智圖，過程中仍然可以進行小組討論，只

是不能拿著同學的答案照抄。小軒的理解力很好，所以很快就完成整張心智圖，他會謹守教師的規範，不會讓同組其他同學抄答案，但是小軒對於同組同學有疑惑時並不願意幫忙解說，因為他會認為攸關個人成績，所以不應該告訴同學如何書寫。

小君：（哭泣）老師，小軒會寫，我們問他，他都不教我們。

教師：小軒，同學請教你，你為什麼不教同學呢？

小軒：因為老師有規定不可以讓同學照抄，所以我沒有給他們看答案。

教師：沒有讓同學照抄你的答案，這樣是對的，但是你可以和同學一起從課本上找出要寫的內容，再讓同學自己寫在心智圖的學習單上。

小軒：好，我知道了。（O-1020527）

2. 課後省思與改進

當教學者使用大白板的方式讓各組進行合作學習時，小軒會認為這是「我們」的成績，所以會主動召集同組同學一起討論完成。但遇到要計算個人成績時，平時人緣極佳也樂於助人的小軒，就會變成一個獨善其身的人，比較不會去管其他同學的學習狀況。

（二）個案學生二：小晴

1. 個案的課堂學習行為

小晴是家中的獨生女，在學校裡的課業和行為表現十分良好，但比較沒有安全感，經常需要家人和教師給予關注，有時會用身體不適的理由來取得他人的關心。小晴成績名列前茅，擔任幹部十分稱職，但是有個人優越感，與同學說話時會不自覺讓人感到不舒服，所以和同學相處時有摩擦。經過教學者幾次的糾正後已漸漸改善這個狀況。

在實施合作學習過程中，小晴是負責書寫答案的同學，一開始她經常

和同學意見相左而出現不愉快的狀況，甚至會不想聆聽他人意見而是想要自己完成書寫答案。經過引導後，小晴會先請同組的同學說看看自己的想法，然後再統整大家的看法並將答案寫出來，表示小晴已經逐漸成為一位好的聆聽者，並且具有組織學習的能力。尤值一提的是，小晴後來對於同學在課業上有困難時，能主動給予協助，言談語氣並沒有不悅或不耐煩的情形。例如第 12 課改採每人一張學習單的方式去完成心智圖，小晴的隔壁同學小彥會一直詢問小晴，因為小彥是反應較慢的學生，小晴花費很多時間去教導小彥。

教師：小晴，為什麼都是你自己在寫答案呢？

同學：老師，小晴都沒有跟我們討論就開始寫答案了！

小晴：我覺得這樣比較快。

教師：這樣不對喔！老師是希望你們能夠輪流發表自己的想法，再把大家認為哪一個同學的想法是最好的寫在大白板上。如果只有你自己寫出答案，那老師請每一位同學拿出小白板來各自書寫就好了！但是這樣就失去合作的意義啦。

小晴：（點頭表示了解。）（O-1020305）

2. 課後省思與改進

　　小晴與同學的相處或是對待同學的態度出現很大的正向轉變，甚至在學習活動中能扮演稱職的角色。由此可見，小晴在合作學習過程中已經學會如何尊重和欣賞他人，也習得社會技巧，達到「教學相長」的目標。

（三）個案學生三：小峰

1. 個案的課堂學習行為

　　小峰的父母離異，由母親和外婆一起扶養，母親是新住民女性，因為

工作忙碌且能力有限而經常忽略小峰的學習。小峰個性很迷糊，不是學用品忘了帶來學校，就是忘記將功課帶回家。小峰上課時常在發呆，所以學業成績並不理想，加上衛生習慣不佳，因此班上有些同學對小峰不友善，但個性樂天的他並沒有放在心上。傳統的講述教學中，小峰常被外在事物吸引而無法專注學習，在實施合作學習後，教師觀察到小峰注意力不集中的情況似乎未見明顯改善，例如教學者請小峰代表小組報告討論結果，小峰常是支支吾吾地說不出話來。當同學在第 13 課中運用「六何法」進行合作學習討論時，小峰一開始會注視白板，但經常偷瞄教學者是否有注意到他，沒多久就開始嘴咬白板筆，或發呆，或手上拿衛生紙把玩。

教師：小峰，你有參與討論嗎？

小峰：（沉默）……

教師：（問同組其他成員）小峰剛才有加入討論嗎？

同學：沒有，他都在發呆。

教師：那你們有提醒他要參與討論嗎？

同學：有啊！我們有提醒他好幾次，可是他還是在發呆。

教師：小峰，你要好好改進自己的態度喔！（O-10203018）

2. 課後省思與改進

　　雖然小峰不積極的學習態度會讓有些同學對他不友善（例如同組的小玲會不讓小峰上臺發表），但小峰並未受到影響，相反地，只要其他同學有困難，他會主動表示願意幫助同學，而教學者也在過程中引導同組學生要互相尊重他人發表。教學者會一直叮嚀小峰上課要專心，但因為班上學生數多而不可能隨時關照小峰，原本期望小組合作可以幫助小峰，但效果仍是有限，令教師感到無力，久而久之，為顧及全體同學的學習進度，時而會暫時忽略小峰。

（四）個案學生四：小芯

1. 個案的課堂學習行為

　　小芯家中有五個女孩，她排行第四。小芯的個性害羞、內向，經常不發一語，只用點頭或搖頭來回應教師。教師家訪後發現，小芯的母親是新住民女性，為了傳宗接代而接連生產，家裡孩子多而經常忽略小芯，造成個性退縮。為鼓勵小芯主動參與課堂活動，教師刻意推選小芯擔任小組長，但在研究期程第一階段結束前並未有太大的轉變，甚至同組學生還因為組長不夠積極而發生衝突。教學者為幫助小芯增強信心，會製作優點獎勵卡來鼓勵她勇敢發表自己的想法。後來教學者採用點名方式要她上臺報告，發現她慢慢地可以站上講臺發表，雖然音量不大，發表內容也不夠完整，但可以看出小芯有盡力，也有進步了。

教師：為什麼你麼這一組這麼吵？

同學：小如在罵小芯動作太慢。

教師：（生氣地責罵）小如，你太過分了，怎麼可以因為小芯動作慢而罵她？快點跟小芯道歉！

小如：（覺得委屈而掉下眼淚）小芯，對不起！（O-1020306）

2. 課後省思與改進

　　教學者實施合作學習前已跟學生說明討論規則：討論時要輕聲細語，小組同學遇有學習困惑時，可以請教他人，切不可以爭執吵架。誠如上述，小芯個性內向，小如因為心急而對小芯態度不佳，引發教學者對小如的課堂行為加以糾正，在下課後告訴小如要「將心比心」，小如經過引導後表示日後會修正自己的行為。教學者知道膽怯的小芯要多加鼓勵以增強自信心；另外，小芯書寫課堂討論作業太潦草時，教學者也會適當責備她，或告知可以來請教老師，實施下來雖尚無法達到合作學習之目標，但

相較於以前連舉手發表都不敢的小芯來說，已顯見進步。綜言之，教學者看到小芯的成長轉變感到十分欣慰，覺得辛苦付出都是值得的。

陸 結論與建議

一、結論

本研究採合作學習與閱讀理解策略應用於國小二年級國語文領域閱讀教學，藉以了解教學實施結果、面臨困境和因應之道，並探討學生課堂行為的改變情形，探討焦點在於教學實施後是否加強學生的閱讀理解能力，並透過合作學習增進學生學習動機。

（一）教學實施結果、困境和因應

首先，學生對於分組合作從一開始的意見歧異到逐漸磨合。教學者將高學習成就學生和低學習成就學生平均分配到五個小組中，原本希望能促使學生擦出學習火花，但常會出現學習成就較低的學生遭到同組學生的蔑視，或表達希望和自己的好友編在同一組。教學者一方面堅守分組原則，另方面也教導學生在小組學習要懂得包容和接納。其次，教學者改變了傳統的講述教學法後，發現多數學生都能熱烈參與小組合作討論，教學者也運用策略來引導學生專注學習，但仍有少數學生藉機聊天或玩鬧。第三，第一次在國語課運用合作學習和閱讀理解策略，因為對於小組討論時間的掌控未能有效管理，加上教學者希望在每課都能導入多種的閱讀理解策略，但第一次施行下來未能達到預期目標，之後便決定調整成每課只採一項閱讀理解策略進行教學，如此一來也較能妥善掌控時間。最後，教學者發現每進行一項閱讀理解策略都要先做引導說明，這是考量到班級學生才二年級，教導的理解策略都需要反覆說明和練習，尤其在每一課的教學之

初都要先舉例說明，以減少學生摸索時間，這樣也才不會造成小組討論時間不夠的問題。

（二）學生課堂行為的改變

首先，學生在人際關係方面更懂得聆聽、尊重和合作的重要性。原本班上學生時常在下課時間只會跟自己熟悉的好友交談或玩耍，跟其他人鮮少互動。但經過小組合作學習討論後，多數學生學到人際相處的基本禮節，學會聆聽和尊重他人意見，也能體會團隊合作精神。其次，多數學生也跟著提升主動探討問題的意願。對於已經長期習慣教師直接講述的學生來說，一開始要引導學生主動探究問題實在很難適應，甚至有些學生不願意動腦思考就只等待其他同學給答案。但經過本課程實施下來，許多學生已有正向轉變，未來則需要針對少數學生思謀改善良方。

二、建議

（一）給其他教學者的建議

當「促進國際閱讀素養研究」研究報告公布後，臺灣學生閱讀能力落後的情形引發檢討聲浪。檢討原因之一在於教師教學缺乏引導學生閱讀理解策略，建議教師應正向面對教育變革，主動尋求各種研習和進修成長管道，充實閱讀理解教學相關的知識與技術。其次，可參考本研究作法，將合作學習融入國語文閱讀理解教學，以培養學生主動探究問題、與他人合作及表達的意願。第三，改變教學方式很花費時間，為求兼顧學校既定的教學進度，建議每課只採用一兩項適配的閱讀理解策略即可。最後，建議組成教師專業學習社群或教學團隊，如果在小型學校則可採跨校合作，促進教師同儕互相集思廣益、互通有無，分享彼此教學心得和教學設計，以減少教學摸索和試探的困境，增進教學效能。

（二）給學校行政的建議

　　學校行政應提供教師教學支持，或舉辦相關的教師進修活動，讓所有教師了解合作學習和閱讀理解的重要性和實施程序，也鼓勵教師導入課堂教學。其次，教師教學常會出現盲點而不自知，也會因為實施合作學習而無法兼顧每一組的學習狀況，建議學校行政可以主動協助進行課堂教學錄影來記錄學習活動。

【本章內容原出自作者三胡惠珊的碩士學位論文，其後經作者一吳俊憲及作者二吳錦惠改寫並發表於以下之文：吳俊憲、吳錦惠、胡惠珊（2014）。合作學習與閱讀理解應用於國小二年級國語文領域閱讀教學之行動研究。靜宜人文社會學報，8(2)，283-316。茲經作者一吳俊憲修訂後收錄於本書。】

參考文獻

一、中文部分

丁一顧（2012）。教師專業學習社群運作的核心：以學生學習為本。教育研究月刊，**215**，4-16。

丁一顧（2013）。教師專業發展評鑑實徵研究之回顧與展望。教育資料與研究，**108**，31-56。

丁一顧、丁儒徵（2014）。學校層級教師專業發展評鑑之「社會—情緒」支持系統建構初探。教育資料與研究，**114**，203-228。

于富雲（2001）。從理論基礎探究合作學習的教學效益。教育資料與研究，**38**，22-28。

天下教育基金會（2008）。閱讀動起來 **2**：香港閱讀現場。臺北市：親子天下。

方志華（2013）。參訪日本「學習共同體」中小學之述評。臺灣教育評論月刊，**1**（11），20-27。

方志華、丁一顧（2013）。日本授業研究的發展與佐藤學學習共同體的批判轉化。課程與教學季刊，**16**（4），89-120。

方德隆（譯）（2004）。課程基礎理論（原作者：A. C. Ornstein & F. P. Hunkins）。臺北市：高等教育。

王明傑、陳玉鈴（譯）（2002）。教育心理學：理論與實務（原作者：R. E. Slavin）。臺北市：學富文化。

王金國（2003）。國小六年級教師實施國語科合作學習之研究（未出版之博士論文）。國立高雄師範大學，高雄市。

王金國（2005）。共同學習法之教學設計及其在國小國語科之應用。屏東師院學報，**22**，103-130。

王金國、孫台鼎（2014）。從學生的負向經驗省思合作學習的實施。臺灣教育評論月刊，**3**（7），88-91。

王金國、張新仁（2003）。國小六年級教師實施國語科合作學習之研究。教育學刊，**21**，53-78。

王政忠（2015）。**MAPS** 教學法。臺北市：南一。

王政忠（2016）。我的草根翻轉：**MAPS** 教學法。臺北市：親子天下。

王瑞壎（2014）。教師專業發展評鑑實施成效之調查研究。教育資料與研究，**114**，125-168。

王榮仙（2011）。維果茨基的最近發展區評論。遼寧行政學院學報，**10**，100-102。

朱玉婷（2011）。運用合作學習於動畫製作之探究——以國中英語為例（未出版之碩士論文）。國立新竹教育大學，新竹市。

行政院教育改革審議委員會（1995）。教育改革第一期諮議報告書。臺北市：作者。

行政院教育改革審議委員會（1996）。教育改革總諮議報告書。臺北市：作者。

佐藤學（2003）。學校問題透視——形成學習共同體。全球教育展望，**32**（7），6-11。

佐藤學（2005）。轉折期的學校改革——關於學習共同的構想。全球教育展望，**34**（5），3-8。

佐藤學（2011）。學校再生的哲學——學習共同體與活動系統。全球教育展望，**40**（3），3-10。

何琦瑜、賓靜蓀、陳雅慧、林韋萱、張益勤、王韻齡（2014）。翻轉教育 **2.0**，從美國到臺灣：動手做，開啟真學習。臺北市：親子天下。

吳俊憲（2007）。提升教師專業發展知能：教室觀察。靜宜大學實習輔導

通訊，**4**，8-10。

吳俊憲（2009a）。教師專業發展評鑑：三化取化理念與實務。臺北市：五南。

吳俊憲（2009b）。臺南市 **97** 學年度試辦教師專業發展評鑑之後設評鑑成果報告。臺南市政府教育局委託專題研究計畫成果。臺中市：靜宜大學。

吳俊憲（2010）。教師專業社群的理念與實施。靜宜大學師資培育中心實習輔導通訊，**9**，5-7。

吳俊憲（2013a）。與佐藤學有約：學習共同體為教育帶來一泓活水。靜宜大學實習輔導通訊，**15**，8-11。

吳俊憲（2013b）。教師專業發展：評鑑、社群與議題。臺北市：五南。

吳俊憲（2014）。教師專業發展評鑑與學習共同體之評析。新竹縣教育研究集刊，**14**，39-60。

吳俊憲、蔡淑芬、吳錦惠（2015）。教師專業學習社群「再聚焦、續深化」的精進作為。臺灣教育評論月刊，**4**（2），129-145。

吳珮瑩（2014）。新北市學校教育人員對學習共同體理念知覺情形及實施現況之研究（未出版之碩士論文）。國立臺中教育大學，臺中市。

吳瑞源、吳慧敏（2008）。動畫教材之學習者控制播放模式與多媒體組合形式對學習成效與學習時間影響之研究。師大學報，**53**（1），1-26。

吳慧蘭等（2013）。學習、跳躍、分享、成長──學與教的饗宴：重慶國中學習共同體之經驗分享。論文載於新北市教育局（主編），新北市教育學習共同體特刊（頁73-84）。新北市：新北市教育局。

呂錘卿（2000）。國民小學教師專業成長的指標及其規劃模式之研究（未出版之博士論文）。國立高雄師範大學，高雄市。

宋曜廷等（2009）。規劃高職各群科教師專業發展評鑑規準。教育部委託專題研究計畫成果報告。臺北市：國立臺灣師範大學。

李明麗（2009）。日本「學習共同體」學校改革模式在中國的可行性探

悉。外國中小學教育，**7**，50-53。

谷瑞勉（譯）（1999）。鷹架兒童的學習：維高斯基與幼兒教育（原作者：L. E. Berk & A. Winsler）。臺北市：心理。

周立勳（1994）。國小班級分組合作學習之研究（未出版之博士論文）。國立政治大學，臺北市。

周和君、董小玲（譯）（2010）。合作取向實務──造成改變的關係和對話（原作者：H. Ariderson & D. Gehart）。臺北市：張老師。

林文生、歐用生（2013）。從佐藤學研究的系譜分析合作學習的概念及其實踐反思。國民教育，**53**（5），67-77。

林素卿（2008）。行動研究與教學檔案於教師專業發展之應用。教育研究月刊，**167**，24-35。

林國凍（2009）。日本的 Lesson Study 如何引發教師專業發展之探究。教育研究與發展期刊，**5**（1），165-184。

林寶山（1998）。教學原理與技巧。臺北市：五南。

邱裕惠（2002）。合作學習在國中英語教室之應用研究（未出版之碩士論文）。國立臺灣師範大學，臺北市。

邱麗娟（2010）。合作學習影響國中學生學業成就、學習動機及社會技巧之行動研究：以英語科為例（未出版之碩士論文）。國立彰化師範大學教育研究所，彰化市。

姜宏尚（2014）。學校發展學習共同體歷程之個案研究──以臺南市一所國小為例（未出版之碩士論文）。國立臺南大學，臺南市。

姜曉平、陳滔娜（2008）。解讀杜威教育理論中的「民主」內涵。學海，**6**，91-94。

柯華葳（2009）。教出閱讀力 **2**：培養 **Super** 小讀者。臺北市：親子天下。

柯華葳等（2012）。臺北市 **101** 年度國高中試辦學習共同體方案總報告。未出版之專題研究成果報告。臺北市：臺北市政府教育局。

洪碧霞、林素微、吳裕益（2011）。臺灣九年級學生閱讀樂趣與策略對

PISA 閱讀素養解釋力之探討。課程與教學季刊，**14**（4），1-24。

紀家雄（2013）。中小學校長推動學習共同體的教學領導核心技術之探討。學校行政雙月刊，**85**，156-172。

范慶鐘（2008）。一所參與教師專業發展評鑑試辦計畫學校的微觀政治學分析。教育科學期刊，**7**（2），45-67。

孫志麟（2008）。學校本位教師評鑑的實踐與反思。教育實踐與研究，**21**（2），63-94。

席家玉（2006）。教室觀察促進教師專業成長。載於張德勝（主編），國民教育輔導叢書「追求卓越：教學輔導與實務之會合」（頁 269-285）。花蓮市：花蓮教育大學。

徐美娜（2010）。「最近發展區」理論及對教育的影響與啟示。教育與教學研究，**5**，14-23。

徐綺穗（2012）。教師參與行動學習團體促進教師專業發展之探討。教育研究月刊，**215**，30-39。

時新英（2005）。溝通合作學習之行動研究——以國中英語教學為例（未出版之碩士論文）。銘傳大學教育研究所，臺北市。

秦夢群、陳清溪、吳政達、郭昭佑（2013）。教師專業發展評鑑實施成效之調查研究。教育資料與研究，**108**，57-84。

張威、郭永志（2012）。學習共同體學習模示的實證研究。教育科學，**28**（5），32-36。

張春興（1994）。教育心理學。臺北市：東華。

張素貞、李俊湖（2014）。教師專業發展評鑑方案成效評估之研究。教育資料與研究，**114**，95-124。

張新仁（2002）。當代教學統整新趨勢：建構多元而適配的整體學習環境。教育學刊，**18**，43-64。

張新仁（2004）。中小學教師教學評鑑工具之發展編製。載於潘慧玲（主編），教育評鑑回顧與展望（頁 91-130）。臺北市：心理。

張新仁、馮莉雅、邱上真（2004）。發展中小學教師評鑑工具之研究。教育研究集刊，**29**，247-269。

張新仁、馮莉雅、潘道仁、王瓊珠（2011）。臺灣教師專業學習社群的啓動。教育研究月刊，**201**，5-27。

張德銳（2013）。教師專業發展評鑑的檢討與展望——實踐本位教師學習的觀點。教育資料與研究，**108**，1-30。

張德銳、吳武雄、曾燦金、許籐繼、洪寶蓮、王美霞、……李俊達（2004a）。中學教師教學專業發展系統。臺北市：五南。

張德銳、李俊達、周麗華（2010）。國民中學形成性教師評鑑實施歷程及影響因素之個案研究。教育實踐與研究，**23**（2），65-93。

張德銳、李俊達、蔡美錦、陳輝誠、林秀娟、楊士賢、……張淑娟（2004b）。教學檔案：促進教師專業發展。臺北市：高等教育。

張德銳、周麗華、李俊達（2009）。國小形成性教師評鑑實施歷程與成效之個案研究。課程與教學季刊，**12**（3），265-290。

張德銳、蔡秀媛、許籐繼、江啓昱、李俊達、蔡美錦、……賴志峰（2004c）。發展性教學輔導系統：理論與實務（初版 3 刷）。臺北市：五南。

張輝誠（2015）。學‧思‧達——張輝誠的翻轉實踐。臺北市：親子天下。

教育部（2006a）。教育部補助試辦教師專業發展評鑑計畫。中華民國 95 年 4 月 3 日臺國（四）字第 0950039877D 號。

教育部（2006b）。試辦中小學教師專業發展評鑑宣導手冊。臺北市：教育部。

教育部（2009）。中小學教師專業學習社群手冊（2 版）。臺北市：作者。

教育部（2010）。閱讀理解策略教學手冊。臺北市：教育部。

教育部（2012）。課文本位的閱讀理解教學研習手冊。臺北市：教育部。

教育部（2014a）。十二年國民基本教育課程綱要總綱。臺北市：作者。

教育部（2014b）。教育部補助辦理教師專業發展評鑑實施要點。中華民

國 103 年 11 月 11 日臺教師（三）字第 1030142930B 號令修正。

陳亦中（2013）。「學習共同體」改變課堂上的風景。臺灣教育評論月刊，**2**（2），159-160。

陳幸仁（2014）。臺灣高中職教師專業發展評鑑之評析。教育資料集刊，**62**，1-18。

陳春男（2013）。學習共同體的美麗與哀愁。論文載於新北市教育局（主編），新北市教育學習共同體特刊（頁 53-62）。新北市：新北市教育局。

陳美玉（1999）。教師專業學習與發展。臺北市：師大書苑。

陳海泓（2004）。聽故事和看錄影帶對國小二年級學童故事記憶和故事推論的探討。南師語教學報，**2**，257-285。

單小琳（2000）。創意教學。臺北市：聯經。

曾元鴻（2013）。從 PISA 國際學生評量反思臺灣基礎教育。師友月刊，**551**，40-43。

曾憲政、張新仁、張德銳、許玉齡（2007）。規劃高級中等以下學校教師專業發展評鑑規準之研究。教育部委託專題研究計畫。臺北市：國立新竹教育大學。

游自達、林素卿（2014）。整合學習共同體於差異化教學的改革。師資培育與教師專業發展期刊，**7**（1），23-46。

黃永和（2013）。合作學習的教學實務議題探析。國民教育，**53**（5），78-88。

黃政傑（1996）。創思與合作的教學法。臺北市：師大書苑。

黃政傑（2013）。學習共同體風起雲湧。師友月刊，**552**，1-4。

黃政傑（2014）。翻轉教室的理念、問題與展望。臺灣教育評論月刊，**3**（12），161-186。

黃政傑、吳俊憲（主編）（2006）。合作學習：發展與實踐。臺北市：五南。

黃政傑、林佩璇（1996）。合作學習。臺北市：五南。

黃郁倫（2011）。學習共同體在日本改革中的導入及實行。教師天地，**171**，39-42。

黃郁倫（譯）（2012）。學習的革命──從教室出發的改革（原作者：佐藤學）。臺北市：親子天下。

黃郁倫（譯）（2013a）。學習共同體──構想與實踐（原作者：佐藤學）。臺北市：親子天下。

黃郁倫（譯）（2013b）。學習革命的最前線──在學習共同體中找回孩子的幸福（原作者：佐藤學）。臺北市：天下文化。

黃郁倫（譯）（2014）。學習革命的願景──學習共同體的設計與實踐（原作者：佐藤學）。臺北市：天下文化。

黃郁倫、鍾啓泉（譯）（2012）。學習的革命：從教室出發的改革（原作者：佐藤學）。臺北市：親子天下。

黃源河、符碧真（2011）。揭開日本學生傑出表現背後的祕密：教學研究。教育科學研究期刊，**56**（4），69-97。

黃瑋琳（譯）（2016）。翻轉教室的理念：激發學生有效學習的行動方案（原作者：J. Bergmann & A. A. Sams）。臺北市：聯經。

楊宏琪（2013）。獨學不如共學：學習共同體對同儕審查的啓示。臺灣教育評論月刊，**2**（9），24-26。

楊美伶（2013）。學教翻轉之學習共同體學校建構經驗。新竹縣教育研究集刊，**13**，5-14。

楊振昇、盧秋菊（2013 年 3 月）。教師學習共同體之後設認知模糊分析──以國小教師專業社群領導者爲例。論文發表於「教育領導與學習共同體」國際學術研討會。臺北市，淡江大學。

葉丙成（2015）。為未來而教：葉丙成的 **BTS** 教育新思維。臺北市：親子天下。

鄒慧英、黃秀霜、陳昌明（2011）。從 PISA 2009 建構反應題剖析臺灣學

生的閱讀問題。課程與教學季刊，**14**（4），25-48。

臺灣 PISA 國家研究中心（2010）。臺灣 **PISA2009** 精簡報告。取自 http://pisa. nutn.edu.tw/download_tw.htm

趙志揚、黃曙東、楊寶琴、江惠眞（2009）。規劃普通高中各學科教師專業發展評鑑規準。教育部委託專題研究計畫成果報告。臺北縣：黎明技術學院。

趙志揚、楊寶琴、鄭郁霖、黃新發（2010）。高級中學教師對教師評鑑認知之研究。教育政策論壇，**13**（2），77-128。

劉新、林如愔、李秀玉、楊雯仙、張永達（2006）。小組合作學習的教學理念與實務。科學教育月刊，**294**，34-46。

歐用生（2012）。日本中小學「單元教學研究」分析。教育資料集刊，**54**，121-147。

潘世尊（2005）。教育行動研究理論、實踐與反省。臺北市：心理。

潘慧玲、李麗君、黃淑馨、余霖、薛雅慈（2013）。學習領導下的學習共同體推動手冊 **1.0** 版。臺北市：學習領導與學習共同體計畫辦公室。

潘慧玲、李麗君、黃淑馨、余霖、薛雅慈（2014）。學習領導下的學習共同體 **1.1** 版。臺北市：學習領導與學習共同體計畫辦公室。

潘慧玲、張素貞、吳俊憲、張錫勳、陳順和、李美穗（2007）。高級中等以下學校教師專業發展評鑑手冊。臺北市：國立臺灣師範大學教育政策與行政研究所。

潘慧玲、陳珮英、張素貞、鄭淑惠、陳文彥（2013）。從學習領導論析學習共同體的概念與實踐。論文發表於「教育領導與學習共同體」國際研討會，臺北市：淡江大學。

蔡清田（2000）。教育行動研究。臺北市：五南。

鄧鈞文、林宜嫻（2013 年 3 月）。從善意的眼到反思的心——透過教學觀察評分量表（rubrics）凝聚教師學習共同體。論文發表於「教育領導與學習共同體」國際學術研討會。臺北市，淡江大學。

鄭葳（2012）。學習共同體——文化生態學習環境的理想架構。北京市：
　　教育科學。

盧瑜（2011）。教育即溝通——讀「民主主義與教育」有感。教育探索，
　　191，11-13。

親子天下雜誌編輯部（2013）。翻轉教育：未來的學習・未來的學校・
　　未來的孩子。臺北市：親子天下。

親子天下雜誌編輯部（2015）。翻轉教育特刊。臺北市：親子天下。

賴麗珍（譯）（2012）。重理解的課程設計——專業發展實用手冊。臺北
　　市：心理。

鍾啓泉（2011）。從課堂失範走向課堂規範——兼評《學校的挑戰：創建
　　學習共同體》。全球教育展望，**40**（1），17-21。

鍾啓泉（譯）（2004）。學習的快樂——走向對話（原作者：佐藤學）。
　　北京市：教育科學。

鍾啓泉（譯）（2012）。學校的挑戰——創建學習共同體（原作者：佐藤
　　學）。上海市：華東師範大學。

鍾啓泉、陳靜靜（譯）（2012）。教師的挑戰——寧靜的課堂革命（原作
　　者：佐藤學）。上海市：華東師範大學。

簡菲莉（2013）。從學習共同體與教師作爲轉化的知識份子探索教師圖像
　　之轉化。論文發表於「教育領導與學習共同體國際研討會」。臺北
　　市：淡江大學。

二、英文部分

Baker, J. W. (2000). *The classroom flip: Using web course management tools to become the guide by the side*. Selected Papers from the 11th International Conference on College Teaching and Learning (pp.9-17).

Ball, D. L., & Cohen, D. K. (1999). Developing practice, developing practioners: Toward a practice-based theory of professional education. In L. Darling-

Hammond & G. Sykes (Eds.), *Teaching as the learning profession: Handbook of policy and practice* (pp.3-32). San Francisco: Jossey-Bass.

Beerens, D. R. (2001). *Evaluating teachers for professional growth: Creating a culture of motivation and learning*. Thousand Oaks: Corwin.

Bergmann, J., & Sams, A. A. (2012). *Flip your classroom: Reach every student in every class every day*. N.Y.: ISTE/ASCD.

Bergmann, J., & Sams, A. A. (2014). *Flipped learning: Gateway to student engagement*. N.Y.: ISTE/ASCD.

Borich, G. D. (1994). *Observation skills for effective teaching*. N.Y.: Macmillan.

Chassels, C. (2009). Collaborative, reflective, and iterative Japanese lesson study in an initial teacher education program: Benefits and challenges. *Canada Journal of Education, 32*(4), 734-763.

Collins, A., Brown, J. D., & Newman, S. (1989). Cognitive apprenticeship: Teaching the crafts of reading, writing, and mathematics. In L. Resnick (Ed.), *Knowing, learning, and instruction: Essays in honor of Robert Glaser* (pp. 453-494). NJ: Lawrence Erlbaum Associates.

Dorese, S. (2010). *Lesson study in the U.S.: Is it mechanism for individual and organizational change? A case study of three schools* (Unpublished Doctoral dissertation). Available from ProQuest Dissertation and theses database. (UMI No. 3424242).

Dubin, J. (2010). American teachers embrace the Japanese art of lesson study. *The Education Digest, 75*(6), 23-29.

Eisner, E. W. (1992). Curriculum ideologies. In P. W. Jackson (Ed.), *Handbook of research on curriculum: A project of the American educational research association* (pp. 302-326). N. Y.: MacMillan.

Fernandez, C., Cannon, J., & Chokshi, S. (2003). A US-Japan lesson study collaboration reveals: Critical lenses for examining practice. *Teaching and*

Teacher Education, 19, 171-185.

Ghazi, G. (2001). Learner's perceptions of their STAD cooperative experience. *System, 29*(2), 289-301.

Guskey, T. R. (1995). *Evaluating professional development*. Thousand Oaks: Corwin.

Hallinger, P., & Heck, R. H. (1996). Reassessing the principal's role in school effectiveness, 1980-1995. *Educational Administration Quarterly, 32*(1), 5-44.

Hallinger, P., & Heck, R. H. (2010). Collaborative leadership and school improvement: understanding the impact on school capacity and student learning. *School Leadership, 30*(2), 95-110.

Hart, L. (2008-2009). A study of Japanese lesson study with third grade mathematics teachers in a small school district. *SRATE Journal, 18*(1), 32-43.

Honer, D. H. (2000). *Action research report*. (ERIC Document Reproduction Service No. ED 450396)

Huffman, J. B., & Hipp, K. K. (2003). *Reculturing schools as professional learning communities*. Lanham, M. D.: Scarecrow Education.

Johnson, D. W., & Johnson, R. T. (1999). *Learning together and alone: Cooperative, competitive, and individualistic learning* (5th ed.). Boston: Allyn & Bacon.

Johnson, D. W., Johnson, R. T., & Holubec, E. J. (1994). *The new circles of learning: Cooperation in the classroom and school*. Alexandria, VA: Association for Supervision and Curriculum Development.

Johnson, D. W., & Johnson, R. T. (1994). An Overview of cooperative learning. In J. S. Thousand , R. A. Villa, & A. I. Nevin (Eds.), *Creativity and collaborative learning: A practical guide to empowering students and teacher* (pp.31-44). Virginia: Paul H. Books.

Johnson, D. W., & Johnson, R. T. (1999). *Learning together and alone:*

Cooperative, competitive, and individualistic learning. Boston: Allyn & Bacon.

Johnson, R. T., & Johnson, D. W. (1986). Action research: Co-operative learning in the science classroom. *Science and Children, 24*(2), 31-33.

Johnson, R. T., & Johnson, D. W. (1987). *Structuring cooperative learning: learning teachers: The 1987 handbook of lessons plans for teachers*. Edina, MN: Internation Book Company.

Kagan, S. (1995). *We can talk: cooperative learning in the elementary ESL classroom*. (ERIC Document Reproduction Service No. ED 382035)

Kahn Academy (2009). *You only have to know one thing: You can learn anything*. Retrieved from https://www.khanacademy.org/

Lewis, C., & Tsuchida, I. (1997). Planned educational change in Japan: The case of elementary science instruction. *Journal of Educational Policy, 12*(5), 313-331.

Lieberman, A., & Miller, L. (2011). Learning communities: The starting point for professional learning. *Journal of Staff Development, 32*(4), 16-20.

Mazur, E. (1997). *Peer instruction: A user's manual*. Upper Saddle River, NJ: Prentice Hall.

Noffke, S., & Somekh, B. (2009). *Action research in education*. Thousand Oaks, CA: SAGE.

Parker, R. E. (1985). Small-group coopetative learning-improving academic, social gains in the classroom. *Nass Bulletin, 69*(479), pp.48-57.

Parks, A. N. (2009). Collaborating about what? An instructor's look at preservice lesson study. *Teacher Education Quarterly, 36*(4), 81-97.

Phyllis, G. (1989). *A study of cooperative learning in mathematics, writing, and reading in the intermediate grades: A focus upon achievement, attitudes, and self-esteem by gender, race, and ability group*. Unpublished doctoral dissertation, Hofstra University, Ann Arbor.

Putnam, J. W. (1993). *Cooperative learning and strategies for inclusion: Celebrating diversity in the classroom, second edition*. Baltimore: Paul H. Brookes.

Scriven, M. (1983). *Evaluation models: Viewpoints on educational and human services evaluation*. Boston: Kluwer Academic.

Slavin, R. E. (1978). Student teams and comparison among equals: Effects on academic performance and student attitudes. *Journal of Educational Psychology, 70*(4), 532-538.

Slavin, R. E. (1985). Cooperative learning: Applying contact theory in desegregated schools. *Joural of Social Issues*, 43-62.

Slavin, R. E. (1995). *Cooperative learning: Theory, research and practice* (2nd ed.). Boston, M.A.: Allyn and Bacon.

Takahahi, A., & Yoshida, M. (2004). Ideas for establishing lesson-study communities. *Teaching Children Mathematics, 10*(9), 436-443.

Vygotsky, L. S. (1978). *Mind in society: The development of higher psychological process*. Cambridge, Mass.: Harvard University.

Vygotsky, L. S. (1986). *Thought and language*. Cambridge, Mass.: MIT.

Watanabe, T. (2002). Learning from Japanese lesson study. *Educational Leadership, 59*(6), 36-39.

Watson, M., Kendzior, S., Dasho, S., Rutherford, S., & Soloman, D. (1998). A social constructive approach to cooperative learning and staff development: Ideas from the child development project. In C. M. Brody & N. Davidson (Eds.), *Professional development for cooperative learning* (pp.148-168). N .Y.: State University of New York.

Staff Writers (2011). *15 flipped classrooms we can learn from*. Retrieved from http://classroom-aid.com/2011/12/11/15-flipped-classrooms-we-can-learn-from/

附錄 1　教專評鑑教學觀察紀錄表

教師姓名：＿＿＿＿＿＿　任教年級：＿＿＿＿＿＿　任教科目：＿＿＿＿＿＿

單元名稱：＿＿＿＿＿＿　教學內容：＿＿＿＿＿＿＿＿＿＿＿＿＿＿＿＿＿

教學節次：共＿＿＿節　本次教學為第＿＿＿節

觀 察 者：＿＿＿＿＿＿　觀察日期：＿＿＿＿　觀察時間：＿＿＿＿至＿＿＿＿

教學目標	學生經驗
	◎背景說明： ◎先備知識： ◎教室情境： ◎座位安排：

教學活動	觀察前會談
	◎會談時間： ◎評量工具： ◎觀察工具： ◎觀察焦點：

層面	評鑑指標與 參考檢核重點	文字敘述	評量			
			值得推薦	通過	待改進	不適用
A 課程設計與教學	**A-3 精熟任教學科領域知識。**					
	A-3-1 正確掌握任教單元的教材內容。					
	A-3-2 有效連結學生的新舊知識或技能。					
	A-3-3 教學內容結合學生的生活經驗。					

層面	評鑑指標與 參考檢核重點	文字敘述	評量			
			值得推薦	通過	待改進	不適用
A 課程設計與教學	**A-4 清楚呈現教材內容。**					
	A-4-1 說明學習目標及學習重點。					
	A-4-2 有組織條理呈現教材內容。					
	A-4-3 清楚講解重要概念、原則或技能。					
	A-4-4 提供學生適當的實作或練習。					
	A-4-5 澄清迷思概念、易錯誤類型,或引導價值觀。					
	A-4-6 設計引發學生思考與討論的教學情境。					
	A-4-7 適時歸納學習重點。					
	A-5 運用有效教學技巧。					
	A-5-1 引發並維持學生學習動機。					
	A-5-2 善於變化教學活動或教學方法。					
	A-5-3 教學活動中融入學習策略的指導。					
	A-5-4 教學活動轉換與銜接能順暢進行。					
	A-5-5 掌握時間分配和教學節奏。					
	A-5-6 透過發問技巧,引導學生思考。					
	A-5-7 使用有助於學生學習的教學媒材。					

層面	評鑑指標與 參考檢核重點	文字敘述	評量			
			值得推薦	通過	待改進	不適用
A課程設計與教學	A-5-8 根據學生個別差異實施教學活動。					
	A-6 應用良好溝通技巧。					
	A-6-1 板書正確、工整有條理。					
	A-6-2 口語清晰、音量適中。					
	A-6-3 運用肢體語言，增進師生互動。					
	A-6-4 教室走動或眼神能關照多數學生。					
	A-7 運用學習評量評估學習成效。					
	A-7-1 教學過程中，適時檢視學生學習情形。					
	A-7-3 根據學生評量結果，適時進行補救教學。					
	A-7-4 學生學習成果達成預期學習目標。					
B班級經營與輔導	**B-1 建立有助於學生學習的班級常規。**					
	B-1-3 維持良好的班級秩序。					
	B-1-4 適時增強學生的良好表現。					
	B-1-5 妥善處理學生的不當行為或偶發狀況。					
	B-2 營造積極的班級學習氣氛。					
	B-2-1 引導學生專注於學習。					

層面	評鑑指標與 參考檢核重點	文字敘述	評量			
			值得推薦	通過	待改進	不適用
B 班級經營與輔導	B-2-2 布置或安排有助於學生學習的環境。					
	B-2-3 展現熱忱的教學態度。					
	B-2-4 教師公平對待學生。					
	B-4 落實學生輔導工作。					
	B-4-3 敏察標籤化所產生的負向行為，採取預防措施與輔導。					

受評教師簽名： 評鑑人員簽名：

附錄 2　學習共同體公開觀課紀錄表

觀課科目：　　　　　　授課教師：　　　　　　觀課班級：

授課內容：　　　　　　觀課日期：　　　　　　觀課者：

觀課重點

面向	1. 全班學習氣氛	2. 學生學習動機與歷程	3. 學生學習結果
參考項目	1-1 是否有安心學習的環境？ 1-2 是否有熱衷學習的環境？ 1-3 是否有聆聽學習的環境？	2-1 老師是否關照每個學生的學習？ 2-2 是否引發學生學習動機？ 2-3 學生學習動機是否持續？ 2-4 學生是否相互關注與傾聽？ 2-5 學生是否互相協助與討論？ 2-6 學生是否投入參與學習？ 2-7 是否發現有特殊表現的學生？（如：學習停滯、學習超前和學習具潛力的學生）	3-1 學生學習是否成立？如何發生？何時發生？ 3-2 學生學習的困難之處是什麼？ 3-3 挑戰伸展跳躍的學習是否產生？ 3-4 學生學習思考程度是否深化？

課堂軼事紀錄

時間	教師學習引導	學生學習行為	備註
觀課的學習			

資料來源：潘慧玲等（2014）。學習領導下的學習共同體推動手冊 1.1 版。
臺北市：學習領導與學習共同體計畫辦公室。

國家圖書館出版品預行編目資料

教師專業發展新取徑：學習共同體與翻轉教學
策略／吳俊憲等合著. -- 初版. -- 臺北市：
五南, 2018.06
　　面；　　公分

ISBN 978-957-11-9751-7（平裝）

1.教育研究 2.教育策略 3.文集

521.407　　　　　　　　　107008076

111Y

教師專業發展新取徑
學習共同體與翻轉教學策略

作　　者 ─ 吳俊憲　吳錦惠　姜宏尚　王婉怡　洪詩鈴

　　　　　　紀藦珊　胡惠珊　陳珮旻　楊家惠

發 行 人 ─ 楊榮川

總 經 理 ─ 楊士清

副總編輯 ─ 陳念祖

責任編輯 ─ 郭雲周　李敏華

封面設計 ─ 姚孝慈

出 版 者 ─ 五南圖書出版股份有限公司

地　　址：106台北市大安區和平東路二段339號4樓

電　　話：(02)2705-5066　　傳　　真：(02)2706-6100

網　　址：http://www.wunan.com.tw

電子郵件：wunan@wunan.com.tw

劃撥帳號：01068953

戶　　名：五南圖書出版股份有限公司

法律顧問　林勝安律師事務所　林勝安律師

出版日期　2018年6月初版一刷

定　　價　新臺幣420元